내 마음의 벽

당신이 하나님을 더 깊이 알아 가고 더 널리 알리는 사람이 되는 것, 이 책에 담겨진 예수전도단의 마음입니다. 말씀을 통해 저자가 깨닫고, 원고를 통해 저희가 누릴 수 있었던 그 감동이 책을 통해 당신에게도 전해지기 원합니다. 그리고 당신을 통해 그 기쁨과 은혜가 더 많은 이들에게 계속해서 흘러가기를 기도하겠습니다. 이 책을 통해 당신이 받은 은혜를 다른 분들에게도 나눠 주십시오. 사랑하고 축복합니다.

Copyright ⓒ 1989 by Bruce and Barbara
Originally published in English under the title
Walls Of My Heart
published by Crown Ministries International
PO Box 26479, Colorado Springs, CO 80936 USA
All Rights Reserved.

Korean Copyright ⓒ 1993, 2011 by YWAM Publishing Korea

본 저작물의 한국어판 저작권은 도서출판 예수전도단에 있습니다.
저작권법에 의해 보호받는 저작물이므로 무단 전재와 복제를 금합니다

내 마음의 벽

브루스 & 바버라 톰슨 지음
정소영 옮김

아모스 선지자가 띄운 하나님의 다림줄

예수전도단

추천의 글

세계 곳곳에서 수만 명이 브루스 톰슨 박사의 저서와 강의로 많은 도움을 받았다. 그의 저서와 강의는 우리가 삶에서 경험하는 상처와 아픔이 우리 성격에 미치는 영향을 다루는데, 이는 많은 지도자, 기독교 사역자, 평신도가 치유와 자유를 얻는 데 큰 도움을 주었다. 이제 이 책, 《내 마음의 벽》을 통해 훨씬 더 많은 사람이 그의 놀라운 가르침을 공유할 수 있게 되었다.

나는 모든 기독교 지도자가 하나님이 브루스 톰슨 박사에게 깨닫게 하신 것을 배워야 한다고 생각한다. 그것은 우리가 우리의 삶과 사역에서 함께하는 사람들을 이해하도록 도와줄 것이다. 또한 주님을 섬기기를 열망하는 그리스도인이라면 누구나 이 책을 읽고 싶어 하리라 생각한다. 이 책은 우리 자신에 대해, 그리고 우리 내면에 감춰진 실망, 불안정, 야망 등에 대해 이해할 수 있도록 도와주며, 어떻게 더 효과적으로 하나님을 섬길 수 있을지 알려 준다.

지역 교회와 성경 학교에서는 이 책을 그리스도인의 성숙을 위한 훈련 교재로 사용할 수 있을 것이다. 이 책은 지극히 성경적인 가르침에 기반을 두고 있으며, 이를 통해 얻을 수 있는 유익은 측량할 수 없이 크다. 나는 커다란 기대를 가지고 이 책을 기쁘게 추천한다.

플로이드 맥클랑(Floyed McClung Jr.)
All Nations Institute 책임자, 《하나님의 아버지 마음》 저자

감사의 글

먼저 이렇게 오랜 여정을 함께해 준 나의 두 아들 마이클과 라이어넬에게 감사한다. 사랑하는 아내 바버라에게도 깊은 감사를 전한다. 바버라는 오랜 시간 동안 원고를 컴퓨터로 입력하고 수정하며 편집하는 수고를 했고, 편집자와 비평가로 구성된 유능한 한 팀의 협조를 얻어 냈다. 그리고 이를 통해 메러디스 퍼프의 귀한 도움을 받을 수 있었다. 이 팀에 있던 래리 칼슨, 제인 크레인, 멜 해나 박사, 쇼나 모건, 론 놀 박사, 제니스 로저스, 아이리스 스뢰더르, 루엘라 테이트, 다이앤 위커에게도 감사를 전한다.

게리 존슨, 돈 트레일러, 앨런 로빈스는 컴퓨터에 대한 해박한 지식으로 도움을 주었다. 크라운 미니스트리즈 인터내셔널(Crown Ministries International)의 스티브 스테클러는 키보드를 두드리며 수백 시간 동안 원고를 편집하는 일은 물론, 원고 구성에도 귀한 조언을 해주었다. 국제 면류관 선교회의 총재인 데일과 에비 부에링의 꾸준한 격려는 이 작업을 지속하며 완성하는 힘의 원천이 되어 주었다. 출판과 마케팅 분야에 관해 능통한 데일의 전문성은 큰 축복이었다.

특별히 예언의 말씀을 주었던 진 다넬, 그리고 표지 디자인을 맡아 준 브라이언 폴러드와 테리 두간에게 감사를 전한다.

또한 중보기도로 늘 함께해 주었을 뿐 아니라, 우리가 이 작업을 성공적으로 끝마칠 수 있도록 먼 거리를 개의치 않고 달려와 격려해 준 사랑하는 동역자들인 열방대학의 상담 보건 대학 간사들에게도 깊은 감사를 전한다. 그들의 한결같은 우정은 우리에게 큰 힘과 격려가 되어 주었다.

마지막으로 모든 열방대학 가족 및 로렌 커닝햄과 그의 아내 달린에게 깊은 감사를 표하며, 그들이 우리의 삶에 주었던 소중한 격려와 도전으로 이 책이 나오게 되었음을 고백한다.

들어가는 글

1970년대 초, 아내 바버라와 내가 아프리카 가나의 북쪽에 위치한 한 외딴 선교지에서 사역할 때였다. 나병 요양소와 작은 일반 병원에서 일하던 우리는 이동 진료 사역을 시작하여 매주, 마을로 찾아가서 며칠씩 아프리카 사람들과 함께 생활했다. 그러면서 우리는 아프리카 시골 마을의 생활 방식을 매우 잘 알게 되었을 뿐 아니라, 치료에서도 새로운 관점을 갖게 되었다. 사람들의 병을 치료하던 우리는 생활 방식 때문에 그들이 겪는 고통을 어떻게 예방할 수 있을지를 깊이 생각하게 되었다. 얼마 지나지 않아, 매우 놀랍고도 획기적인 경험을 하게 되었다. 그것은 다름 아닌 전인적인 건강 관리로 사람들의 육체적인 필요뿐 아니라 정서적, 영적 필요까지 돌보게 된 경험이었다.

1973년, 뉴질랜드로 돌아온 우리는 한 교역자 팀과 연계하여 전인적 치유 센터(center for healing of whole person) 사역을 시작했다. 이 과감한 모험에 박차를 가해서 많은 사람을 치료하는 축복을 누렸다. 그 후, 우리는 하나님의 인도하심을 따라 하와이 코나로 가게 되었고, 거기서 초교파 선교단체인 YWAM(Youth With A Mission)를 만나 함께 상담 사역을 시작하게 되었다. 1976년부터 그 사역은 YWAM 열방대학(University of the Nations)의 7개 단과대학 중 하나인 상담 보건 대학(College of Counseling and Health Care)으로 발전하게 되었는데, 지금은 세계 여러 곳에서 이 학위 과정을 진행하고 있다.

이 책에서 다룰 개념들은 열방대학에서 실제로 가르치는 내용으로, 이는 내가 아프리카, 뉴질랜드, 하와이에서 실제 경험한 사실들을 바탕으로 한 것이다. 환자와 내담자, 학생들이 나의 선생님이었고, 이 모든 과정에 함께하시며 나를 가르치신 분은 바로 성령님이셨다. 그리고 가장 중요한 교재는 성경이었는데, 성경에는 하나님이 불어넣으신 생명이 살아 움직이며 삶의 모든 문제에 실제적 유익을 준다.

잠언 4장 23절은 인생의 가장 결정적인 근원이 마음에서 비롯된다고 말한다. 우리에게는 이를 인식할 수 있는 감각이 존재하는데, 그 결과 마음에 '방어의 벽'(defensive walls)을 쌓게 된다. 이 왜곡된 방어의 벽은 종종 우리에게 감옥이 되어 우리의 진정한 성격을 가둔다.

이 연구는 하나님이 우리 각 사람에게 계획하신 온전하고 성숙한 성격이 성경에 어떻게 나오는지 살펴보는 것으로 마치게 될 것이다. 나는 당신이 진리에 자신을 맡기고, 하나님 안에서 자랄 수 있는 충만한 분량에까지 이르는 변화를 경험하기를 기도한다.

당신이 이 책에 나오는 어떤 주제를 실제로 적용하는 데 도움이 필요하다면, 목회자나 기독 상담 전문가를 만날 것을 권한다.

이처럼 많은 것을 가르쳐 준 모든 환자와 친구에게 이 책에 나온 모든 사례의 비밀 보장을 확신해도 된다는 사실을 전하고 싶다. 이름과 상황을 바꿨기 때문에 신분이 노출되는 당황스러운 일은 발생하지 않을 것이다. 이 책을 읽는 독자는 그 사례를 보며 자신의 모습을 보는 듯한 느낌도 들 것이다. 많은 사람이 동일한 시련과 아픔을 겪고 있다는 사실에 위안을 얻기 바란다. 이 책을 내 모든 환자와 학생에게 바친다. 생명과 진리를 찾는 그들의 노력이 없었다면 이 책은 세상에 나올 수 없었을 것이다.

차례

추천의 글　5
감사의 글　6
들어가는 글　8

1부 성격을 철거하기

1장　내 생각을 넘어　17
2장　탈선　37
3장　폭풍우의 공세　56
4장　신포도　75
5장　방어의 벽, 거절　91
6장　방어의 벽, 반항　113
7장　다른 사람, 다른 방법　134
8장　우리의 벽 뒤편에서　153

2부 성격을 재건하기

9장　기초 다시 세우기　175
10장　하나님 아버지를 발견하여　189
11장　하나님의 기준　206
12장　괴로운 마음　220
13장　원수의 패배　238
14장　새로운 출발　255
15장　새로운 성격의 출현　275

주　294

나의 고통, 나의 고뇌여!
나는 아픔 속에서 몸부림친다!
오, 내 마음의 벽
내 마음이 세차게 쿵쾅거리고
잠잠할 수 없음은 전쟁의 소리,
그 나팔소리를 들음이로다.

예레미야 4장 19절(RSV)

성격을 철거하기

1부

내 생각을

1장

넘어

    무덥고 뜨거운 어느 4월 오후였다. 주차장을 가로질러 바쁘게 걸어가는 내 이마에는 구슬 같은 땀방울이 맺혔다. 하늘에는 또 한 차례 열대성 폭우를 예보하는 커다란 먹구름이 빠르게 움직이고 있었다.

    '비가 내리면 잠시나마 열기가 가라앉겠지.' 눈부시게 화창한 하와이의 더위가 한풀 꺾여 약해지리라 생각하며, 나는 폭우가 내리기만을 기다렸다. 향기로운 건포도 내음이 대기로 퍼지면서 내 콧속에도 감미로운 향기가 가득 찼다. 상담실에 들어서자, 시원한 공기가 나를 반갑게 맞이했다. 나는 그날의 일정부터 살펴보았다. 첫 번째 내담자는 상담실에 처음 방문하는 래리 쿰스라는 사람이었다.

    정확하게 2시에 도착한 그는 큰 키에 마른 체구, 단정하게 빗어 넘긴 검은 머리의 남자였다. 내가 인사를 건네는 동안, 그는 안절부절못하며 가늘고 긴 손가락으로 옷을 만지작거렸고 습관적으로 콧수염을 산만하게 씰룩거렸다. 또한 상담실이 다소 어두운 편인데도 그는 결코 선글라스를 벗을 생각이 없는 것 같았다. 나는 그 모습을 보고 내심 놀랐다. 내 머릿속에는 여러 생각이 이어졌다. '이 사람의 침묵을 어떻게 하면 깰 수 있을까?', '이 사람이 긴장을 풀고 방어 태세를 멈추게 하려면 무슨 말을 해야 할까?'

난감한 상황

몇 주 동안 나는 파경 직전에 놓인 그리스도인, 래리의 부인을 만났다. 알코올과 마약에 중독된 래리는 모든 재산을 탕진했을 뿐 아니라, 부부 관계마저 파괴하고 있었다. 그의 부인과 나는 합심하여 래리를 위해 기도했고, 바로 이틀 전에 그 부인이 흥분된 목소리로 내게 전화를 걸어 래리가 상담실에 방문할 거라고 전해 주었다.

그리고 상담실에서 래리를 만난 나는 주홍빛 캔버스 의자에 힘없이 축 늘어져 고개를 떨군 그를 바라보며 어떻게 그를 도와야 할지 고민이 되었다. 그래서 부드러운 어조로 몇 가지 질문을 던졌다.

"래리, 당신의 아버지는 당신과 함께 시간을 보냈나요? 당신을 훈육했나요?"

나는 기어 들어가는 목소리로 내뱉는 그의 말을 알아들으려고 몸을 앞으로 당겼다. 몇 분이 지났을까. 그는 더는 가만히 앉아 있을 수 없다는 듯, 벌떡 일어나더니 앞뒤로 왔다 갔다 하며 움직이기 시작했다. 그리고 폭포처럼 자신의 이야기를 쏟아냈다.

"아버지! 그 인간은 한 번도 나에게 신경 쓴 적이 없어요. 오히려 내게 달려들어 두들겨 패는 게 일이었죠. 그 인간이 언제 이성을 잃고 달려들지 전혀 알 수가 없었다고요." 그는 신경질을 부리며 콧수

염을 쥐어뜯었다. "난 한 번도 아버지가 날 사랑한다고 말하는 것을 들어 본 적이 없어요."

그는 좁은 상담실 안을 불안하게 서성이며 이야기를 계속했다. "내 기억에 언젠가 내가… 그러니까, 뭔가를 훔친 적이 있어요. 그냥 하찮은 물건이었는데, 아버지는 굉장히 화를 내며 나를 경찰서로 끌고 갔어요. 그 후 일주일 동안 그곳에 나를 놔두었죠. 그의 말로는 내가 뭔가를 배울 수 있게 해주겠다는 거였어요. 배운 게 있긴 있었죠! 다시는 아버지를 믿지 않기로 맹세했으니까요!"

여전히 선글라스 뒤에 숨어 있는 그의 얼굴을 자세히 볼 수는 없었다. 그나마 확인할 수 있었던 것은 그의 대리석처럼 차갑고 딱딱한 표정이었다.

"래리, 그것이 몇 살 때의 일이었나요?"

"열두 살이나 열세 살쯤."

그는 주먹을 불끈 쥐며 분노로 가득 차서 이야기를 계속했다. "그 인간은 너무 불공평하고 부당했어요. 항상 자기만 생각했죠. 그래서 나는 여건이 되자마자 집에서 뛰쳐나왔어요."

래리는 도로 의자 속에 파묻혀 방어 태세로 돌아갔다. 그가 다시 자신에 대한 이야기를 하도록 시도했지만, 그 노력은 허사로 끝났다. 그는 나를 믿으려 하지 않았고 더는 어떤 이야기도 하지 않을 것이 분명해 보였다. 비서가 문을 두드리며 다음 방문자와의 약속 시간이 되었음을 알려 주었다.

"시간이 다 되었군요, 래리."

나는 애써 실망감을 감추며 말했다. 곧 그의 얼굴에 안도감이 스치더니, 일어나서 문 쪽으로 걸어갔다.

"래리, 한 번 더 만날 수 있기 바랍니다."

"알았어요." 웅얼거리는 대답과 함께 그는 재빨리 문밖을 나섰다.

그날 늦게까지 나는 사무실에 혼자 남아, 래리가 말하는 동안 적어 놓은 메모를 훑어보았다. 자기 이야기를 털어놓는 것을 몹시 경계하는 듯한 그의 태도는 내 마음을 복잡하게 만들었다. 어떻게 그를 도울 수 있을까? 불안정, 두려움, 근심, 굴욕과 같은 단어에 동그라미를 쳐 놓았다. 바로 그때, 래리의 억압된 불안과 관련되어 내가 어린 시절에 겪었던 아픈 기억이 떠올랐다.

되살아난 아픈 기억

그때 그 장면이 마치 어제 일어난 일처럼 생생하게 되살아났다. 희끗희끗한 짧은 머리에 키가 크고 무뚝뚝했던 4학년 때의 담임선생님 모습이 떠올랐다. 그 선생님은 내가 매우 어려워하는 사람이었다. 어느 날 아침, 선생님은 내게 다른 교실에 가서 시간을 보고 오라는 심부름을 시켰다. 우리 학교 시계에는 크고 넓적한 검은색 바늘이 있었기 때문에 그 일은 그리 어렵지 않다고 생각했다. 그러나 서둘러 나무로 된 넓은 복도를 뛰어가던 나는 갑자기 한 가지 사실을 깨닫게 되었다. 나는 시계를 볼 줄 몰랐던 것이다!

커다란 학교 시계를 뚫어져라 보면서, 나는 엄습해 오는 두려움과 싸웠다. 어떻게 반 아이들 앞에서 이 사실을 털어놓는단 말인가? 나 자신과 싸우며 그곳에 서 있는 동안, 시간은 똑딱거리며 계속 흘러갔다. 마침내 나는 한 가지 묘안이 생각났다. '대충 어림잡아 시간을 이야기하면 될 거야.' 내가 교실로 들어가자 나의 대답을 기다렸다는 듯, 모든 시선이 내게 집중되었다.

"지금은… 6시예요!" 나는 얼버무리며 대답했다. 선생님은 눈썹을 위로 올린 채 잠깐 동안 나를 쳐다보더니 갑자기 웃기 시작했다. 그리고 우리 반 장난꾸러기 녀석들 모두 깔깔거리며 웃어 댔다. 내 얼굴은 벌겋게 달아올랐고 입술은 떨리기 시작했다. 땀에 젖은 손을 옷에 닦으며, 자리로 돌아간 나는 책 뒤에 얼굴을 숨기려고 애썼다.

선생님은 반의 분위기를 띄우려 할 때마다 내 약점을 이용했다. 그 일이 반복될수록 나는 두려움으로 움츠러들었고, 결국 모든 수업 활동이 복통을 일으키는 요인이 되었다. 선생님은 내가 실수할 때마다 자로 내 손가락 마디를 톡톡 때렸다. 그래서 나는 선생님의 얼굴조차 제대로 쳐다볼 수가 없었다.

공동의 결속

지난날 내가 겪은 아픔을 회상한 것이 래리의 고통에 대한 새로운 깨달음을 주었다. 나는 우리 두 사람에게 어떤 공통점이 있음을 알게 되었다. 우리 둘 다 가혹하게 권위를 행사한 사람과 투쟁하고 있었던 것이다. 사랑과 이해를 바라고 찾았으나, 부당한 대우와 상처만을 얻었을 뿐이었다. 나를 쟁반 위의 젤리처럼 떨게 만들었던 그 일이 내게 끼친 정서적 해악을 처리하는 데는 나 역시 오랜 시간이 필요했다. 계속해서 밀려오는 생각에 압도되는 것을 느끼며, 다시 다음 사람을 만날 준비를 했다.

래리는 일주일 뒤 나를 다시 찾아왔다. 슬레이트 지붕처럼 낮게 드리워진 구름이 어두운 방 안에 비치는 햇살을 막았지만, 래리는 여전히 선글라스로 얼굴을 가리고 있었다. 이전보다 두려움이나 동요의 기색은 눈에 띄게 줄어든 것 같았다. 그는 내 옆에 놓인 캔버스 의자에 편안히 앉아 스스럼없이 이야기를 시작했다. 여전히 그의 내부에 있는 불안감이 보이긴 했지만, 적어도 이제는 우리에 갇힌 사자처럼 앞뒤로 왔다 갔다 하는 행동은 하지 않았다.

래리는 자신이 십대에 히피족이 되어 마약을 했고 그렇게 자신의 인생을 스스로 타락으로 내몰았다는 이야기를 털어놓았다. 그런 습관대로 계속 살다 보니 범죄까지 저지르게 되었고, 인간관계는 가는 곳마다 깨졌다고 말했다. 지금은 결혼해서 아내와 아이도 있고 사람들을 믿어 보려고 애쓰지만, 상처를 받거나 절망할 때마다 분노가 폭발한다는 것이었다.

나는 몸을 앞으로 당겨 앉으며 그에게 물었다. "요즈음 심경이 어떤지 이야기해 줄 수 있겠어요?"

그는 캔버스 의자에서 불안한 듯 옮겨 앉으며 손가락으로 나무 팔걸이를 두드렸다.

"외로워요. 그리고 점점 더 우울해져요. 겁도 나고요. 화가 치밀어 오를 때 내가 아내와 아이에게 무슨 짓을 할지 두려워요."

나는 고개를 끄덕이며 이어지는 그의 이야기에 귀를 기울였다. 그리고 그 시간이 끝나갈 즈음에는 우리 둘 다 마음이 더 편안해져 있었다. 기도로 그 시간을 마치면서, 나는 손을 뻗어 그의 팔을 꼭 잡아주었다. 그는 입가에 엷은 미소를 지으며 또 올 것을 약속했다.

다시 사무실에 혼자 남아, 나는 의자에 몸을 깊숙이 파묻은 채 그날 들은 내용을 곰곰이 생각해 보았다. 이전 어느 때보다도 더 큰 도전이 내 앞에 있었다. 래리의 삶에는 깨지고 부서진 조각이 너무 많았다. 그 조각들이 다시 원래대로 붙을 수 있을까?

"주님, 당신이 필요합니다!" 나는 부르짖었다. "래리 인생의 문이 영원히 닫히기 전에 그 문을 열어 주십시오." 그때 나는 이것이 위대한 계시의 시작이며 내 사역이 새로워지는 계기가 되리라고는 전혀 생각지도 못했다.

해답의 발견

세 번째 상담 시간이 되었을 때, 나는 래리에게 줄 수 있는 새로운 어떤 것이 있으리라 직감했다. 지난 시간 이후부터 나는 줄곧 하나님께 기도했고, 이제 그분이 그의 문제를 해결할 몇 가지 열쇠를 주실 것이라는 느낌이 들었던 것이다.

"안녕하세요? 어떻게 지내셨어요?" 래리가 상담실로 들어오며 인사했다. 의자에 털썩 주저앉으며 뒤로 기대는 그의 입술에서 작은 한숨이 새어 나왔다.

"잘 지냈습니다. 고마워요, 래리." 나는 한결 여유로워진 그의 태도에 한껏 부푼 안도의 기쁨을 애써 감추며 대답했다. "래리, 지난주는 어땠나요?"

"훨씬 나아졌어요. 우리가 나눈 이야기를 계속 생각했어요." 그가 대답했다. "네, 그랬어요. 아내와도 몇 가지 대화를 나눴고요."

인간관계에 대한 이야기를 계속해 나가면서 나는 그가 전에 사랑을 주고받은 경험이 있는지 물었다. 그는 고개를 흔들었다.

"아니요, 없었어요. 아내를 만나기 전까지는요." 그는 아내가 어떻게 자기편이 되어 주었는지를 이야기하며, 어떤 상황에서도 아내가 자신을 포기하지 않았음을 계속해서 강조했다. 그의 아내는 래리가 이전에 만난 다른 사람들처럼 그를 비판하거나 비난하지 않았다. 그가 처음으로 용납받고 있다는 것을 느끼게 해주었다.

"그 사실을 받아들이기 어려워요." 그가 말했다. "저는 항상 내게 일어나는 일 따위에는 누구도 관심이 없다고 생각했으니까요." 아내의 사랑이 그에게 무엇을 의미하는지를 계속 이야기하던 그는, 주저하며 천천히 손을 위로 가져가더니 선글라스를 벗었다. 3주 만에, 나는 처음으로 래리의 흑갈색 눈동자를 볼 수 있었다. 그의 눈은 눈물에 젖어 깊은 생각에 잠겨 있었다.

탈출! 나는 펄쩍 뛰며 소리라도 지르고 싶은 심정이었다. 하지만 그 대신 조용히 숨을 죽이고 감사 기도를 드렸다. 그가 계속해서 부모님과의 깨진 관계, 아내와의 몇 가지 어려움을 이야기하는 동안 나는 사무실에 있는 칠판 앞으로 다가갔다.

래리의 인생에 부모가 미친 부정적인 영향을 깊이 생각하며, 나는 분필을 집어들고 내가 무엇을 하려는지 정확히 생각도 못한 채 막연히 어떤 선들을 그리기 시작했다. 그때, 갑자기 내 생각이 명료해졌다. 나는 45도 각도의 선 하나를 그렸다. 그것은 래리 인생의 거절감을 나타내는 선이었다. 나는 그가 경험한 여러 상처를 돌아보면서, 마약과 범죄로 나타난 래리의 반항이 사실은 거절감에서 비롯된 것임을 알게 되었다. 나는 그 선의 꼭대기에서 시작하는 또 다른 선을 하나 그렸는데, 먼저 그린 선과 이 선이 커다란 'V'자를 거꾸로 세운 모양이 되게 했다. 이 두 번째 선은 그의 반항을 나타내는 것이었다. 이 그림에 대해 함께 이야기하면서, 나는 래리의 인생에서 중요한 위치를 차지했던 권위자들 사이에 있는 연결 고리를 깨달았다. 래리는 그의 아버지에게 심한 거절감을 느꼈으며, 경찰서에 있는 동안 그의 영혼은 상처를 입었다. 그래서 그는 아버지를 두 번 다시 믿지 않기로 맹세했고, 나는 그 일로 그의 삶에 나타난 결과들을 지금 보고 있는

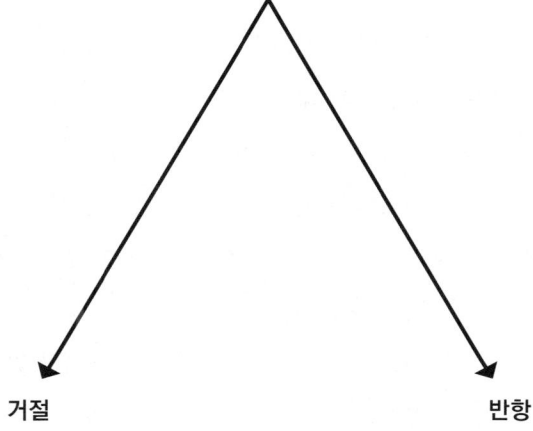

거절　　　　　　　　　반항

것이었다. 이제 그는 더 이상 그 누구도 신뢰할 수 없게 된 것이다. 반항심 때문에 부도덕, 범죄, 마약으로 뛰어든 그는, 사실 자신이 겪은 거절감의 고통을 표출하고 있었던 것이다.

래리는 의자에 몸을 고쳐 앉았다. 칠판에 고정되어 있던 그의 눈에 어렴풋이 한 가닥 희망이 보였다.

"맞아요! 그런 것 같아요!" 그는 양옆으로 벌어진 입술 사이로 이를 드러내며 웃었다.

나는 재빨리 성경책을 넘기며 내가 이야기하는 내용을 뒷받침할 만한 구절을 찾기 시작했다. 내 마음은 흥분해 앞으로 달려 나갔고, 마침내 래리의 인생뿐 아니라 내 인생의 퍼즐에서도 빠져 나갔던 조각을 제대로 맞추게 되었다. 우리 삶 가운데 있던 권위자의 영향력에서 의미심장한 진리를 발견하게 된 것이다. 래리가 사무실을 떠난 후, 비서가 와서 래리의 얼굴에 감돈 미소와 반짝이는 눈동자에 관해 말해 주었다. 정말이지 나는 하늘로 날아오르는 기분이었다!

치유 과정

그 이후로 몇 주 동안, 나는 래리를 정기적으로 만났다. 조금씩 조금씩, 그렇지만 꾸준히 성경에 나온 하나님이 세우신 삶의 기준을 제시했다. 래리는 점점 변하기 시작했다. 그의 눈빛은 더 분명해졌고, 새로운 평화가 그의 존재에 스며들어 이전의 불안감이 사라졌다. 나는 그를 회개로 이끌었고, 그가 했던 선택, 즉 그를 깊은 절망으로 몰아넣었던 자신의 책임을 보게 했다.

나는 래리에게 회개에 대해 나누었다. "회개는 자신의 인생에 대한 책임을 받아들이고, 자기를 파괴하는 행동으로부터 선하고, 온전하고, 경건한 행동으로 돌이키기로 진지하게 선택하는 것입니다."

나는 하나님이 그에게 원하시는 것을 계속 유지하려면 매일매일 성경을 읽고 기도하며 그분의 은혜를 누려야 한다고 권면했다. 마지막으로 래리를 만났을 때 그는 전혀 다른 사람이 되어 있었다. 그는 자신의 영혼을 어루만지시는 하나님의 손길을 경험했고, 하나님은 그의 고통을 평화로 바꾸셨다.

새로운 도전

래리의 삶은 도움을 요청한 다른 사람들과 내게 의미심장한 도전을 주었다. 어떻게 래리와 같은 사람들을 도울 수 있을까? 어떠한 수단을 사용할 수 있을까? 나는 그와 같은 사람들을 돕기 위한 해답과 좀 더 구체적인 계시를 얻으려 성경말씀을 열심히 찾기 시작했다. 그러던 어느 날, 내가 그날 칠판에 그린 것과 관련 있는 진리를 발견했다. 아모스 7장 말씀은 이스라엘이 하나님의 다림줄에서 벗어난 벽과 같다고 이야기한다. 주석과 사전을 통해 나는 '다림줄'(plumbline)이

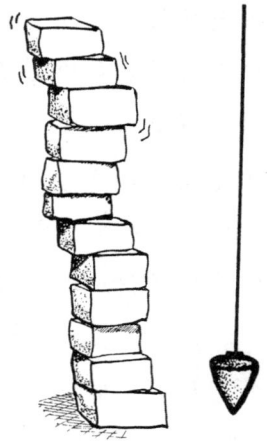

무엇인지 알게 되었다. 그것은 건축하는 사람들이 벽이 정확하게 수직으로 세워졌는지를 확인하려고 사용하는 도구였다.

이러한 생각을 계속하는 가운데, 나는 래리의 인생에서 거절감을 나타내려고 그렸던 선이 잘못된 다림줄이며 반항을 나타내는 선도 마찬가지임을 알게 되었다. 두 선 모두 하나님이 원래 계획하신 신성한 다림줄에서 벗어나 있었고, 그 잘못된 인간의 다림줄 사이 어딘가에 하나님의 다림줄이 놓여 있던 것이었다.

그곳이 바로 래리가 그토록 찾았지만 결코 발견할 수 없을 것 같았던 자리였다. 그는 부모나 다른 권위자들 때문에 자신의 삶에 잘못 내려온 거절과 반항의 다림줄과 함께해 온 것이다. 래리가 사무실에 왔을 때, 그의 삶은 기준에서 벗어난 담과 같이 흔들려 무너져 내릴 것 같았다. 나는 나 자신도 모르는 사이 수년에 걸쳐 내 삶 속에 세워진 어떤 중요한 계시에 다다르게 되었다. 래리의 인생은 마치 스위치처럼 내 과거의 어두운 방에 불을 켜 주었다.

눈앞에 펼쳐진 바다는 영롱한 빛을 발하며 무수한 색채를 반사하고 있었다. 사랑스러운 날씨였다. 하늘은 맑고 푸르며 공기는 따스했다. 나는 울퉁불퉁한 용암 바위에 앉아, 물결치는 조수 웅덩이에 발을 담근 채 하와이의 뜨거운 태양 빛을 쬐고 있었다.

내 머릿속에서 지나온 삶이 필름처럼 스쳐 지나가는 동안, 가족들은 조그맣게 펼쳐진 해변에서 모래성을 쌓고 있었다.

바로 어제, 나는 래리에게 그만 만나도 되겠다는 말을 했다. 그에게 그것은 끝이 아니라 시작이었고, 내게도 더 커다란 계시를 향한 출발이었다. 래리는 내가 새로운 방식으로 내 삶을 돌아보도록 자극을 주었다. 나는 바닷가에 편안히 앉아, 지난 시절을 회상했다.

주님, 제가 어떻게 살기 원하시나요?

나는 열세 살 때 '소년단'(Boy's Brigade)에서 활동한 것을 계기로 그리스도인이 되었다. 1년 후, 나는 뉴질랜드의 시골 지방인 캠브리지에서 열린 침례교의 성경 캠프에서 선교사의 부르심을 처음 받았다. '어떻게 살 것인가?' 하는 질문에 부딪히기 전까지, 대학 시험 합격을 위해 공부해야 한다는 압박감에 시달리고 있었다. 대학에 진학해야 한다는 생각은 나에게 털끝만큼도 즐거움을 주지 못했다. 그런 까닭에, 내 친구 중 하나가 내게 의학을 전공할 생각이 없는지 물었을 때, 나는 정말 놀랐다.

"의학?" 나는 웃음을 터뜨렸다. "그건 너무 심하잖아! 농담이지? 나는 학교 공부라면 지긋지긋해."

그러나 그 후로도 몇 주 동안 그 친구의 말이 내 머릿속을 떠나지 않고 한구석에서 희미하게 맴돌더니, 결국 어느 사이에 마음속 깊이 단단히 자리 잡고 말았다. 말씀들이 성경에서 튀어나와 내 마음에 각인되었다. 다른 사람들의 말들도 내 마음을 다시 확인시켜 주었다. 그때 나는 입학시험에 필요한 과목을 아무렇게나 세 가지 선택했는데, 바로 그 생물, 화학, 물리가 정확하게 의과 대학에서 필요로 하는 과목이었다! 이처럼 하나님이 나를 의학 쪽으로 부르신다는 것을 분명하게 확인시켜 주셨다. 하지만 그것은 내 뜻과는 상당히 달랐다. 아무런 훈련 없이 선교 현장에 바로 뛰어드는 대신, 의료 선교사가 되는 준비 과정을 거쳐야 한다는 의미였다. 대학에서 예과 공부를 시작하며 나는 새벽부터 늦은 밤까지 쉬지 않고 열심히 공부했다. 경쟁은 치열했고 본과에 응시한 학생 중 극소수만이 합격했다. 그래서 그 해 말에 있던 자격시험에서 떨어졌을 때, 별로 놀라지 않았다. 당연한 것으로 받아들이고 합격을 위해 더 열심을 내기로 결심했다.

나는 재시험을 치르려고 다시 한 번 힘을 내어 책 속에 파묻혔다. 시험이 끝나고 초조한 마음으로 걱정스럽게 결과를 기다렸다. 그리고 그다음에 일어난 일은 내 기억 속에 선명하게 새겨져 있다. 기대와 흥분에 들떠, 나는 이탈리아제 150cc 스쿠터를 타고 쏜살같이 시내를 가로질러 갔다. 그리고 합격자를 알리는 게시판 앞에 가서 시끌벅적 떠들어 대는 학생들 틈에 끼어들었다. 내 눈은 재빨리 알파벳 순서로 나온 명단을 살폈지만 거기 내 이름은 없었다. 그것이 확실한 한 가지 사실을 의미했다. 나는 또다시 실패하고 만 것이다!

엄청난 거절의 고통

나는 망연자실했다. 최선을 다했지만 또다시 합격자 명단에 들지 못한 사실에 눈물을 참으려고 안간힘을 썼다. 납덩이 같은 발과 무거운 마음으로 발걸음을 되돌렸다. 내 속에서는 폭풍이 일었다.

'나는 실패한 인간이야! 내가 그렇다는 걸 늘 알고 있었어. 멍청한 데다 구제불능이라고!' 자기 학대와 자기 연민의 생각이 홍수처럼 밀려왔다. '이제 이 바보 같은 짓을 다 집어치우고 선교지로 바로 가는 거야!' 수년 동안 내 안에 형성된 모든 부정적인 생각이 다 밖으로 나와 실패감을 더해 주었다. 모든 게 다 잘못된 것 같았다. 나는 정말 열심히 공부했고, 그 명단에 이름이 오른 다른 친구들보다 훨씬 더 많이 노력했다. 사실, 정말 나중에 나는 시험을 통과했다는 것을 알게 되었다. 그러나 그 당시는 온통 괴로움뿐이었다. 왜 나를 받아 주지 않는 것일까?

교정에 있는 작은 시냇가 옆에 털썩 누워, 내 속에 눌려 있던 감정을 토하며 하나님께 부르짖었다.

"하나님, 당신은 어디 계신가요? 당신은 내 일에 아무 상관도 없으신가요?" 좌절감을 없애려고 땅을 내리치며 하나님을 원망했다. "내가 여기 있는 이유는 오직 당신이 나를 부르셨기 때문입니다. 그런데 지금 당신은 나를 좌절시켰습니다."

몇 주 동안 나는 하나님과 그분의 성품에 의문을 품고 그것들과 씨름하며 괴로워했다. 그 옛날의 욥처럼, 나는 하나님께 설명을 요구했다. 만약 아무 일도 일어나지 않는다면 그 모든 과정을 그만두고 선교지로 가 버려도 정당하다고 생각했다. 만일 내가 중도에 포기하고 끝없이 공부해야 하는 멀고 험한 여정을 빠져 나온다 해도 그것은 정당한 것이라며 스스로 위로했다. 그것이 마땅했다! 하지만 나는 하나님을 도망갈 데 없는 구석으로 몰아넣은 기분이었다.

그러나 어느 날 밤, 하나님은 그 궁지에서 빠져 나와 넘치는 확신을 주시며 다가오셨다. 나는 기도를 통해 하나님이 가르쳐 주신 가장 기본적인 그분의 말씀, "순종이 제사보다 낫다"는 것을 배우지 않으면 선교지에 나가도 아무런 쓸모가 없음을 깨닫게 되었다.

하나님의 뜻대로

서서히 나는 하나님이 내 학위보다 영적 자질에 더 관심이 많다는 사실을 깨달았다. 하나님은 나에게 순종하라고 말씀하셨다. 무거운 마음으로 나는 다시 마음을 추스르고 의학 공부라는 연단 속으로 들어갔다.

그 후 6년 동안 나는 무슨 일이 있어도 합격하리라는 결심 하에 책 속에 파묻혀 살았다. 내가 스물여덟 살이 되던 해, 의학 박사 학위를 받던 그날은 승리의 개가를 울리던 날이었다. 수년에 걸친 고된 노력 끝에, 드디어 목표를 이룬 것이다. 마침내 나는 의료 선교사가 될 수 있었다.

1년 동안 나는 초교파 선교단체인 YWAM에 들어가 세계 여러 나라를 돌며 복음을 전했다. 그 여행은 서아프리카 가나에서 끝났는데, 그곳에서 WEC(Worldwide Evangelization for Christ)과 일할 수 있는 문이 활짝 열렸다. YWAM과 마찬가지로, WEC의 목적도 세계의 미전도 지역에 복음을 전하는 것이었다. 아내 바버라와 나는 이동 진료 사역을 개발해서, 생존을 위해 물과 양식을 찾아다니는 원시 부족들에게 복음을 전하는 일에 도전했다. 의사소통 때문에 어려움을 겪던 우리는 의료 기술로 그들의 마음을 얻는 방법을 발견했고, 시간이 지나면서 이전에는 황무지였던 땅에 교회가 세워지고 성장하는 모습을 보게 되었다.

4년 후, 우리는 1년 동안 휴식을 갖기로 하고 뉴질랜드에 돌아왔다. 그러나 쉬려던 기대와는 달리, 나는 어느새 또다시 이 환자 저 환자를 돌보며 바쁘게 진료 활동을 했다. 환자의 병 때문에 곤란을 겪을 때는, 전에도 자주 그랬듯 마음속으로 기도하며 올바른 진단과 처방을 할 수 있도록 예수님께 도움을 구했다. 그러나 많은 환자가 그들의 생활 방식을 바꾸지 않으면 병이 재발할 것이 분명했다. 나는 이 사실을 깨닫고 나서 깊은 좌절감에 빠지게 되었다.

어느 날, 우리는 우리 교회 장로님들과 우리가 느끼는 좌절감을 나눌 기회가 있었다. 그들은 교회 시설을 사용하도록 허락해 주었을 뿐 아니라 몇 명의 조력자까지 지원해 주며 우리를 도와주었다. 그리고 바로 그곳이 후에 상담 보건 센터가 되었다. 얼마 지나지 않아, 나는 그 센터의 과중한 업무로 개인적인 진료 활동을 그만두고 새로운 의료 사역에 뛰어들게 되었다. 그런데 그 사역에 열매가 맺히는 것을 보던 바로 그 시기에, 하나님은 우리가 평생 사역으로 생각하고 있던 그 일을 또 그만두게 하셨다. 그리고 우리를 하와이로 인도하셨다! 어떤 과묵한 장로님 한 분이 그 부르심을 재확인해 주셨고, 그 일을 시작한 지 18개월 만에 우리는 호놀룰루로 향하는 에어 뉴질랜드 비행기를 타게 되었다.

새로운 지평선

"코나에 도착하신 여러분을 환영합니다." 미소를 띤 여 승무원이 비행기 출구 문을 열려고 레버 몇 개를 조작하는 동안 경쾌한 폴리네시안 음악이 기내를 가득 채우고 있었다.

"하와이, 코나! 여기가 코나라니, 마치 달에 착륙한 기분이군." 나는 혼자 중얼거렸다. 비행기 유리창으로 밖을 자세히 내다보던 내 눈은 광활하게 펼쳐진 검은색 화강암에 당혹감을 느꼈다. 이글거리는 뜨거운 열기가 활주로를 가로지르며 흔들거렸다. 먼발치에 어렴풋이 산이 보였고, 오른쪽으로는 태평양의 파도가 들쑥날쑥 해안에 부딪히고 있었다. 가는 곳마다 우리를 긴장시킨 세 살배기 우리 아들 마이클은 물론이고, 아내 바버라도 마음을 진정시키느라 애썼다. 나는 이제 갓 15개월이 된 통통한 라이어넬을 안고 출구 쪽으로 나갔다.

1976년 1월, 하와이에 도착한 우리가 그 땅에서 10년 이상을 보내게 될 줄 그 누가 알았겠는가! 우리조차도 예상하지 못한 일이었다! 뉴질랜드 북쪽의 파머스톤에 있는 우리 교회 성도들은 내가 YWAM에서 의료 선교 프로그램을 구축하는 것을 도울 수 있도록 3년의 시간을 주었다.

우리가 하려는 일은, 쉽게 배를 갈아타고 세계 어느 곳이든지 옮겨 다닐 수 있는 이동 의료단을 개발하는 것이었다. 하지만 나는 곧 하나님이 내 인생에 다른 계획을 품고 계심을 알게 되었다. 그 일을 착수하려는 몇 가지 시도는 아무런 성과도 보지 못하고 있었다. 그러던 어느 날, 면허 위원회에서 편지 한 통을 받았다. 그 내용은 내가 하와이 주에서 의사 면허를 발급받으려면 주에서 인가한 병원에서 3년 동안 인턴으로 일하고, 최종 시험도 다시 치러야 한다는 것이었다!

나는 당황스럽고 혼란스러웠다. 하나님의 인도하심을 확신하며 아내와 두 아이를 이끌고 멀리 이곳까지 왔는데, 바로 눈앞에서 문이 쾅 닫히는 꼴이었다! 설상가상으로 바버라는 내가 하나님보다 앞서 일을 진행했다고 믿고 있었다. 아내는 조금도 지체하지 않고 격분해서 나에게 쏘아붙였다.

"좋아요!" 그녀가 소리쳤다. "당장 짐을 싸서 집으로 가는 거예요."

아내에게 하와이는 결코 낙원이 아니었다. 또한 YWAM도 겨우 개척 단계에 있었으므로 버티는 것만으로도 벅찬 상황이었다. 바로 이런 상황들이 뉴질랜드에서 만족스럽게 이루던 사역을 떠난 것이 잘못이었다는 아내의 생각에 확신을 더해 주었다.

인내

두 가지 생각이 머릿속을 복잡하게 흔들었다. 내가 하나님의 음성을 제대로 들은 것인가, 아니면 그저 추측한 것인가? 집으로 돌아가야 하는 것인가, 아니면 하나님이 뭔가 다른 계획을 가지고 계신 것인가? 내적인 갈등이 심해지면서 나는 인도하심과 상황, 두 가지를 모두 점검해 보았다. 그런데 나는 머리를 복잡하게 하며 떠들어 대는 온갖 소리 가운데 휩싸여 있으면서도, 조용히 나를 격려하는 내적 확신을 부인할 수가 없었다. 이러한 씨름 끝에, 나는 하와이에 남기로 했다. 뭔가 나의 길을 안내하는 유용한 확증이 나타나기를 기대하면서, 어렵더라도 닥치는 상황에 맞서기로 결정한 것이다.

그러나 그 확증이 나타나기까지 오랜 시간이 걸렸다. 기다리는 동안 우리는 모든 것이 수면에 가라앉는 것을 느꼈다. 뉴질랜드에서의 활발한 활동과는 대조적으로, 우리에게는 사역도, 병원 일도 없었다. 게다가 우리 아들 마이클이 죽을 뻔한 사건까지 터졌다. 마이클이 친구들과 같이 놀다가 썩은 나무 난간에 부딪혀 6m 정도 아래의 콘크리트 바닥으로 떨어진 것이었다. 우리는 최악의 상황에 대한 두려움에 휩싸여 마이클을 데리고 병원으로 달려갔다. 검사 결과, 마이클의 두개골은 이마와 머리카락의 경계선 쪽이 부서져 있었고, 커다란 핏

덩어리가 혹처럼 부어올라 오른쪽 시력을 흐리게 만들었다. 그러나 하와이에 있는 우리의 새 이웃과 고향에 있는 많은 사람이 마이클을 위해 기도해 주었고, 다행히 마이클은 빠른 속도로 회복해서 후유증도 없었다.

우리가 코나에서의 YWAM 사역을 성장시키려고 임시로 여러 가지 일을 하고 있을 때, 몇몇 확증이 눈앞에 나타났다. 하나님이 우리를 하와이로 부르신 목적의 일부를 깨닫게 된 것이다.

어느 날, 우리는 YWAM의 설립자인 로렌 커닝햄과 그의 부인 달린과 함께 대화를 나누다가, 지난날 뉴질랜드에서 한참 성장하고 있던 우리의 상담 사역에 대해 나누게 되었다. 우리는 그들에게 의학이 상담 초기 사역을 더 완전하게 보완해 준다는 것을 명확하게 보여 주셨다고 이야기했다. 그러자 로렌은 그것에 대해 함께 기도하자고 제안했고, 그 과정을 통해 우리 각 사람은 하나님이 YWAM 안에 새로운 사역을 말씀하신다는 강한 인상을 받게 되었다. 바버라와 달린, 두 사람 모두 "네 장막터를 넓히며 네 처소의 휘장을 아끼지 말고 널리 펴되 너의 줄을 길게 하며 너의 말뚝을 견고히 할지어다 이는 네가 좌우로 퍼지며 네 자손은 열방을 얻으며 황폐한 성읍들을 사람 살 곳이 되게 할 것임이라"는 이사야 54장 2-3절 말씀을 받았다. 이 구절은 우리 사역의 영역을 넓히라는 말씀으로, 우리의 그 사역이 모든 기대를 확장시켜 줄 것이라는 의미인 것 같았다.

우리는 미국 내에 있는 몇 군데의 상담 클리닉을 방문했고, 그러던 중 우리를 도와줄 두 사람을 얻었다. 그 후 1977년 1월, 우리는 코나에서 첫 번째 상담 클리닉을 시작했다. 우리는 바로 이곳에서 래리와 같은 처지의 사람들을 만났고, 하나님은 그들의 인생에 숨어 있는 문을 여는 진리의 열쇠를 보여 주셨다. 그분은 우리가 상담 세미나를 시작하여 다른 사람들을 훈련하게 하셨으며, 그 내용이 여러 나라로 퍼져 나가도록 인도하셨다. 몇 년 후, 그 세미나는 하와이 코나에 있는 YWAM 태평양 아시아 기독교 대학의 학위 과정으로까지 발전했고, 그 후 계속해서 이 대학의 분교 형태로 다른 나라까지 퍼져 갔다.

  이 책에서 나는 이러한 과정과 오랜 연구 및 사역을 통해 배운 전인성(wholeness)과 치유에 관한 성경적인 관점을 이야기할 것이다. 인생에 대해 가장 신뢰할 수 있는 기준, 곧 하나님의 다림줄에 비추어 진정한 자신의 모습을 발견해 나가는 흥미로운 항해를 이제 시작해 보자.

탈선

2장

기원전 8세기, 유다 왕 웃시야의 통치 기간에 이스라엘은 번영과 평화의 파도를 타고 있었다. 그러나 사회에는 풍요와 더불어 급속한 도덕적 타락이 만연했다. 사회 불의가 내뿜는 지저분한 매연은 이스라엘의 시야를 흐리게 했을 뿐 아니라, 하나님이 이끄시는 신성한 방향까지도 잃게 만들었다.

이런 상황 속에서, 하나님은 목자이며 뽕나무를 재배하는 자였던 아모스를 불러 당신의 부르심을 설명하신다(암 7:7-8). 아모스라는 그의 이름은 '짐을 지다'라는 뜻의 히브리어 동사와 관련이 있다.[1] 그의 임무는 사회적, 종교적 타락을 고발하고 하나님의 심판이 임박했음을 경고하는 것이었다. 하나님은 모세를 부르실 때 그분의 진리와 가치를 드러내시려고 지팡이를 선택하셨듯이, 아모스에게는 다림줄을 택하셨다.

그림 1

다림줄

하나님이 측정하시는 기준

가장 단순한 형태의 다림줄은 직경이 동일한 원통형의 나무에 납덩이로 만든 작은 원추가 거꾸로 줄에 매달린 형태다. 그것은 건축하는 사람들이 벽을 세울 때, 그 벽이 정확히 수직인지 확인하려고 사용하는 도구다. 무게가 실린 끝은 중력과 그 외 다른 보이지 않는 힘에 반응하며 언제나 지구의 중심을 가리킨다.

건축가들은 간단하지만 굉장한 가치를 지닌 이 심오한 기구를 발견해 냈다. 그들은 건물을 안정감 있게 세우려면 건물의 기둥과 벽이 다림줄에 나란히 맞아야 하며, 그렇지 않을 경우 건물이 무너질 수도 있다는 사실을 알았다.

그 당시 이스라엘이 누리던 풍요의 이면에는 도덕적 부패가 만연했다. 하나님은 이스라엘을 기준에서 벗어나 곧 무너질 것 같은 벽에 빗대어 표현하셨다. 그리고 그 불안정한 정도를 보여 주시려고 백성 옆에 율법의 다림줄을 내리신다. 하나님은 이스라엘이 언제라도 무너져, 벽에 쌓여 있던 벽돌들이 흩어지듯 원수들이 그들을 흩을 수 있음을 보여 주신다. 하나님은 그분의 백성으로 부르신 이들의 삶에 말씀의 다림줄을 내리시지 않은 적이 결코 없다. 그분은 이 세대를 살아가는 우리에게도 계속 이 일을 행하신다. 그리하여 우리가 진리를 깨달을 뿐 아니라 안정되고 견고한 삶을 발견하기 원하신다.

근본적 질문

우리는 하나님 말씀의 다림줄을 알지 못하고, 생각하지도 않는 세대 속에 살고 있다. 그러나 이 세대 역시 '인생이란 무엇이며, 그 인생을 어떻게 살아갈 것인가?' 하는 질문에는 굉장한 관심이 있다.

수동적인 반응

대학 심리학 강의실마다 넘쳐나는 수많은 학생, 실존주의, 새로운 자각, 마약, 신비주의, 그 밖의 변질된 현실의 또 다른 형태를 경험하는 이들이 증가하는 추세가 이러한 관심을 정확히 대변해 준다. 이 근본적인 질문은 네 가지로 나누어 볼 수 있다. 첫 번째는, 존재론으로 '나는 누구인가?'라는 근본적 질문이다. 이 질문에 초점을 맞추어 상반된 반응에서 나타나는 몇 가지 특징을 살펴보자.

| **수동적인 반응**

우리는 그림 2에서 '성격의 갑옷'을 입은 한 사람을 볼 수 있다. 이 사람을 보며 마음에 어떤 인상이 떠오르는가? 다음은 사람들이 그림 2를 보며 실제로 말했던 것이다.

방어적이다	취약하다
두려워한다	수동적이다
앞을 보지 못한다	들을 수 없고 말할 수도 없다
외롭다	침체되어 있다
무기력하다	희망이 없다

갑옷을 입은 이 사람은 정체성의 위기 속에서 '나는 누구인가?'라는 질문에 답하기를 회피한다. 아마 이전에 이 문제를 다루려 했던 노력이 실패했기 때문일 것이다. 그래서 직면하기보다는 갑옷 뒤에 숨어서 자신의 정체성을 위협하는 모든 것에서 한 걸음 뒤로 물러나 있는 것이다.

공격적인 반응

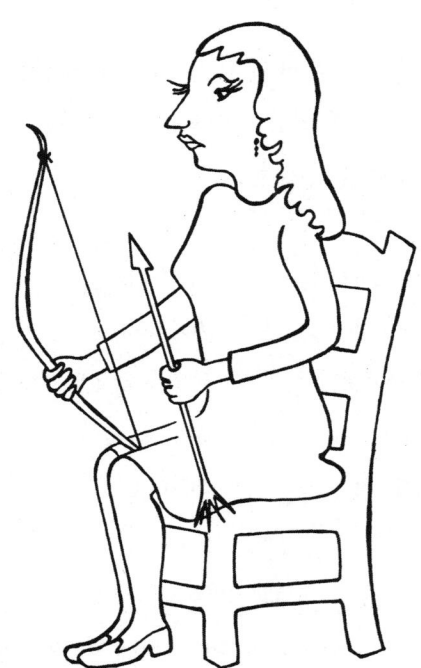

| 공격적인 반응

앞서 살펴본 근본적인 문제와 씨름하는 또 다른 성격은 그림 3의 활과 화살을 가진 여성이 잘 보여 준다. 이 그림을 살펴보며 마음에 떠오르는 특징들을 생각해 보라.

공격적이다	비판적이다
부정적이다	방어적이다
원망한다	불안정하다
외롭다	두려워한다

활과 화살을 쥔 이 여성은 정체성의 위기를 다루는 데 앞의 사람과 다른 방식으로 다룬다. 수동적으로 방어하는 대신에 공격적인 자세를 취하는 것이다. 이 여성에게 다가가는 사람들은 좀 더 거리를 두어야 한다거나 상처를 받을 수 있다는 경고를 받는다. 아직 활시위를 당기지 않았다는 사실은 여성이 정말 공격하고 싶은 것은 아니며, 필요할 경우 그렇게 할 수 있다는 것을 암시한다.

이 두 경우는 어떤 면에서 함께 양립할 수 있다. 공격적 반응을 택한 사람은 자신이 원하면 언제나 화살을 쏠 수 있고, 수동적 반응을 택한 사람은 적어도 그의 외로움을 덜어 줄 누군가가 주위에 있다는 사실을 알게 된다. 그러나 그들의 의사소통 방식은 화살이 핑하고 날아가서 갑옷에 꽂히는 형태뿐이다! 그 어느 쪽도 실제로 상처받는 일은 없다. 안타깝게도, 이 예는 결혼 생활과 인간관계가 얼마나 악화될 수 있는지를 보여 준다.

그림 4

인생에 대한 근원적 질문

·· 어떻게 아는가 ·· **인식론**

·· 나는 누구인가 ·· **존재론**
·· 나는 어디서 와서 어디로 가는가 ·· **목적론**
·· 나에게 가치 있는 것은 무엇인가 ·· **가치론**

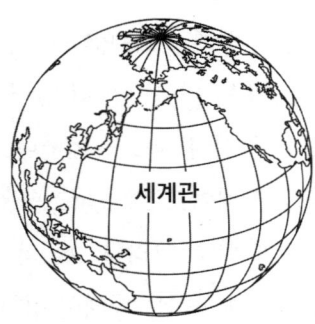
세계관

정체성이 시작하는 곳

앞의 이 두 경우는 자신이 누구인지 알아 가는 것에 실패한 사람들의 예다. 이 중요한 질문에 당신은 어떻게 대답하겠는가? 자신의 개인적 존재론의 문제를 풀어가며 '나는 누구인가?'에 대답하려면, 먼저 우리 자신의 근원으로 돌아가야 한다. 성경에는 "태초에 하나님이 천지를 창조하시니라"(창 1:1)고 말하며 그 근원을 밝힌다. 성경은 모세가 이스라엘 백성에게 하나님을 어떻게 설명할지 알려 달라고 한 질문을 통해 더 구체적인 계시를 보여 준다(출 3:13-14). 하나님은 모세의 질문에 이렇게 응답하신다. "나는 스스로 있는 자이니라."

정체성에 대한 더 자세한 설명은 신약에서 하나님의 아들이신 예수님을 통해 나타난다. 예수님은 그분과 우리 안에서 그분이 하시는 역할에 대해 이렇게 말씀하신다.

> 내가 곧 길이요 진리요 생명이니 나로 말미암지 않고는 아버지께로 올 자가 없느니라(요 14:6).

이 두 구절에서 말씀하신 것을 살펴보자. 먼저 하나님은 모든 피조물의 신분이 그분 안에서 시작한다고 말씀하신다. 따라서 우리의 정체성을 이해하려면, 먼저 그분이 누구신지 이해하는 것부터 시작해야 한다. 그분은 우리가 출발한 시작이고, 우리의 전 존재는 그분과 다시 관계 맺기를 갈망한다(시 42:1-2).

다음으로 예수님은 자신이 하나님을 알아 가는 유일한 길이라고 설명하신다. 그분은 하나님의 대사인 동시에, 우리를 그분의 아버지께 소개하는 위치에 계신다. 따라서 삶의 근원적인 질문, '나는 누구인가?'를 풀어 나가는 일은 여기에서부터 시작해야 한다.

정체성의 구성 요소

'인생이란 무엇이며 어떻게 살아야 하는가?' 하는 질문에 적절한 대답을 하려면, 그림 4의 세 가지 질문을 생각해 봐야 한다. 처음 두 질문은 다음과 같다.

1. 나는 어디서 왔는가?
2. 나는 어디로 가는가?

이 두 질문은 인간의 역사, 운명과 관련 있는 것으로, 목적론에 속한다. 목적론은 인생에 무언가 방향성과 목적을 갖고자 하는, 우리 모두 안에 내재된 욕구다. 그 어느 것에도 목표를 두지 않는다면 우리는 어디에도 이를 수 없다! 이에 대해 성경은 "묵시가 없으면 백성이 방자히 행하거니와 율법을 지키는 자는 복이 있느니라"(잠 29:18)고 말한다. 오늘날 우리 사회에서 복리를 추구하는 경향은, 이 두 질문에 대한 적절한 대답을 찾지 않은 결과로, 사람들 안에 인생의 목적과 올바른 역할이 없어 나타난 것이다.

3. 나에게 가치 있는 것은 무엇인가?

이 세 번째 질문은 가치론에 해당하며, 가치론은 가치에 관한 중요한 연구를 의미한다. 우리는 누구나 이미 형성된 가치 체계를 가지고 있으며, 우리의 인생, 노력, 시간, 재정을 투자하는 모든 것이 바로 가치 체계를 구성하는 요소가 된다. 우리는 그것들이 소중하다고 믿기 때문에 거기에 투자할 가치가 충분하다고 보는 것이다. '머리 또는 지적인' 가치 체계와 '마음 또는 성격적인' 가치 체계는 분명 다르다. 전자는 우리가 말하는 것으로 표현되는 반면, 후자는 행하는 것으로 표현된다. 마음(생각)에서 인생의 태도와 깨달음이 나오는 것이다.

우리는 어떻게 아는가?

이 세 가지 질문에 근본이 되는 질문은 '우리는 어떻게 아는가?' 하는 것이다. 우리는 어떤 안경으로 이 세상을 보는가? 우리는 우리의 지식이 옳고 그름을 어떻게 결정하는지 알기 원하는데, 이것이 바로 인식론이다. 그리고 그리스도인인 우리는 하나님이 우리에게 진리를 알려 주셨음을 믿는다. 앞서 말했듯이, 요한복음 14장 6절에서 예수님은 그분이 진리라는 것을 강조하신다. 인생과 그 인생을 어떻게 살 것인가에 대한 모든 답은 하나님이 성경과 그분의 아들 예수 그리스도를 통해 보여 주신, 하나님에 대한 계시 속에서 찾아야 한다. 이것이 바로 하나님의 다림줄이다.

세계관의 발견

존재 문제에 대한 몇 가지 답을 이해할 때, 우리는 우리 자신의 세계관을 발견할 수 있다. 우리는 저마다 다른 세계관을 가지고 있는데, 이는 간단히 말해 우리가 무엇을 믿으며, 그것을 왜 믿는가에 관한 것이다. 더 포괄적으로 말하면 인간과 우주의 기원, 본질, 운명 등과 더불어 우주 속에서의 인간의 역할과 목적까지도 포함한다.

인생에 대한 이러한 근본적인 질문에 대해 사람들의 반응은 정말 다양하다. 그리고 이는 철학의 형식으로도 다양하게 나타난다. 이 반응들은 모두 그 사람이 세상을 보는 인식론의 관점을 따른다. 다음은 수세기를 걸쳐 발전해 온 철학에서 신봉하는 몇 가지 세계관을 간단히 요약한 것이다. 아래에 나온 각 세계관의 예는 오늘날 쉽게 찾아볼 수 있다.

- **유일신론** 하나님은 한 분으로 모든 사람의 아버지이시다.
- **다신론** 많은 신이 있으며, 권위와 능력에서 각기 다른 영역을 위임받았다.
- **무신론** 신은 존재하지 않으며, 그것은 인간이 상상으로 꾸며 낸 허구다.
- **무신론적 인본주의** 만약 신이 존재한다면 분명히 인간 자신이어야 한다. 인간이 신이다.
- **무신론적 이성주의** 인간의 이성이 진리에 도달하는 유일한 수단이다. 인간은 이성으로 신성을 행한다.
- **무신론적 실존주의** 각 존재가 가진 의미를 파악하려고 정신을 넘어선 영역으로 비이성적인 도약을 한 것이다. 이것은 인간이 신이 되는 것에 실패했음을 이성적 관점이 간접적으로 인정한 것이다.
- **신비주의** 인간의 정체성을 발견하려고 눈에 보이지 않는 무감각 세계로 뛰어들면서, 인간은 자칭 "이 세상 임금"(요 12:31)이라 하는 또 다른 신 즉 사탄과 함께 있는 자신을 발견한다. 물론 사탄은 아주 교활하기 때문에 그의 많은 부하조차 그를 믿지 않지만, 그럼에도 그를 섬긴다.

이 세계관들 중 가장 먼저 소개된 유일신론을 제외한 나머지는 모두 '스스로 있는 자', 즉 하나님으로부터 멀리 떨어져서 해답을 찾으려는 인간의 노력을 일컫는다. 다신론에서 인간은 그의 삶에 영향을 미치는 피조물인 해, 나무, 바람 같은 것에 신성을 부여한다. 무신론에서는 인간이 스스로 있는 자에게 말한다. "너는 존재하지 않는다." 그리고 인간은 이렇게 말해야 한다. "유일하게 확실히 스스로 있는 자는 나다." 이것은 인간을 의미한다. 세계관의 그림 중 하나님을 제외한 무신론적 인본주의와 무신론적 이성주의에서, 우리는 인간이 하나님이 되려고 안간힘을 쓰는 모습을 볼 수 있다.

실존주의에서는 인생의 중심 주제에서 떨어져 이성주의와 멀어져 다른 방법으로 그의 존재를 확인하려는 인간의 모습을 볼 수 있다. 인간은 자신을 입증하려고 자신이 가진 모든 내적 자원을 고갈시킨다. 하지만 이는 단지 다른 종류의 세력이나 영향력을 발견하는, 영의 세계로 도달하는 지름길일 뿐이다. 이를 인식하지 않을 경우, 인간은 빠른 속도로 신비주의에 빠지며 "이 세상의 신"(고후 4:4)의 세력 아래로 들어가게 된다.

이러한 잘못된 체계는 인간을 유혹하여, 사랑이신 하나님의 자상한 손길에서 멀어져 사탄의 노예가 되도록 결박하려고 만들어진 것이다. 모든 인간의 마음에는 하나님이 만드신 빈자리가 있어서, 인간은 무슨 수를 써서든 그곳을 채우려 하거나, 영적 공백 상태로 살아가게 된다.

| 하나님의 목적

앞에서 간략하게 살펴본 바에 따르면, 그토록 많은 사람이 인생의 근본적 질문에 답하려고 애쓰는 과정에서 정체성의 위기를 경험하는지 분명해진다. 일단 우리가 하나님의 존재를 무시하면, '나는 누구인가'라는 질문에 대한 진리를 알 수 있는 근본적인 관계가 단절된다.

이것이 바로 아모스 선지자 때에 이스라엘에 일어난 일이었다. 그들이 인생의 근본이신 하나님을 선택하지 않기로 했을 때, 하나님은 아모스를 그 현장으로 부르신다. 그리고 하나님이 그들의 하나님이 되고 그분의 진리가 그들의 다림줄이 되는 곳으로 그 백성을 데려오라고 하신다.

이스라엘은 하나님에게서 너무 멀리 떠나 방황하고 있었다. 그래서 하나님은 그들을 기준에서 벗어나 언제라도 무너질 수 있는 벽과 같다고 묘사하셨다(암 7:7-8).

무너지려는 벽과 정확하게 수직으로 늘어뜨린 다림줄이 있는 그림 5는 하나님 중심의 세계관과 그렇지 않은 세계관의 차이를 잘 설명해 준다. 그 몇 가지 차이점은 다음과 같다.

절대성 ↔ 상대성
법 ↔ 견해
질서 ↔ 혼돈
자유 ↔ 속박

하나님이 우리의 기준이 아닐 때, 우리는 인생과 그것이 뜻하는 모든 의미를 잃어버린다.

| 참된 관점

여러 해 전 폴란드에서 사역할 때, 나는 참된 기준을 유지하는 것에 대한 중요한 교훈을 얻었다. 내가 있던 곳의 건너편에는 숲이 있었는데, 나는 워낙 밖에 나가는 것을 좋아했기 때문에 그 숲에서 산

그림 5

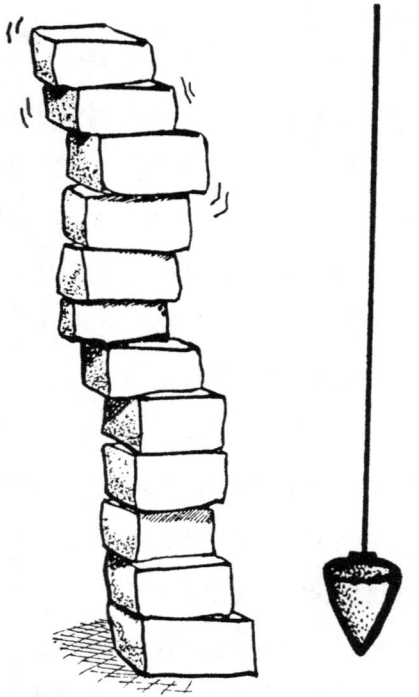

2장 탈선

책을 하며 기도하는 것을 즐겼다. 초여름의 신선한 공기 속에 길을 나선 나는 지붕처럼 드리워진 낙엽송 사이로 새어드는 햇빛을 보며 만족스럽게 숨을 내쉬었다.

    하나님과 대화하며 발걸음을 옮길 때마다 나는 주변의 사랑스러운 풍경과 그것을 만드신 분께 흠뻑 빠져들었다. 그러다보니 내가 온 길이 어떠하며 내가 어디로 가고 있는지에 대한 현실적인 문제에는 거의 신경을 쓰지 않게 되었다.

    좁다란 오솔길을 내려와 구불구불한 길을 지나 몇 차례 방향을 바꾸어 걷던 나는, 뭔가 잘못되었음을 갑자기 깨닫게 되었다. 길을 잃은 것이다! 나 자신이 바보처럼 느껴졌지만, 그래도 막연한 기억력에 의지하며 나는 무작정 익숙해 보이는 길을 선택해 걷기 시작했다. 그러나 오히려 점점 더 낯선 숲속으로 깊이 들어가게 되었고 혼란만 더해졌다. 완전히 길을 잃었다는 느낌과 함께 전혀 희망이 없다는 생각이 나를 뒤덮었다. 나를 곤경에서 구해 줄 수 있는 무언가 낯익은, 참고할 만한 것을 단 하나도 없었다. 모든 길과 나무가 다 똑같아 보였다! 이제는 내가 따라갈 수 있는 절대적인 표지가 전혀 없었다. 어디서 돌아야 하는지도 현재 내 위치를 모르니 모두 상대적인 것에 불과했다. 나는 완전히 길을 잃은 것이었다!

    이 두려운 상황 속에서 나는 내가 가진 자원이 다 고갈되었음을 깨달았다. 나는 높이 솟은 나무들 사이로 하늘에 떠 있는 구름을 올려다보았다. 그때 내 머릿속에 어떤 생각이 떠올랐다. '주님은 내가 어디 있는지 내려다보실 수 있겠지. 그분께 물어보지 못할 이유가 있는가?' 나에게 최상의 정보 출처가 마지막으로 남아 있었던 것이다!

    나는 하나님이 그때그때 이끄시는 대로, 길을 따라 걷기 시작했다.

처음에는 어떤 오솔길로 내려갔고, 계속해서 그다음 길로 걸었다. 하늘에 계신 아버지와 이 즐거운 게임을 하는 동안, 나는 숲의 가장자리로 가게 되었고 거기서부터는 숙소로 돌아가는 길을 찾을 수 있었다. 계속해서 신나게 걸으면서 내가 한 일은 오직 주님의 신실하심을 찬양하는 것뿐이었다.

이 사건은 길을 잃어버린 느낌, 방향을 상실한 느낌으로 살아가는 사람들의 마음을 알게 된 생생한 경험이었다. 나는 이 사건을 통해 인생의 마지막까지 하나님께 길을 묻지 않는 사람들, '숲에서 길을 잃은 채' 죽어 가는 많은 사람의 어리석음을 깊이 생각하게 되었다.

내 마음의 벽

하나님은 우리를 벽에 비유하시지만, 우리가 도전하는 실체는 단지 물리적인 벽이 아니다. 우리가 도전해야 하는 것은 그 벽으로 둘러싸인 마음을 변화시키는 일이다! 하나님은 나라뿐 아니라 인간의 마음에도 그분의 다림줄을 내리신다. 잠언은 우리에게 "모든 지킬 만한 것 중에 더욱 네 마음을 지키라 생명의 근원이 이에서 남이니라"(잠 4:23)고 권고한다. 그러나 우리는 오히려 생명의 근원이 교육에 있는 것처럼, 우리의 정신과 지성을 보호하고 유지하려는 경향이 있다. 이제 잠언을 통해 그것이 아니라는 사실을 분명히 알게 된다.

'마음'의 정의

성경은 '마음'이라는 단어를 몇 가지 의미로 사용한다. 히브리어에서 마음을 의미하는 두 단어는 '렙'(leb)과 '레밥'(lebab)이다. 성경에서 이 단어들이 사용된 문맥을 살펴보면, '정신'(mind)에 중점을 두어 번역한 것이 204회, '의지'(will)에 중점을 두고 번역한 것이 195회, '감정'(emotion)이라는 틀 안에서 사용된 것이 166회다. 그러나 이 단어가 257회라는 가장 높은 횟수로 사용된 의미는 총체적인 속사람 또는 '성격'(personality)에 초점을 둔 것이다.[2]

'마음'은 헬라어로 '카르디아'(Kardia)로 번역되는데, 이 단어는 '심장병' 등과 같이, 지금도 현대 의학에서 사용하는 말이기도 하다. 우리가 간단히 살펴본 내용에 따르면, '성격'이란 총체적인 속사람과 같은 것으로 '혼'과 '영'을 합친 것을 의미한다. 하나님은 우리 삶에 그분의 다림줄을 내리시고 우리가 삶 속에서 발전시킨 것들에 대해 책임지게 하신다. 바로 이 사실이 속사람 즉 성격이 변할 수 있는 측면이 있음을 말해 준다.

결론

사회학자들은 그동안 끊임없이 '천성'과 '교육'을 대립되는 쟁점으로 내세워 논쟁을 했다. 천성을 지지하는 쪽에서는 인간이 주로 유전으로 결정되기에 변할 수 없다고 말한다. 한편, 교육을 지지하는 쪽에서는 우리가 현재 행하는 것은 습득된 것이며 이는 수정이 가능하다는 것을 강조한다. 오늘날 대부분 사람들은 우리가 단지 변할 수 있다는 사실 뿐 아니라, 살아가는 데 변화가 절실히 필요하다는 것을 인식하고 있다. 정신의 변화가 반드시 삶에 변화를 가져오는 것은 아니다. 그러나 마음이 변하면 삶은 확실히 변한다!

건물 검사원이 안전하게 입주할 수 있는 건물인지 확인하기 위한 용도로 다림줄을 사용하듯, 하나님은 우리의 인생이라는 건물을 평가하는 데 다림줄을 사용하신다. 우리 삶이 그분의 기준에서 벗어난 정도는 우리가 살면서 느끼는 스트레스와 긴장에서 비롯된 불안, 불안정, 연약함의 정도를 나타낸다. 우리가 다시 우리 삶을 그분의 다림줄을 향해 움직여 갈 때, 우리는 '진정한 자신의 모습'을 발견하는 모험을 하게 될 것이다.

폭풍우의

3장

공세

"그 사람은 위선자예요! 거짓말만 한다고요." 앤은 드디어 폭발하고 말았다.

나는 가만히 앉아 이 은발의 할머니가 30년이 넘는 결혼 생활 동안 억눌러 왔던 감정을 쏟아 내는 것을 듣고 있었다. 20년 전쯤, 앤의 남편이 외도를 한 적이 있었다. 그는 진정으로 회개하며 자신의 과오를 바로잡으려 노력했다. 그러나 수년 동안 앤의 마음에는 의심과 두려움이 서서히 늘어나는 암세포처럼 커졌다. 그리고 이제 앤은 남편이 분명 다시 간음에 빠져들었고, 만나는 여자마다 품에 안는다는 것을 확신하게 되었다.

"그 사람은 다른 여자들과 필요 이상으로 오래 손을 잡고 있어요. 그리고 난 그 사람이 내 속옷을 들고 이상한 환상에 빠져 있는 것을 본 적도 있다고요."

그리고 남편에게 이런 이야기들을 했을 때, 그가 어떤 식으로 분노에 찬 반응을 보였는지 이야기했다. 그러나 남편은 그 모든 것이 다 앤의 억측일 뿐이라고 말했다.

하지만 앤은 직감적으로 남편이 다른 여자와 관계를 맺으면서 자신에게는 계속해서 거짓말을 하고 있음을 확신했다.

나는 앤과 함께 기도하며 그들이 처한 위기에 좀 더 관심을 갖고 탐색해 보기로 약속했다. 그런데 앤의 남편과, 그와 부적절한 관계라고 비난받은 여자 두 명과 이야기를 나누면서 그 실상이 드러났다. 앤은 남편이 결혼 생활에 충실하지 않았던 그때 이후로, 그를 신뢰하기가 힘들었다. 게다가 자녀들은 성장해 집을 떠났고, 앤에게는 남아도는 시간이 많았다. 이런저런 생각을 할 수 있는 시간이 많아진 앤은 남편이 이성과 나누는 사소한 대화에도 편집적이고 비판적인 반응을 보였다.

다시 앤과 이야기를 나누며, 나는 앤이 자신에게 깊이 속으며 살아왔고 그 안에 있는 배신에 대한 두려움이 진실을 인식하지 못하게 가린다는 것을 분명히 알게 되었다. 이러한 자기기만은 정체성, 즉 '진정한 자신'을 발견하며 자신이 가진 많은 잠재력을 깨닫는 기회를 삶과 결혼 생활에서 빼앗았다. 앤이 했던 자신과의 대화, 즉 자신의 마음속에 자리 잡았던 그 말들은 거짓 선지자가 되어 앤을 더 깊은 거짓과 절망 속으로 유인하고 있었다. 앤이 이것을 인정하고, 하나님의 다림줄에 자신의 삶을 맞출 때 비로소 자유할 수 있는 것이었다.

이처럼, 우리도 의미를 찾는 과정에서 거짓된 다림줄이나 잘못된 길을 따라갈 수 있다. 우리는 바른 길에서 벗어나 옆으로 빠지거나 타락하기 쉽다. 흔히 이성이 우리를 나쁜 길로 인도하는 것을 보며 그것을 일반적인 상식이라고 부르는 것도 더 정직히 말해 '일반적인 속임'이라고 불러야 한다.

거짓 선지자

우리 속사람 내부에 있든 외부에 있든, 거짓 선지자들은 계속해서 하나님의 사람들을 위협한다. 에스겔서에서 하나님은 하나님의 이름을 사칭하는 거짓 선지자들이 거짓된 메시지와 환상을 교만하게 선포하는 것을 분노하신다(겔 13:15-16). 그러한 거짓말의 결과로 이스라엘 백성은 그들의 삶에 약하고 불안정한 벽을 세웠고, 그 벽에 회칠을 했다. 거짓 선지자들은 그들의 노력을 자찬했지만, 하나님은 곧 폭풍우가 닥쳐 그 회칠한 벽이 다 없어지고 부서질 것이며, 결국 땅에 무너져 내릴 것이라고 경고하셨다.

이 비유에는 아모스가 벽에 대해 말한 그 주제가 좀 더 깊이 숨어 있다(암 7:7-8). 그림 6을 보면 어떤 사람이 자신을 보호하려고 세워둔 두려움의 벽 뒤에 서 있다. 이 사람은 분명 내적인 상처를 경험했기 때문에 이제 더는 상처를 받지 않으려고 한다. 그러나 그는 벽 뒤에서 살아가면서, 자신이 깊고 따뜻한 우정을 즐길 수 없다는 것을 발견하고 자주 외로움에 빠진다. 그는 더 심각한 우울에 빠질 수도 있고, 자신을 공격한 사람들에게 뿌리 깊은 분노와 원망을 느끼거나 심지어 증오할 수도 있다.

이 사람은 이렇게 흔들대는 벽을 세우는 방법을 어떻게 배웠을까? 누가 그에게 그 벽을 세워야 하는 이유와 부정적인 성격의 벽돌로 그러한 벽을 건축하는 방법을 알려 주었을까? 여러 번에 걸쳐, 나는 그것이 거짓 선지자들의 악한 영향력 때문임을 보게 되었다. 하나님의

그림 6

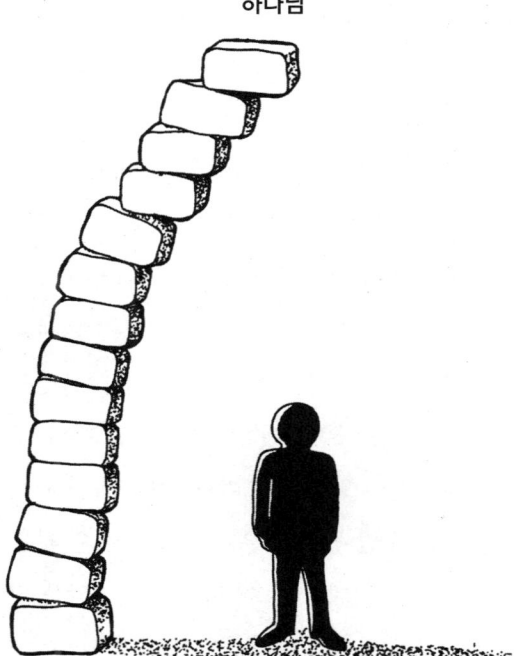

입술에서는 결코 나오지 않은 말들을 경솔하고 어리석게 내뱉고, 어떤 때는 교묘하게, 또 어떤 때는 노골적으로 직접 그 모델이 되거나 영향력을 행사함으로써, 그들은 사람들에게 두려움과 불신의 벽을 쌓으라고 훈계했다. 심지어 전능하신 하나님의 이름을 빙자하여 그렇게 하기도 했다. 이러한 거짓 선지자들은 누구이며, 우리를 그렇게 속이기 위해 그들이 사용한 근거는 무엇인가?

부모

우리가 살면서 받은 최초의 거짓 예언은 부모에게서 온 것일 수 있다. 몹시도 슬픈 일이지만, 최상의 부모조차도 하나님의 방법대로 말하고 행하지 못해 하나님과 그분의 진리를 왜곡된 모습으로 드러낸다. 오늘날 성경대로 자녀를 양육하지 못하는 현실 때문에 부모 역할에 대한 재고의 필요성이 자주 논의된다.

한 예로, 줄리(Julie)는 어머니에게 "너는 정말 나쁜 계집애야! 하나님은 너를 미워해!"라는 말을 들으며 자랐다. 그러니 줄리가 자라면서 자신을 증오하고 수년 동안 깊은 우울증을 겪은 것은 결코 이상한 일이 아니다. 줄리는 어머니가 한 이 끔찍한 거짓말을 믿었다. 줄리의 어머니는 딸의 인생이 형성되는 과정에서 거짓 선지자였던 것이다.

또 다른 예로, 한 아버지는 아들이 공부에 박차를 가하게 하기 위한 수단으로 아들에게 주기적으로 욕설을 퍼부었다. "얼빠진 놈!" "멍청이!" "구제불능!" 이런 말들은 유다가 매일 먹는 일용할 양식 같은 것이었다. 내가 그를 처음 본 것은 그가 30대 청년이었을 때였다. 그는 흐느끼며, 자신이 어떻게 아버지가 붙여 준 그 꼬리표대로 살았는지 이야기했다. 고등학교를 중퇴한 그는 마약과 술로 그의 마음속에서 울리는 비난의 소리들을 잠재워 보려고 애썼다. 그러나 오랫동안 그의 인생에 자리 잡았던 부정적인 말들은 서서히 그의 자신감을 빼앗아갔다. 그의 지능 지수는 평균 이상이었기에, 사실 대학 졸업장도 무난히 따낼 수 있었다.

아이들의 능력, 외모, 미래를 함부로 추정하여 말하면 아이들은 그러한 말들을 글자 그대로 받아들이게 되고, 특히 그 말을 한 사람이 아이들의 삶에 가장 중요한 사람들인 부모인 경우에는 더더욱 그러하다. 많은 부모가 자신의 어린 자녀들이 자신들을 하나님과 같은 존재로 여기고, 자신들의 말을 결정적인 진실로 받아들인다는 사실을 알지 못한다. 부모가 내뱉는 무자비하고 거짓된 말들은 아이의 정서 발달에 장애를 가져와 정상적인 삶을 살지 못하게 하는 결과로 이어질 수도 있다.

| 교사

교사들이 잘못된 비난이나 부당한 지도를 하면 아이들의 영혼에 뿌리 깊은 상처가 남을 수도 있다. 한번은 어떤 큰 고등학교의 조회 시간에 도덕성과 삶 가운데 그것이 갖는 중요성에 대해 강의를 한 적이 있다. 이야기를 하는 도중에, 나는 몇몇 선생님이 불편해하는 기색을 느꼈다. 나중에 알게 된 사실은, 그 학교의 교장을 포함한 몇몇 교사가 일부 학생에게 좋은 성적과 추천서를 약속하는 대가로 성관계를 요구했다는 것이다. 당연히 나는 그 학교에 다시는 초청받지 못했다. 그 학교 교사들은 학생들에게 그러한 방법이 인생에서 성공하는 비결이라고 보여 주며 부도덕한 길로 교묘하게 조종해 왔던 것이다.

물론 임신과 성병에 대해서도 이러한 조종의 대가로 거론하지 않았다. 다행히 임신한 여학생 중 하나가 그 사실을 부모에게 알리면서, 그 교사들은 재판을 받았다. 다른 여학생들도 잇따라 소송을 제기했고 그 결과, 교사 몇 명이 사임했다.

| 또래 집단

오늘날 자유를 발견하려는 자유주의 물결은 합법성을 크게 위협한다. 이러한 사실은 성적 영역에서 명확하게 드러난다. 특히 십대는 자유롭게 혼전 관계를 맺어도 된다고 말하는 또래 집단의 극심한 압력에 시달린다. 이 또래 거짓 선지자들은 혼전 관계를 합법적인 것이라고 옹호하며, 도리어 성관계 없이 사랑 고백하는 것을 불쾌하게 여긴다. '즐기기 위한 가벼운 성관계'는 이미 흔한 말이 되었다.

국립과학연구소는 이들 또래 집단의 거짓 선지자 역할로 인해 미국의 십대 남학생의 64%, 여학생의 44%가 열여덟 살 즈음에 성 경험을 한다고 보고한다.[1]

그러나 거짓 선지자들은 부도덕에 관련된 전체 내용을 다 알려 주지는 않는다. 이들은 9개월 후에 일어날 일에 책임을 져야 한다는 사실을 이야기하지 않는다. 또한 일생을 고통 속에 보내게 될 수도 있다는 것과 단순포진 감염으로 인한 불쾌감, 또는 클라미디아 감염으로 인한 불임 가능성에 대해서도 이야기 하지 않으며, 에이즈로 인한 사망률의 증가에 대해서도 언급하지 않는다.

다음은 미국에서 보고된 통계 수치로, 성관계를 통해 감염되는 질병에 걸린 환자의 수치다.[2]

	1986년	1987년	1988년
단순포진	25만-50만 명	25만-50만명	25만-50만명
클라미디아	450만 명	450만 명	450만 명
에이즈	20,620명	20,620명	25,021명*

*(10월 10일 기준)

성을 오용하는 십대는 그들의 재미를 반감시키는 이러한 사실을 모르고 있거나, 아예 알려고 하지 않는다. "느낌대로 하라." 이 말은 거짓 선지자들이 외치는 소리다. 그 안에 담긴 뜻은 이렇다. "사람이 다르면, 하는 방법도 다르다! 그러니 같이 하자! 바보처럼 굴지 마라!" 이러한 압력은 십대 인구 중 큰 비율을 차지하는 집단에게 덫을 놓는다. 참되고 풍요로운 삶의 편에서 십대를 인도할 진실한 선지자가 절실히 필요하다.

정부

많은 정부 또한 국민에게 거짓을 외치며 거짓 선지자의 역할을 한다. 심지어 거짓 내용을 확실히 새기려고 강제력까지 행사한다. 자본주의를 비롯해 사회주의, 민족주의에서 독재 정치에 이르기까지 정부는 국민에게 해가 되는 법을 제정하며 집행한다. 또한 그들은 종종 진리의 편에서 타협하지 않으려는 사람들에게 죄를 뒤집어씌우기까지 한다.

사무엘 시대에 이스라엘이 하나님의 통치를 거부하기로 결정했을 때, 그 일은 거짓 선지자가 백성을 사무엘이 경고한 온갖 문제와 불의로 이끌도록 기회를 주는 결과로 이어졌다.

이르되 너희를 다스릴 왕의 제도는 이러하니라 그가 너희 아들들을 데려다가 그의 병거와 말을 어거하게 하리니 그들이 그 병거 앞에서 달릴 것이며 그가 또 너희의 아들들을 천부장과 오십부장을 삼을 것이며 자기 밭을 갈게 하고 자기 추수를 하게 할 것이며 자기 무기와 병거의 장비도 만들게 할 것이며 그가 또 너희의 딸들을 데려다가 향료 만드는 자와 요리하는 자와 떡 굽는 자로 삼을 것이며 그가 또 너희의 밭과 포도원과 감람원에서 제일 좋은 것을 가져다가 자기의 신하들에게 줄 것이며…그가 또 너희의 노비와 가장 아름다운 소년과 나귀들을 끌어다가 자기 일을 시킬 것이며 너희의 양 떼의 십분의 일을 거두어 가리니 너희가 그의 종이 될 것이라(삼상 8:11-14, 16-17).

그러나 그들은 들으려 하지 않았고 다른 모든 나라처럼 왕을 달라며 고집을 부렸다. 하나님은 사무엘에게 그들이 거절하는 것은 사무엘 아니라 하나님이라고 말씀하셨다. 그리고 사무엘의 경고처럼 거짓 선지자들은 그들에게 불행을 가져다주었다. 우리가 우리 삶을 인도할 진실한 하나님의 선지자 외에 다른 것을 선택한다면, 우리에게도 이와 동일한 일이 벌어질 것이다.

| 대중매체

대중매체는 가장 사악하고 악의가 가득한 선지자로, 문명화된 국가의 거의 모든 집에 그들의 제단이 놓여 있다. 그 제단에서 정욕, 폭력, 범죄의 생활 방식이 교묘하지만 분명하게 숭배 받는 동안 가족은 그 발 앞에 앉아 매일 예배를 드린다. 윌리엄 디츠(William Dietz) 박사의 통계 자료에는 보통 미국 초등학교 어린이들이 TV를 통해 연간

12,000회의 폭력 장면을 보고, 일주일에 11-26시간을 장소를 불문하고 TV 앞에서 보낸다고 나와 있다. 또 다른 조사에서는 이른바 황금 시간대(prime time)에 폭력 장면이 시간당 평균 13회 나오며 만화 영화의 경우 더 심각한 것으로 나타났다.

안타깝게도, 신문의 헤드라인을 장식하는 범죄들은 종종 TV 프로그램과 영화에 나온 폭력 장면을 모방한 것이다.

깊은 거절감으로 괴로워하다가 인생에 분노가 치민 한 젊은 사나이가 북적대는 도시의 혼잡한 대로에 나타났다. 챙이 넓은 모자에 박차가 달린 가죽장화까지 완벽하게 카우보이 복장을 갖춘 그는 양쪽 엉덩이에 6연발 권총을 느슨하게 걸어 놓고 있었다. 그가 지나가는 차들 앞으로 한 발 나서더니 멋있게 손목을 휘돌려 양쪽에서 권총을 잡아 뺀 뒤 차들을 향해 무차별 총격을 가하기 시작한다.

대혼란이 일어나고 공포에 질린 사람들은 숨을 곳을 찾아 이리저리 달아난다. 어떤 사람들은 그곳을 벗어나려고 차들 사이를 들락날락하며 마치 토끼 떼처럼 뛰어다닌다. 으르렁거리는 6연발 권총에서 쏟아지는 납덩이의 위력에 탄복한 듯, 그의 입가에는 능글맞은 만족스런 미소가 번진다.

이것은 한 편의 영화에서 잘라 낸 대목이 아니다. 몇 년 전 한 대도시에서 일어난 실제 사건이다. 그 서부의 사나이를 포위한 경찰은 무기를 버리라고 설득한 후 그를 수감조치했으며, 후에 그는 종신형을 선고받았다.

대중매체를 다루고 만드는 사람들은 지저분한 이야기가 사회에 얼마나 큰 영향을 미치는지, 그들의 환상이 어떻게 현실에서 비극으로 나타나는지 알지 못한다.

그러한 내용은 인간의 신성, 또는 하나님이 결코 말씀하지 않으신 무수한 거짓말을 외치는 거짓 선지자들의 펜 끝에서도 나온다.

오늘날 많은 DVD 가게와 클럽은 대중매체라는 거짓 선지자에게 수동적으로 자신을 맡겨 그들이 지배하도록 허락하며 교묘한 방법으로 검열을 피한다.

| 교회와 그 지도자들

지금까지 교회가 우리에게 가르쳤다고 여겨지는 유일한 것은, 우리가 교회에서 배운 것이 거의 없다는 사실이다. 교회에서 일어난 사건은 세대를 거듭하며 되풀이되는 듯하다. 유명한 지도자들이 수치스런 사건으로 그 명성에 먹칠을 한다. 확실히 교회 역시 거짓 선지자의 역할을 해 온 것이다.

성경에는 이스라엘 백성을 잘못된 방향으로 인도한 수많은 거짓 선지자의 예가 나온다. 에스겔서에는 허탄한 것과 거짓된 점괘를 보며 자기 심령을 따라 예언하는 어리석은 선지자들을 지적하며 "주 여호와의 말씀에 본 것이 없이 자기 심령을 따라 예언하는 어리석은 선지자에게 화가 있을진저…여호와께서 말씀하셨다고 하는 자들이 허탄한 것과 거짓된 점괘를 보며 사람들에게 그 말이 확실히 이루어지기를 바라게 하거니와 그들은 여호와가 보낸 자가 아니라"(겔 13:3, 6)고 하는 내용이 나온다. 교회가 진리를 표현하는 것이 너무나 다양해졌기 때문에 교회 밖 불신자들은 진리와 관련된 고민 따위는 하지 않겠다고 쉽게 결정해 버린다.

어떤 '그리스도인'들은 특정한 날에 산 위에 모여 예수님을 기다리며 황홀경을 체험하려다가 실망만 하기도 한다. 또 다른 '그리스도인'들은 완벽하게 속아서 지도자를 따라 집단 자살을 하기도 했다. 또한 믿음으로 치료하겠다는 생각 때문에 현대 의학으로 치료할 수 있는 병을 방치하여 죽음에 이른 사람들도 있다.

최근 몇 년 동안 공개적으로 죄와 온갖 종류의 부도덕을 비판하며 설교했던 TV 전도자들이 그러한 죄에 연루된 사실이 드러나는 어처구니없는 사건도 있었다.

교회가 이렇다 할 목표도 없는 잡동사니 메시지를 세상에 전해 온 것을 생각하면, 많은 사람이 하나님의 진리를 선포하는 진실한 선지자들의 이야기조차 듣지 않으려는 것은 전혀 이상한 일이 아니다.

| 마음

예레미야는 우리에게 가장 강력한 거짓 예언의 매개체를 하나 소개하는데, 그것은 우리가 종종 쉽게 간과하는 것이다(렘 17:9-10). 사실 많은 사람이 그 '작고 조용한 목소리'를 따라 잘못된 길로 접어든다. 흔히 사람들은 마음을 '진실하고 신뢰할 수 있는 것'이라고 믿지만 성경은 마음을 '속기 쉬운 부패한 것'이라고 말한다. 마음은 거짓되고 잘못된 길로 인도할 수 있는데, 우리는 그것조차 인식하지 못하는 경우가 대부분이다. 어떤 사람들은 "마음으로 그것을 느낄 수 없다면 믿지 말라"는 말까지 한다. 이러한 그릇된 개념은 마음에 권위라는 위험한 자리를 내어 주게 하며 그것으로 많은 사람이 속임을 당하게 된다.

이 모든 거짓 선지자는 다른 종류의 거짓 선지자와 더불어 우리에게 벽을 쌓아 올리라고 훈계하고 인도한다. 그리고 이러한 벽이 인생의 위협에서 살아남는 유일한 방법이라고 우리에게 속삭인다. 어떤 사람들은 이렇게 말한다. "벽이 없이는 삶도 없다!" 우리는 이러한 거짓된 선지자들의 음성과 하나님께로부터 온 진실한 선지자들의 음성을 분별해야 한다. 그렇지 않으면, 우리가 세운 벽은 거센 폭풍우가 몰아칠 때 와르르 무너질 것이다.

폭풍우

에스겔서에는 폭풍, 우박, 폭우가 계속해서 몰아쳐 결국 벽이 무너지게 될 것이라는 말씀이 있다(겔 13:9-16). 우리의 삶 속에서 그 벽을 공격할 수 있는 폭풍우 몇 가지를 생각해 보자.

건강	죽음
이혼	가난
마약	술
범죄	직업

에스겔서에 나오는 내용을 전체적으로 살펴보면 거기에 내재된 가르침을 이해할 수 있다. 우리 중 많은 사람과 마찬가지로, 앞에 나온 그림 6에 있는 사람은 자신의 방어 체계를 세웠다. 그것이 벽이다. 물론 그는 시야가 가려져 있어서 그가 가진 취약함과 깊은 사랑에 참여할 수 없는 무력함을 보지 못한다.

그런 그가 복음을 듣고 그리스도인이 된다면 어떻게 될까? 그것은 모든 것이 변하고 그의 벽도 사라지는 것을 의미하는가? 반드시 그런 것은 아니다. 그것이 의미하는 것은 그가 계속 빛이 비취는 가운데 처음으로 벽 뒤에 숨어 있는 자신을 보게 된다는 것이다.

그의 첫 번째 자연스러운 반응은 하나님께 도움을 구하며 부르짖는 것이다. 그러나 그가 끈기 있게 계속해서 기도하면 폭풍우가 일어난다. 그가 더 열심히 기도할수록, 폭풍우도 더 강해진다. 갑자기 벽돌 하나가 그의 옆으로 떨어진다! 점점 더 많은 벽돌이 떨어지고 마침내 그가 세운 벽 전체가 산산이 무너진다. 이에 대한 그의 첫 반응은 경계 태세, 그다음은 두려움, 그리고 완전한 황폐함이 따라온다.

먼지가 사라지고 우리는 다음의 두 가지 중 한 가지의 모습을 보게 될 것이다. 분노의 주먹을 움켜쥐고 하나님께 부당하고, 불성실하며, 불공평하고, 사랑이 없다고 비난하며 토로하거나, 아니면 죄를 뉘우친 깨진 심령, 즉 주께서 멸시치 않겠다고 말씀하신 그 상한 심령으로 고개를 숙인 채 눈물 흘리는 사람이다. 주먹을 움켜쥔 그 사람은 더 두껍고 튼튼한 벽을 다시 세우려고 일어나는 반면, 마음이 깨진 사람은 벽돌들을 뒤로 한 채 벽돌에 둘러싸였던 과거를 정리하고 새로운 삶의 방식을 찾아 나아간다.

폭풍은 생명을 추구하는 사람에게 언제나 깊은 의미가 있다. 당신은 삶에 나타났던 그 폭풍에서 진리와 삶에 대해 무엇을 배웠는가? 그 가르침이 당신의 삶에 영향을 미쳐 바람직한 방향으로 변하는 데 폭풍우를 한 번 더 겪을 필요가 있는가?

| 궁극적인 기만자

모든 거짓 선지자 중에 루시퍼만큼 교활하고 속임으로 가득 찬 존재는 없다. 성경은 종종 그를 뱀으로 묘사한다. 아모스 5장 19절은 우리가 받은 유업을 빼앗으려고 우리 성격의 벽 안에서 교활하게 행하는 루시퍼의 전략을 설명한다.

우리의 상상력으로 아모스 5장 19절의 이야기를 발전시켜 보면, 다음과 같은 그림을 그려 볼 수 있다.

아직 이슬이 촉촉한 새벽 어느 미명에 한 농부가 밭으로 가고 있다. 추위를 이겨내며 덤불이 우거진 좁은 길을 힘차게 걷고 있는 그의 머릿속에는 그날 할 일에 대한 생각으로 가득 차 있다. 작은 삼나무 숲을 지나다가 문득 그는 갑자기 혼자가 아닌 듯한 느낌을 받는다. 멈춰 서서 신경을 곤두세우고 주의 깊게 주위를 살핀다. 저 그늘 속에 무엇인가 숨어 있어서 그 소리가 나는 것은 아닌지 바짝 긴장해서 귀를 기울여 보지만, 정적만이 그를 감싼다. 아무것도 없다. 작게 한숨을 내쉬며 그는 다시 걷기 시작한다. 그때 갑자기 나무 사이에서 초라하게 깡마른 사자가 나타나더니 그를 향해 달려든다. 몸속에서 아드레날린이 솟구치는 것을 느낀다. 그리고 그는 즉시 몸을 뒤로 휙 돌려 거의 날아가다시피 달아난다. 자신이 어느 정도 그 사자에게서 벗어났다는 사실을 깨닫고 멈춰 서서 숨을 고르며 놀란 가슴을 진정시킨다.

두려움에 같은 길로 다시 갈 수가 없어서 그는 농장으로 가는 다른 길, 바위들 사이로 구불거리며 길이 나 있는 옛 강바닥 길을 선택한다. 어슴푸레하게 푸른빛을 띤 창공에는 이미 태양이 떠올라 새벽의 어두움이 걷히고 있었다. 그는 바위와 돌멩이들 사이를 조심스레 걸어가며 서둘러 앞을 향한다. 그런데 한 굽은 길을 돌자 거대한 곰 한 마리가 눈앞에 나타나 길을 막는다. 그는 공포에 질렸고, 그 곰은 으르렁거리며 앞발을 휘두르며 그를 위협한다. 그는 깜짝 놀란 마음을 추스르며 충격으로 얼어붙은 발을 움직여 줄행랑을 친다. 이제 일에 대한 생각을 적어도 그날만큼은, 제쳐놓는다.

그림 7

땀에 젖어 기진맥진한 몸으로 집에 돌아온 농부는 자기 집 벽에 기대어 평정을 되찾는다. 그러나 막 긴장을 풀고 경계를 늦춘 그 순간, 벽에서 독기가 가득한 뱀 한 마리가 나타나 순식간에 독니로 그의 팔을 물고 만다!

그 농부는 밖에서 만난 사자와 곰에게서는 도망칠 수 있었지만 자기 집에서 몰래 기어 나온 뱀에게 굴복당하고 말았다. 이 예화에서 사자와 곰은 우리 외부의 적을 상징하고, 벽에 있던 뱀은 우리의 성격으로 공격하는, 내부의 본질적인 적을 나타낸다.

앞에서 설명했듯, 벽은 우리의 성격을 나타낸다. 여기서 원수는 우리의 인간관계, 결혼, 가정, 교회, 심지어 사회까지도 파괴할 수 있다. 우리는 자신이 누구이며, 어떻게 기능하고 움직이는지 이해하여 우리 존재가 불안정한 성격의 노예가 아니라 우리 성격이 우리를 위해 일하게 할 수 있다. 어떤 성격은 벽돌로 둘러싸여 있는데, 그 안에 있는 사람은 그림 8에 나타나 있는 것처럼 자기 마음의 벽 뒤에 갇힌 수감자와 다를 바 없다. 포고(pogo)라는 만화 주인공의 말에는 많은 그리스도인에게 해당하는 비극적인 진실이 있다. "우리는 적을 찾아냈는데, 그 적은 바로 우리 자신이다!"

우리의 부정적인 반응이 습관화되면 또 한 장의 벽돌이 벽 위에 쌓이게 된다. 우리가 정서적으로 상처를 입으면, 그 누구에게도 다시는 상처 받지 않겠다는 결심과 함께 우리 삶의 한 구역을 벽으로 막아 놓을 수 있다. 이 벽은 어느 정도 보호 작용을 할지도 모른다. 하지만 다른 한편으로는 우리 삶의 일부를 가두어 놓아, 사랑하고 신뢰하며, 의미 있는 인간관계를 형성하는 우리의 능력에 부정적인 영향을 미치게 된다. 만약 성격의 상당 부분이 그렇게 갇혀 있는 경우, 증상은

그림 8

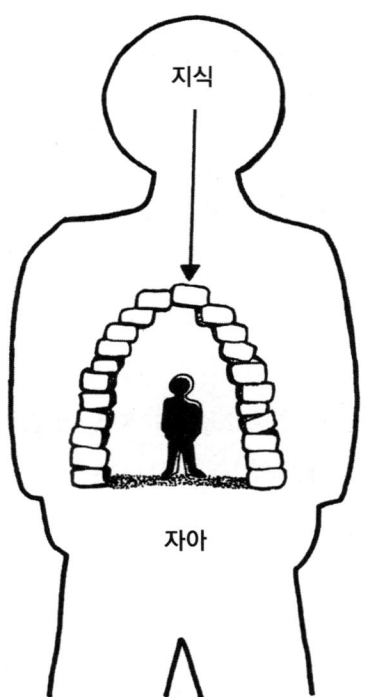

더 심각해지고 우리가 누구이며 왜 이런 식으로 반응하는지를 알기도 더욱 어려워진다. 이러한 역동적 성향은 또한 우리가 속임의 기반을 더 쉽게 허락하도록 만드는데, 그것은 우리를 결박해 우리가 진정한 모습으로 자유롭게 발전하는 것을 막는다.

성경은 우리가 진리를 알아 갈 때, 그 진리가 우리를 자유케 할 것이라고 말한다(요 8:32). 더 많은 진리가 우리 삶에 들어올수록, 우리는 하나님이 계획하신 의도대로 더 자유케 될 것이다.

결론

이 장에서 우리는 자신을 보호하려고 세운 벽이 실제로 어떻게 우리를 가두며, 어떻게 우리 삶의 진정한 본질을 강탈하는지 보았다. 그렇다면 우리가 안전을 위해 벽을 세우고 거기에 의지하지 않고 그 벽뿐 아니라 우리의 존재까지도 위협하는 폭풍우에서 우리를 어떻게 방어할 수 있겠는가? 이 중요한 질문에 대한 답은 다음 장에서 좀 더 자세히 살펴보도록 하자.

신포도

4장

"부모가 신포도를 먹으면, 자녀들의 입맛이 쓰다."
_이스라엘의 옛 속담

앞 장에서 살펴본 속임과 폭풍우에 관한 내용을 통해 거짓 선지자들이 벽을 쌓아야 삶에서 일어나는 폭풍우에서 자신을 보호할 수 있다고 외친다는 것을 알았다. 우리가 논의한 거짓 선지자들 중 하나는 부모로, 그들은 자녀의 인생에 지대한 영향을 끼친다.

위의 속담은 동일한 맥락을 다른 관점으로 본다(겔 18:2). 신포도 이야기는 조상들의 죄악과 그들이 먹은 것의 신맛이 자손에게 전해진다는 내용과 관련이 있다(민 14:18). 하나님은 선지자 에스겔을 통해 이스라엘에게 이 잠언의 사용을 중지하라고 명령하셨다. 왜냐하면 이것이 개인의 책임을 회피하려는 변명과 핑계로 쓰였기 때문이었다. 즉, 이스라엘은 그들의 죄를 조상의 탓으로 돌렸지만 하나님은 그것을 옳지 않게 보시고 각자가 그 책임을 져야 한다고 말씀하셨다.

하나님이 말씀하신 내용이 무엇인지 좀 더 구체적으로 이해하기 위해, 미국 육군에서 3세부터 18세의 아이들 200명을 대상으로 조사한 자료를 살펴보자.[1] 심리학자와 사회학자들로 구성된 이 조사 팀은 아버지가 군 복무를 하며 집을 떠나 있는 경우, 아이들에게 나타난 '아버지 결손' 증후군을 증명했다. 그들은 아버지가 떠난 것에 대한 아이들의 초기 반응이 죽음으로 아버지를 잃은 아이들의 반응과 비슷하다는 사실을 발견했다. 이 조사 팀은 그 조사에 기록된 빈도가 높은 증상 몇 가지를 표로 작성했는데, 다음이 바로 그 표에 나온 내용들이다.

- 분노
- 부정 및 공상
- 재결합의 시도
- 죄책감
- 두려움
- 충동적 변화
- 퇴행

이 내용을 깊이 살펴보던 나는, 아이들에게 나타난 이러한 반응들이 우리 사회에 주로 나타나는 병리적 증상과 연관이 있음을 발견했다. 위에 나타난 반응들을 전혀 해결하지 않은 채, 아이들이 계속 갈등을 겪으며 어른이 되었다고 가정해 보자.

미국 군대의 경우 현역 근무를 위해 아버지는 6개월씩 집을 떠나 있어야 한다. 그리고 그 사이에는 아주 잠시만 집에 머무를 수 있다.

처음에 아이는 아버지와 헤어지며 상처를 받는다. 그러면 아이는 그것을 억누르며 내재화하거나 그 상처를 분노로 표출한다. 내재화하는 것은 정신적 질병을 유발할 가능성이 매우 크고, 외면화하는 것은 사회적 질병으로 이어질 수 있다. 유아기의 신경질적인 성질은 훗날 그들의 인생에서 범죄와 폭력의 형태로 나타날 수 있다.

분노 → 범죄

두 번째 반응은 부정 및 공상인데, 이것 역시 이별에서 받은 상처를 견딜 수 없을 때 나타나는 결과다. 이 경우, 아이는 아버지와 떨어져 있다는 사실을 부정하며 아버지와 만나 대화를 나누는 공상을 한다. 이것은 그 아이를 자기기만이라는 심리적 현상으로 이끌며, 여러 성격적 장애 현상 중 한 가지 혹은 몇 가지 증상으로 발전한다.

부정 및 공상 → 성격적 장애

또 다른 반응은, 떠난 아버지와 재결합을 시도하는 것이다. 아이들은 마치 고장 난 레코드처럼 아버지가 언제 돌아오느냐고 계속 물어보며 어머니를 들볶는다. 어머니가 얼마나 자주 아버지가 돌아오는 날짜와 시간을 설명해 주었든지 상관없이, 그 물음을 처음으로 돌아가 또다시 시작한다. 결국 어머니의 인내심은 완전히 극에 달해 화가 폭발하고, 심지어 좌절감을 맛보게 된다.

재결합을 겨냥한 끊임없는 시도는 분명 아버지와 자녀 사이의 중요한 관계가 결핍된 데서 비롯된다. 이러한 결핍을 느낄 때, 아이들은 성인이 된 후에 그들이 맺는 관계 속에서도 자신들과 연결된 어떤 관계든 움켜쥐려고 한다. 그리고 그들은 그렇게 계속 과거에 묶인 채 살아가게 된다. 그들이 재결합을 시도하는 싸움을 계속하며 자라는 동안, 그들의 성격은 소유욕으로 비뚤어질 가능성이 높다.

이러한 비뚤어진 모습이 여러 결혼 관계에서 나타난다. 아내가 남편의 세세한 모든 일정을 다 알기 원하거나, 남편이 아내를 잃을까 봐 편집증 증세를 보이며 아내가 하는 일의 모든 내용을 다 알아야 한다고 요구한다. 상처나 거절이 있는 경우, 이러한 성향은 어떤 수준의 관계든지 그것을 소유하려는 모습을 보인다. 그러나 우리가 어떤 관계를 소유하게 되면, 곧 우리는 그것을 질식시킨다.

재결합의 시도 → 소유욕

죄책감은 아버지가 떠난 아이의 입장에서 볼 때, 거짓일 수도 있고 진실일 수도 있다. 그 아이는 아버지가 없는 것을 자신의 탓이라 여겨 스스로 비난한다. 또는 자신이 무가치하고, 아버지와 같이 있을 만한 자격이 없고, 열등하며, 심지어 사랑받을 수 없는 존재라고 생각한다. 그러한 죄책감은 어린아이가 짊어지기에는 너무 무거운 멍에로, 그것은 우울증이라는 더 심각한 현상을 초래하기도 한다.

또한 아이의 죄책감은 나쁜 행동으로 번져 더 크고 복잡해지는데, 그 행동은 아버지의 도덕적 지원과 훈육 없이 어머니 홀로 그것을 맡아야 하는 상황과 관련이 있다. 훈육이 없거나 그것이 적절치 못한 경우, 그 아이의 죄책감은 해소되지 않고 오히려 용납하기 어려운 행동을 더 많이 하게 될 가능성이 크다.

죄책감 → 반항

  죄책감에 사로잡힌 아이는 이제 그다음 단계로 자기 스스로 벌하기 시작한다. 그리고 그것은 자기 학대라는 결과를 낳을 수 있다. 이러한 자기 처벌은 죄책감을 덜어 주며 반항하고 싶은 충동을 누그러뜨린다. 그러나 이 경우, 우리는 다음과 같은 반응을 보게 된다.

내재화된 죄의식 → 우울증
외면화된 죄의식 → 범죄

  또한 아버지가 부재한 아이들은 어머니 옆에 꼭 달라붙어 소유하려는 경향을 보이거나, 과도하게 소리를 지르며 그들의 두려움을 표현한다. 그들에게 어머니는 안전을 위한 마지막 요새로, 결코 눈앞에서 사라져서는 안 될 존재다! 이처럼 해결하지 못한 두려움이 선진국이나 후진을 막론하고 많은 사람의 삶에 가득하다.
  끊임없이 나타나는 노이로제 증상을 진정제와 환각제로 해결하려는 헛된 시도가 너무나 빈번하다. 잠을 자고, 일어나고, 더 많이 먹고, 더 적게 먹고, 더 많은 에너지를 얻으려고 사람들은 계속해서 약통 뚜껑을 여닫는다.
  성경은 마음의 두려움이 사람들을 망하게 할 것이라고 경고한다(눅 21:26). 우리 삶에 계속해서 나타나는 근심과 긴장이 어떻게 우리 몸에 심장질환 및 그 외 다른 여러 가지 이상 증상으로 나타나는지, 우리는 주변에서 쉽게 목격할 수 있다.

두려움 → 신경증(노이로제)

충동적 변화란 해결하지 못한 스트레스가 계속 내재화된 결과로 우리 신체에 나타난 반응이라고 정의할 수 있다. 연구가들은 이미 대소변을 가릴 줄 아는 유아들이 다시 퇴행 단계를 밟는 모습에서 이러한 현상을 관찰했다. 조금 더 성장한 어떤 아이들은 밤에 침대를 적시고 매우 수치스러워하며 엄마의 꾸중을 듣는다. 또 다른 아이들은 음식을 동물처럼 마구 삼켜 버린다. 이 모든 예가 스트레스를 받은 내적 상태가 신체기능에 영향을 미친다는 사실을 보여 준다. 아마도 이것은 오늘날 의사들이 만나는 환자의 80% 정도가 그들의 문제 속에 신체 정신적인 요소를 겪는 이유일 것이다. 대부분 단지 증상만을 처리하기 때문에, 파멸을 촉진하는 생활 방식은 아무런 도전이나 변화가 없는 채로 계속 이어진다.

충동적 변화 → 정신 신체 장애(Psychosomatic Disorders)

퇴행 현상은 아버지와 분리된 상처가 너무 커서 먹는 것, 노는 것, 사귀는 것 등과 같은 삶의 주된 활동을 회피하는 아이들에게 나타난다. 어떤 아이들은 구석진 곳으로 들어가 몸을 공처럼 움츠린 채 태아와 같은 자세를 취한다. 이것은 깊은 두려움과 불안정을 느낄 때 나타나는 현상으로, 지금 처한 상황보다 상대적으로 안전한 자궁 속의 태아기로 후퇴하고 싶은 욕구에서 나온 것이다. 상처가 지속되고 이런 일이 반복되면, 아이들은 고통스런 현실이 아닌 공상의 세계를 택하게 되고, 어쩌면 그것은 정신병으로 발전할 수도 있다.

퇴행 → 정신 이상

    그림 9에 나타난 사회적 증상은 오늘날 사회가 발달하는 과정에서 나타난 주요 문제를 모두 포함한다. 이로써 우리는 해결하지 못한 갈등을 그대로 지닌 '내면 아이'(inner child)가 미성숙한 행동 유형 속에 그 사람 자체를 가둔다는 결론을 내렸다.

    사도 바울은 이 주제를 다음과 같은 말로 이야기한다. "형제들아 내가 신령한 자들을 대함과 같이 너희에게 말할 수 없어서 육신에 속한 자 곧 그리스도 안에서 어린 아이들을 대함과 같이 하노라 내가 너희를 젖으로 먹이고 밥으로 아니하였노니 이는 너희가 감당하지 못하였음이거니와 지금도 못하리라"(고전 3:1-2).

    심리학자, 정신 의학자, 임상 치료가들이 모두 인식하는 내용은 오늘날 우리 사회가 다 자란 성인이 내적으로나 외적으로 모든 면에서 진정으로 '자랄 수 있도록' 도와야 한다는 것이다. 내면 아이를 즐길 수는 있지만, 그것이 왕좌를 차지하게 하는 것은 분명 그릇된 일이다.

    우리가 검토한 육군의 연구 조사는 단지 아버지가 부재한 경우만을 다룬다. 그런데 만약 그 아버지가 알코올의존증에다 가족들을 학대하는 사람이라고 상상해 보라. 혹은 공공연히 부도덕한 일을 저지르고 가정에 충실하지 못하다고 가정해 보라. 그 일로 아이는 질 낮고 부정적인 가치를 인식하고 훨씬 더 심한 상처를 받게 된다. 또한 그 상처는 아이의 나머지 삶에서 그를 어린아이 같은 행동 속에 묶어 둘 가능성이 크다. 모성애가 결핍된 경우도 이와 똑같은 결과가 나타날 수 있으며, 특히 유아기에는 더욱 그러하다.

    따라서 신포도는 부모들의 문제나 실패를 나타내고, 그 쓴맛은 자

그림 9

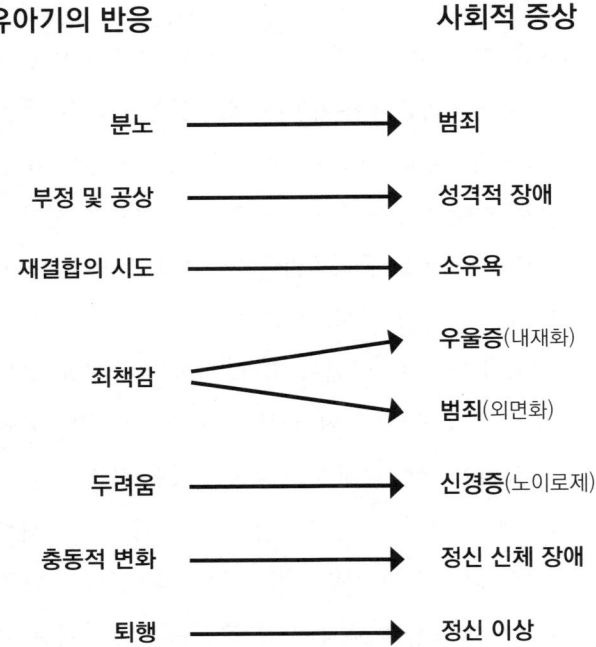

녀의 발달 과정에서 불리한 영향을 미치는 것을 의미한다.

이러한 내용에 대해 성경은 부모의 죄악을 자식에게 갚아 삼사대까지 이르게 하겠다고 기록한다(민 14:18). 이것은 오늘날 사회 병리학에서 말하는 '가족성 유형'(Familial Patterns)을 반영한다. 이 주제는 빈번한 논쟁거리인 '비난받을 대상이 천성이냐 교육이냐' 하는 질문을 일으킨다. 그 문제는 유전된 것인가, 아니면 후천적으로 습득된 것인가? 만약 습득된 것이라면 그 문제는 변할 수 있고 그 책임은 적절한 것이다.

육군의 연구 조사는 상처를 주는 양육 형태에 대한 반응뿐 아니라, 벽을 쌓게 하는 몇 가지 주요 원인도 지적한다고 볼 수 있다. 이러한 쓴맛을 지닌 독소에 맞대응할 하나님의 해독제가 시편 103편 17절에 나온다.

> 여호와의 인자하심은 자기를 경외하는 자에게 영원부터 영원까지 이르며 그의 의는 자손의 자손에게 이르리니.

하나님은 단 포도를 원하시며 그 자녀의 입에서 단맛이 나기를 원하신다. 하나님은 그분의 구원, 인자하심, 의로움이 부모를 통해 자녀들에게, 그리고 또 그 자녀의 자녀에게 전달되기를 원하신다. 이것이 그분의 교훈이고 계획이다! 만약 부모가 하나님께 돌아와 그분의 방식을 수용한다면 그들은 자손들에게 하나님의 축복을 전하기 시작할 것이다. 거절은 의도했든 의도하지 않았든, 한 세대에서 다음 세대로 이어진다. 처음에 우리가 가졌던 생각으로 돌아가서, 우리는 그것을 다음과 같은 방식으로 그려볼 수 있다.

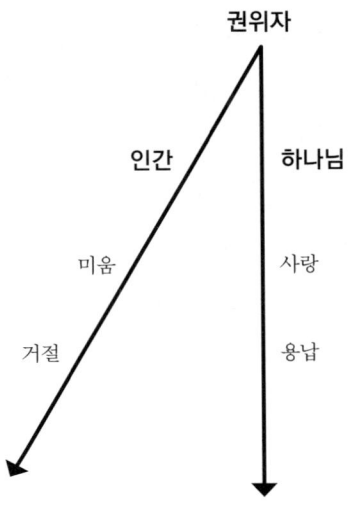

　이 그림을 보면, 하나님이 우리의 권위자일 때 우리는 사랑과 용납을 경험하지만, 그 자리에 인간이 서 있을 때는 가면을 쓰거나 아니면 노골적으로 드러난 미움과 거절을 경험한다. '인간적인 다림줄' (human plumbline)을 '하나님의 다림줄'(divine plumbline)과 분리시키는 요소를 이제부터 사랑의 결핍이라 부를 것이다. 사랑과 용납을 나타내는 선은 하나님의 다림줄이 있는 위치로, 우리를 향한 하나님의 뜻과 소원을 나타낸다. 미움과 거절을 나타내는 선은 인간적인 다림줄의 위치를 나타내는 것으로, 죄성을 가진 인간이 하나님의 다림줄 대신에 이것을 따라 자신의 인생을 세워 나간다. 인간적인 다림줄과 하나님의 다림줄 사이의 벌어진 각도는 '사랑의 결핍'으로 바꾸어 나타낼 수 있다. 이 각도가 크면 클수록 하나님이 말씀하신 사랑이 더 많이 결핍된 것이다.

사랑 결핍으로 나타난 몇 가지 결과를 생각해 보기 위해, 간단하고 성경적인 수학 등식을 살펴보자.

$$당신 - 사랑 = ?$$

이에 대한 당신의 답은 무엇인가? 사랑의 의미를 한정하지 않고 위의 등식에 답할 수 있겠는가? 요즈음은 사랑이 강아지에서부터 하나님을 사랑하는 것까지, 어디에나 적용되는 정말 흔한 용어가 되어 버렸다!

우리가 원하는 목표에 도달하기 위해 헬라어 아가페(agape)라는 단어에서 사랑에 대한 정의를 내려 보자. 그것은 어떤 사람을 향한 지대한 위탁과 충성을 의미하는데, 그를 위해 기꺼이 목숨까지도 내어 놓는 것을 의미한다. 이것이 가장 높은 형태의 사랑이며 우리의 삶에서 필요한 사랑이다. 사랑의 결핍 정도가 크면 클수록, 그러한 사람들은 자신의 존재가 아무것도 아닌 제로(0)와 같다는 느낌을 더 갖게 된다. 그들은 자신의 인생이 어떠한 가치도 없다고 깊이 느낀다.

$$당신 - 사랑 = 0$$

사랑받는 것은 우리에게 자존감과 더불어 삶이 가치 있다고 느끼게 해준다. 사랑받지 못한 사람들, 이용당한 사람들, 학대받은 사람들, 거절받은 사람들, 마음에 상처를 입은 사람들, 이들은 모두 자신의 낮은 자존감과 싸운다.

사랑은 종종 정욕의 동의어로 잘못 사용된다. 정욕은 상대방에게 쾌락을 얻는 것을 의미하나 사랑은 그와 정반대다. 사랑은 상대방에게 행복을 더하며 그 사람 안에서 최상의 것이 발휘되도록 자신의 삶을 내어 주고 함께 나누는 것을 의미한다. 정욕의 표어가 "나에게 달라"인 반면, 사랑의 표어는 "너에게 준다"이다. 우리는 다음과 같이 등식을 바꿀 수 있다.

$$당신 + 정욕 = 0$$

흔히 사람들은 사랑이 결핍된 삶의 자리를 정욕으로 채워 균형을 유지하려고 한다. 예를 들면, 사랑받지 못한 아들은 세상에 나아가 닥치는 대로 성적인 관계를 가지면서 그가 필요로 하는 사랑을 얻으려 한다. 또한 사랑받지 못한 딸의 경우, 남자에게 자신의 몸을 내어 주면서 자신에게 결핍된 사랑을 채워 균형을 유지하려 한다. 그러나 두 경우 모두, 그들이 얻는 것은 정욕뿐이며, 그들 안에 있는 사랑 결핍은 해결되지 않은 채 그대로다.

| 사랑 결핍의 한 예

지타(Gita)는 다갈색 머리칼에 갈색 눈동자를 지닌 매력적인 젊은 여성이었다. 그러나 나는 그 여성이 어떤 사람도 똑바로 보지 못한다는 것을 즉각 알아차렸다. 언제나 고개를 푹 숙이고 있었는데, 그 모습에서 어떤 슬픔이 퍼져 나오는 것을 느낄 수 있었다.

지타는 이틀 동안 이어진 하나님의 다림줄 강의를 듣고 나서, 함께 기도하려고 나온 많은 사람 중 한 명이었다. 지타는 뒷자리에 앉아서 고개를 숙이고 있었는데, 폭포수처럼 흘러내린 머리칼이 지타의 얼굴을 가렸다. 주체할 수 없는 흐느낌으로 지타의 어깨는 떨렸고 무릎은 눈물에 젖었다. 천천히 말을 꺼내는 지타의 목소리를 듣기 위해 나는 바짝 귀를 기울이고 긴장했다.

성공한 전문직 종사자였던 지타의 부모님은 항상 딸이 자신들의 뒤를 따르기 기대했다. 그러나 지타는 부모님과 어떠한 유대 관계도 맺지 못했다고 털어놓았다. 지타가 성장하는 동안, 그녀의 부모님은 가끔씩 뺨에 형식적인 키스를 해줄 뿐, 그 이상의 어떤 애정 어린 표현도 하지 않았다. 그런 가정에서 자란 지타가 정말로 사랑을 주고받은건 자신의 인형뿐이었다. 지타는 몇 시간이고 그 인형과 놀며 아낌없는 사랑을 주었고, 그 동안 인형은 점점 때가 타고 해어졌다.

하루는 아버지가 깜짝 놀랄 소식을 들고 방에 들어왔다. "너에게 새 인형을 사주기로 엄마와 이야기 했단다. 그러니 그 인형은 이제 버려라."

지타는 겁에 질려 인형을 꼭 붙들고 소리쳤다. "싫어요! 난 새 인형이 필요 없어요!"

어느 날 밤, 지타가 잠든 사이에 아버지가 방에 들어왔다. 아버지는 그 인형을 집어 들어 소각로 속에 던졌다. 그리고 그 인형이 있던 빈자리에 새 인형을 놔두었다. 다음 날 아침에 잠에서 깬 지타는 넋을 잃고 말았다. 지타는 그 새 인형에 손도 대지 않았다. 그 인형과는 조금도 놀고 싶지 않았던 것이다.

이 사건으로 지타는 부모님을 더욱 멀리했다. 십대가 된 지타는 잘못된 곳에서 사랑을 찾기 시작했다. 지타는 일시적이고 무분별한 애정 관계를 맺었고, 결국 자신이 매춘으로 가는 방탕한 인생의 기로에 서 있음을 깨닫게 되었다. 이제 지타는 돌이킬 수 없는 절망 속에서,

그림 10

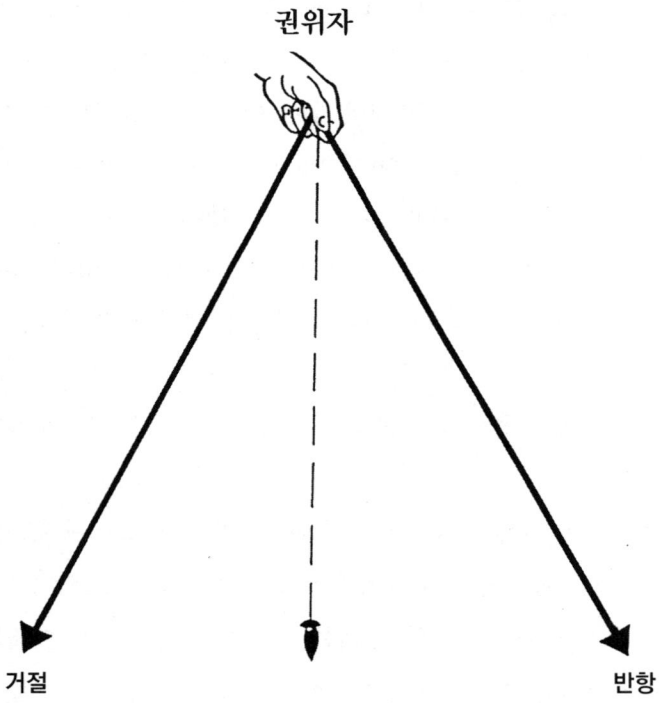

자신을 집어삼킬 듯한 외로움에 떨며, 절박하게 주님의 음성을 구했다. 지타에게는 그분이 필요했다.

우리가 함께 주님 앞에서 기다릴 때, 나는 하나님께 한 가지 계시를 받았다. 지타가 사랑을 갈구하는 과정에서 자신이 그 인형이 되었다는 것이었다. 내가 이 내용을 말하자, 지타는 울기 시작했다. 그때, 주님은 더 구체적인 말씀을 주셨다.

"하나님은 당신이 하나님의 작은 인형이라고 하십니다." 내가 지타에게 말했다. "하나님은 당신이 그 인형을 사랑했던 것보다 훨씬 더 많이 당신을 사랑하십니다."

그때 흘린 지타의 눈물은 상하고 깨진 마음에서 나오는 것이 아니라 넘치는 아버지의 사랑으로 인한 기쁨의 눈물이었다. 그때부터 지타의 삶은 새로운 기준을 갖기 시작했다.

우리의 욕구를 채우기 위해 정욕이라는 삶의 방식으로 살아가는 것은 사랑 결핍을 더 심화시키고 무가치한 느낌만 더해 준다. 만약 사람의 인생이 아무 가치도, 의미도 없다면 왜 살아야 하는가? 지타는 자신의 삶을 위한 기준으로 거절이라는 인간적인 다림줄을 따랐고, 그 가운데 항상 거절을 예상하며 수동적인 태도로 살았다.

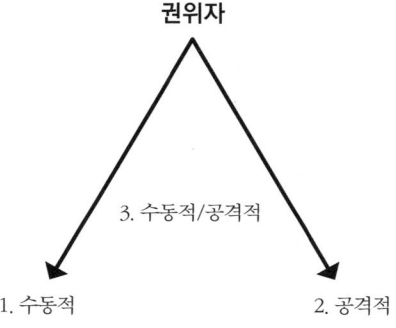

그러나 우리가 삶의 방식으로 거절의 느낌을 받아들이지 않는다고 가정해 보자. 그 경우, 우리는 반항이라는 또 다른 인간적인 다림줄을 따르게 된다.

반항할 때 사람들은 공격적인 자세를 취하며 오랫동안 삶을 지배해 온 거절과 열등감을 반박하려고 애쓴다. 한편, 수동적이거나 공격적 유형이라고 볼 수 있는 또 다른 사람들은, 그때그때 상황에 따라 적절하게 거절과 반항 사이를 왔다 갔다 한다. 그들은 앞의 그림처럼 잠재적으로 반응 유형 세 가지를 보일 수 있다.

삶에서 이 세 가지 반응이 습관으로 굳어지면, 이것은 성격의 왜곡된 영역을 발전시키는 기반이 될 수 있다. 이런 일이 일어나면 왜곡된 각 영역은 우리 마음에 벽을 세우기 위한 하나의 벽돌로 자리 잡게 된다. 계속해서 아모스서에 나오는 다림줄을 살펴보며, 이러한 벽 뒤에 감춰진 음모를 파헤쳐 보자.

방어의 벽,

5장

거절

 암스테르담의 골목길은 친근감을 주는 좁다란 미로를 형성하고 있는데, 그 길에는 다양한 모양과 크기의 집이 있다. 얼마 전 샛길을 따라 걸어오던 한 네덜란드인 친구가 위험하게 기울어진 한쪽 집들을 가리키며 우려를 표한 적이 있다. 어떤 집은 경사가 너무 심해서 버팀목을 받쳐야 할 정도였는데, 그 건물이 그렇게 된 이유는 그 옆에 있었던 집들을 철거했기 때문이었다. 이 기묘하게 눈길을 끄는 건물들 중에는 위아래 기울기가 수직에서 약 2m 정도 벌어진 것도 있었다.

 앞에서 하나님께서 그분의 백성이 기준을 벗어난 벽과 같음을 아모스에게 어떻게 보여 주셨는지 이미 다루었다. 오랫동안 거절이 지속되면 인간의 성격에는 암스테르담의 그 집들처럼 심각한 심리적 왜곡 현상이 일어날 수도 있다. 우리는 벽을 공부하면서 각 벽돌이 의미하는 왜곡된 내용이 무엇인지 계속해서 살펴볼 것이다.

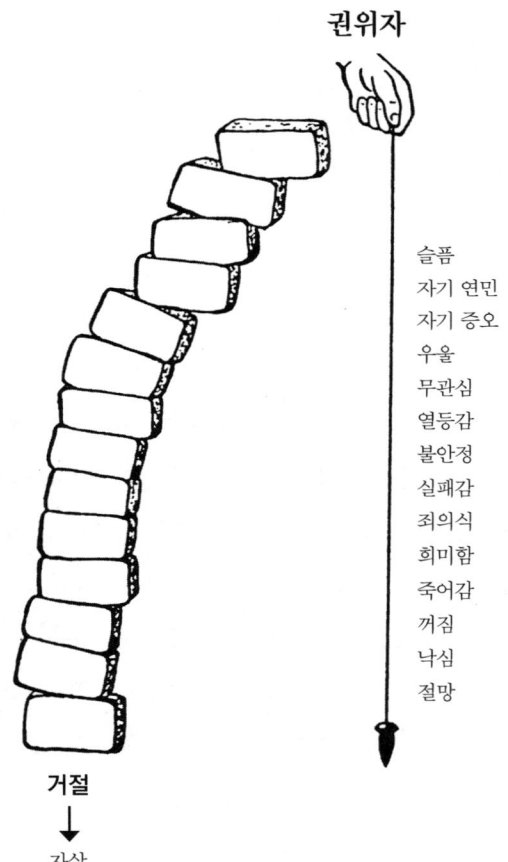

감정적인 영역

그림 11이 보여 주는 각 벽돌은 우리 마음의 벽을 구성하는 벽돌을 나타낼 뿐 아니라, 우리의 성격이 하나님이 계획하신 대로 발달하는 데 방해하는 요인을 나타낸다. 아래에 열거된 벽돌 중에서 자신에게 해당하는 것을 표시해 보라. 이는 나중에 변화를 위한 열쇠를 생각해 볼 때 도움이 될 것이다. 성격 왜곡의 첫 번째 범주는 우리 삶에 매우 강한 영향력을 미치는 '감정'이다.

| **슬픔**(sadness)

우리는 슬픔을 '비탄에 잠긴, 애통하는, 슬픔을 보이거나 야기하는'이라고 정의할 수 있다.[1] 때때로 이러한 감정은 다음에 소개할 마크처럼 성격을 어둡게 만들 수 있다. 훤칠한 키에 마른 체구의 마크는 헝클어진 금발 머리와 깊고 푸른 눈동자를 지닌 남자였다. 그러나 그의 얼굴에서 나타나는 슬픈 기색은 본래 뚜렷한 이목구비가 특징인 그의 외모를 어둡게 만들었다. 몇 시간 동안 그와 상담하던 나는 그에게 그런 슬픈 표정이 나타난 이유를 알게 되었다. 마크가 젊은 청년이었을 때, 그는 육상에 매우 뛰어난 재능을 보였으며 올림픽 국가 대표 선수가 될 만한 잠재력까지 있었다. 그는 모든 에너지를 그 목표를 이루는 데 쏟았다. 적어도 한 여자에게 열중하기 전까지는 그랬다. 그러나 그들이 결혼한 후, 마크의 아내는 그가 많은 시간을 훈련하며 보내는 것을 반대했고, 계속 그만두라며 압력을 가했다. 결국, 그는 결혼 생활을 유지하려고 그 꿈을 포기했다. 그로부터 얼마 지나지 않아, 마크는 아내가 자신에게 불충실했다는 사실을 알게 되었다. 이 일은 올림픽 육상 선수가 되지 못한 좌절감과 함께 깊은 슬픔으로

자리 잡았다.

중년에 배우자를 잃는 것과 같은 사건으로 잠시 슬픔에 잠기는 것은 정상일 수 있다. 그러나 점점 더 오랫동안 반복되는 슬픔으로 제 기능을 하지 못하게 되면 슬픔은 만성이 된다. 건강하지 못한 슬픔은 흔히 꿈을 잃거나 일이 기대했던 대로 풀리지 않을 때 나타난다. 마크의 경우는 이런 사건이 전혀 없었는데, 계속된 그의 슬픔이 그가 인생에서 맛볼 수 있는 만족과 기쁨을 빼앗아갔다.

성경은 이러한 슬픔을 '애통의 옷'으로 묘사한다(사 61:3). 수년 동안 나는 마크처럼 슬픔이라는 벽돌을 쌓아 벽을 만든 수많은 사람을 상담했다. 거기에는 근친상간으로 순결을 잃은 여학생, 남편의 외도로 사랑을 잃어버린 아내, 의사가 되고 싶었지만 의대에 들어갈 수 없던 젊은 여성 등이 있었다. 이러한 경우, 슬픔은 어떤 중요한 출처에서 거절당하는 아픔이 계속될 때 나타나는 반응으로, 하나의 '대치 감정'(substitute emotion)이다.

슬픔의 시기에 우리는 슬픔을 씻어 줄 진정한 위로의 근원이신 하나님 아버지께 나아가야 한다. 마크가 다시 내 사무실에 왔을 때 우리는 그 슬픔이 떠나가도록 기도했다. 그가 자신의 슬픈 마음을 하나님 앞에 내어 놓았을 때, 그는 자신의 밑바닥에 있던 감정들이 풀려 나가는 하나님의 위로와 치유를 경험했다.

| **자기 연민**(self-pity)

자기 연민은 단지 나쁜 습관일 뿐 아니라 하나의 죄다. 우리가 점점 그것에 빠져들수록, 우리는 마음에 들지 않는 상황이 닥칠 때마다 더 쉽게 이러한 사고 유형을 갖는다. 자기 연민을 반복하는 사람은

어떤 실망스런 일에 대해 계속 자신을 위로한다. 그것이 지나칠 경우, 그는 다른 사람들도 자신을 위로해 주기를 바라며 사람들을 교묘하게 조종하여 자신의 자기 연민을 채운다. 곧 아무도 채울 수 없는 구덩이에 빠져, 갈등을 직면하거나 해결하지 못한다. 그러한 자기 연민은 거절을 나타낼 뿐 아니라 그것을 더 강화시킨다. 그러나 보통 자기 연민에 빠져 있는 사람은 쉽게 드러나지 않는다. 진정으로 감사하는 마음을 갖는 것만이 만성으로 나타나는 자기 연민과 자기 자신 속으로 빠져드는 내성을 치료할 수 있는 성경적이고 확실한 방법이다.

| **자기 증오**(self-hatred)

이 시대에는 놀라울 정도로 많은 사람이 자기 자신에 대한 부정적인 느낌 때문에 고통스러워한다. 어떤 사람들에게는 그것이 때때로 드물게 일어나지만, 어떤 사람들에게는 이 싸움이 만성이 되어서 그를 무력하게 만들기도 한다.

자기 증오는 '다른 사람에게 거절을 당한 후에 스스로 거절하는 것'이라고 정의할 수 있다. 한 개인이 자기 증오를 극복하게 하는 일은, 상담자가 직면하는 가장 큰 도전 중 하나일 것이다.

처음 이네즈를 만났을 때, 그녀의 환한 성격에 깊은 인상을 받았다. 이네즈는 YWAM의 상담학교에 들어오기 전에 사회 복귀를 돕는 상담 사역을 했던 사람으로, 3개월의 상담학교 과정을 통해 기독교 상담 기법을 배우려 하는, 전 세계에서 모인 30여 명의 학생들 중 한 명이었다.

자기 증오의 뿌리

강의를 몇 주 정도 진행했을 때, 이네즈는 갑자기 깊은 우울증에 빠져들었다. 어떤 알 수 없는 목소리를 듣기 시작하면서 불면증에 시달렸고 점점 신경이 예민해졌다. 이네즈는 두 명의 간사와 정기적으로 만났지만, 그 어느 누구에게도 자신이 숨어 있는 벽을 뚫고 들어오는 것을 허락하지 않았다. 우리가 계속해서 조심스럽게 이네즈에게 접근하는 노력을 보이자 비로소 조금씩 자신이 어렸을 때 겪었던 고통(자신에게 깊은 상처를 주었던 그 경험)을 이야기하기 시작했다. 벽 뒤에 살면서 느꼈던 아픔을 처음으로 표현하기 시작한 것이다.

이네즈가 십대 초반이었을 때, 그녀의 아버지는 삼촌에게 정기적으로 이네즈에게 테니스를 지도해 달라고 부탁했다. 그 몇 주 동안, 삼촌은 이네즈를 성적으로 학대했다. 너무나 노골적인 삼촌의 학대에 이네즈는 어찌할 바를 몰랐다. 자신의 말을 믿지 않을 것이라고 생각했기 때문에 부모님께 그 이야기를 할 수도 없었다. 이네즈는 삼촌에 대한 깊은 분노와 함께 애당초 자신을 삼촌에게 맡긴 아버지에 대한 원망으로 괴로워했다. 또한 자신에 대해서도 죄책감과 불결함, 증오를 느꼈다.

학교에서 치유 사역을 진행할 때 이네즈는 기도를 받으려고 앞으로 걸어 나왔다. 모든 사람의 시선이 이네즈에게 집중되었고, 이네즈는 말없이 손만 쥐었다 폈다 하면서 앞에 서 있었다. 내면의 싸움을 치르고 있는 것이 분명했다. 그러다 갑자기 이네즈가 천천히, 또박또박 교실에 있는 사람에게 말하기 시작했다.

"난 이곳이 싫어요!" 이네즈가 소리 지르며 말했다. "난 당신들이 너무 싫어요! 하나님도 싫어요. 난 나 자신을 증오해요! 내 부모님을 증오해요!"

이렇게 감정을 폭발한 이네즈는 그곳에 그대로 서 있었고 우리는 충격으로 한동안 침묵에 잠겨 이네즈의 외침 속에 담긴 의미를 되새겼다. 교실 안은 조용했고 몇 사람이 소리 죽여 흐느끼는 소리만 새어 나왔다. 나머지 사람들은 계속 기도하며 하나님이 어떤 지시를 내려 주시기를 바라고 있었다.

| **해방을 위한 열쇠**

그때 데렉이라는 한 청년이 내게 와서 조용히 내 귀에 대고 하나님이 자신에게 하라고 하시는 어떤 지시가 있는 것 같다고 말했다. 나는 그것이 하나님께로부터 온 것임을 느낄 수 있었기 때문에 그대로 하라고 말했다.

모든 사람이 보는 가운데 데렉이 이네즈 앞에 서서 말했다. "나는 당신의 아버지를 대신해서 당신에게 용서를 구하고 싶습니다. 나를 용서해 주겠어요?"

이네즈는 그저 차갑고 무표정한 얼굴로 그를 바라보고 있었는데, 어떤 감정도 겉으로 드러나지 않았다.

"나를 용서해 주겠어요?" 데렉이 다시 물었다.

침묵이 흘렀다.

데렉이 세 번이나 용서를 구했지만, 이네즈는 여전히 아무런 반응도 보이지 않았다. 그런데 그때, 데렉이 상처 입은 딸을 향한 하나님 아버지의 마음을 느끼게 되면서 흐느껴 울기 시작했다.

조용한 침묵 속에 교실에 앉아 있던 전체가 중보기도를 했고, 마침내 이네즈가 그 침묵을 깨고 더듬거리며 말했다. "아빠, 아빠를 용서해요." 한동안 긴 침묵이 흘렀다.

이네즈는 다시 말을 꺼냈다. "아빠, 내가 아빠를 미워했던 것을 용서해 주시겠어요?"

그 해방의 말을 하자마자 이네즈는 데렉의 어깨에 기대어 쓰러졌다. 이네즈는 한없이 울며 오랫동안 자신의 마음속에서 벽을 이루고 있던 모든 분노, 원망, 증오들을 씻어 내고 정결하게 하는 과정을 거쳤다. 이네즈는 계속해서 입을 열어 가족들과 자기 자신에 대한 용서를 표현했다. 하나님의 용서를 받아들이는 순간, 이네즈 안에 있던 자기 증오가 무너졌다. 그리고 상담학교가 끝날 무렵에 이네즈의 증상은 대부분 사라졌다.

훗날 이네즈는 내게 다음과 같은 편지를 보냈다.

그날 모든 사람 앞에서 데렉이 저에게 하나님의 말씀을 전달할 때, 주님이 이사야 38장 15절과 16절 말씀을 주셨습니다. 그때 저는 제가 겪은 불면증이 평생 감추려고 했었던 아버지에 대한 원망 때문이라는 사실을 분명하게 깨달았습니다. 저는 매우 기만적인 사람이 되었고, 특히 감정에 있어서는 더 심해서 겉으로 사람들과 관계하는 태도와 속으로 그들에게 느끼는 마음은 정반대였습니다. 주님은 사람들과 제 삶에 대한 제 느낌을 사실대로 고백하는 것이 증오를 푸는 열쇠라고 말씀하셨습니다. 그래서 그날, 증오의 말들을 입밖으로 표현했던 것입니다.

그 후 몇 달에 걸쳐 이네즈는 자신을 향한 하나님의 사랑과 긍휼을 더 느끼면서 극적으로 변했다. 집에 돌아가자마자 아버지와 화해했으며 그 후 자신의 경험을 바탕으로 성적으로 상처 입은 젊은이들을 위해 사역하게 되었다.

이네즈와 같은 근친상간은 오늘날에도 빈번하게 일어나는 사건으로 자기 증오를 낳는 커다란 원인이 된다. 모든 정욕이 다 그렇지만, 특히 근친상간은 다른 무엇보다도 사람의 가치감과 자존감을 떨어뜨린다. 그러나 근친상간이 자기 증오를 더욱 증폭시키는 이유는 그 사람이 가족 구성원에게 배신당했기 때문이다. 그 경험은 그 사람의 가치감을 매우 떨어뜨리고 자신에 대한 책망과 분노의 감정을 일으킨다. 결국 그러한 문제들을 아무런 해결책 없이 방치할 때 자기 증오가 생기게 되는 것이다.

| **우울**(depression)

우울증은 계속 증가하는 추세를 보이는 대표적인 정서적 질병이며

특히 젊은 층에서 더욱 두드러진다. 우울이란 무엇이며 하나님의 다림줄과 어떤 관련이 있는가? 가장 단순하고 일반적인 형태의 우울은 상실에 대한 우리의 반응을 통해 가장 잘 설명할 수 있다.

처음에는 보통 생기와 활기가 사라지는 것을 느끼며, 외적으로 피곤하고 슬픈 모습이 나타난다. 그다음은 사회적 활동을 피하게 되는데 심지어 가까운 친구들까지도 멀리한다. 직장과 가정에서 활동을 거의 하지 않고 모든 것을 어둡고 아무런 희망이 없다고 여긴다. 사고 활동도 거의 마비되어서 사고한다 해도 희미한 정도에 그친다. 어떤 것에 집중하기가 어렵다. 일상적으로 죄의식을 느끼며 자기 비난과 자기 비하를 곧잘 한다. 그리고 흔히 불면증이 나타난다.

어느 특정 시기 동안 우울한 느낌을 갖는 것은 정상적이지만 빈도와 횟수를 더해 가며 길어질 경우에는 치료나 조치가 필요하다. 이를 잘 나타낸 적절한 모습은, 성능이 떨어지기 시작한 자동차다. 엔진이 불연소음을 내며 푸시식거리면, 차를 길가에 대고 보닛 뚜껑을 열어서 무엇이 잘못되었는지 알아 봐야 한다. 차의 주행 능력이 떨어질 때 우리는 당연히 무엇이 고장인지 살펴보고 고치려 할 것이다. 그런데 마음이 가라앉을 때 우리의 감정이 말하는 정직한 내용을 너무 자주 항우울제로 막아버린다.

우리가 간과하는 것은 우울이 감정을 통해 나타나는 하나의 소리로, 우리 삶에 무엇인가 고칠 필요가 있음을 암시하는 것이라는 사실이다. 화학물질은 표면적으로 드러난 우리의 기분을 바꿔 줄 수는 있지만 우리의 영혼에 닿을 수는 없다. 재발을 방지하기 위해 정말 변해야 하는 것은 그 대부분이 바로 우리의 생활 방식이다.

기쁨이 생명의 징후인 것처럼, 우울은 우리 안에서 무엇인가 죽거나 사라지고 있다는 징후이다. 물론 때로는 생화학적 성분이 부족한 경우로서, 그럴 때는 기분에 영향을 주는 생화학적 성분을 보충하면 된다. 그러나 그러한 기질적 원인은 오늘날 나타나는 정신 질환 중 5%를 약간 웃돌 뿐이다. 우울증은 신체적, 정신적 요인이 매우 복잡하게 얽혀서 발생하며 따라서 치료도 쉽지 않다. 우리가 우울에 빠진 사람의 생활 방식을 올바로 판단하지 못할 경우, 우리는 그 사람을 잃게 된다.

| **무관심**(apathy)

'열정 없이 존재함, 나태한 마음, 혹은 느낌이 없는 상태'를 의미하는 무관심은 인생의 주요한 적이다.[2] 사실 그 첫 단계는 인생이라는 도전 자체를 포기하는 것이다. 성경은 많은 사람이 나태한 믿음으로 잠을 자고 있다고 말하는데(롬 11:8), 계속되는 후퇴와 낙담은 원수에게 나온 이 악하고 거짓된 만병통치약, 무관심의 발판이 된다. 교회가 무관심한 상태로 머물며 세상의 빛과 소금이 되지 못했기 때문에, 세상이 교회를 잠식해 들어왔다. 그래서 때로는 교회와 세상을 구별하기조차 어렵다.

리디아라는 한 여성의 집을 방문했을 때의 일이다. 집에 발을 들여 놓는 순간, 나는 졸지에 어떻게 하면 집을 엉망으로 만들 수 있는지를 배우게 되었다. 그런데 내가 배운 것은 그뿐이 아니었다. 나는 무관심이 한 영혼을 장악할 때 어떤 일이 일어날 수 있는지 보았다. 싱크대에는 더러운 접시들이 아무렇게나 쌓여 있었고, 책, 옷가지, 신발이 집안을 온통 뒤덮고 있었으며 집안 구석구석 어디에나 먼지가 겹겹이 쌓여 있었다. 그리고 그 혼돈의 한가운데 리디아가 앉아 있었다.

리디아는 빗질도 안한 헝클어진 머리로 TV를 보고 있었다.

"보세요, 며칠 동안 저러고 있어요," 마음이 산란한 리디아의 남편이 소리쳤다. "집사람은 도무지 어디에도 관심이 없어요."

이러한 무관심은 다음과 같은 거절이나 실패에 대한 생각과 감정에서 비롯된다. '해봤자 아무 소용 없어! 결코 잘 될 리가 없다고!" 또 이렇게 한탄한다. '난 계속 이렇게 살 거야!'

지적인 영역

우리가 세운 벽에서 이 두 번째 영역의 벽돌은 우리의 사고 과정과 그 과정에서 파생된 태도와 관련이 있다. 계속해서 자신의 삶에 해당하는 벽돌에 표시해 보라.

열등감(inferiority)

"… '나도 당신만큼 똑똑하다'라고 말하는 어떤 사람도 사실은 그것을 믿고 있지 않다. 만약 그렇다면 그는 그 말을 하지 않을 것이다. 성 버나드(St. Bernard)는 장난감 개에게 결코 그런 말을 하지 않으며, 학자도 저능아에게 그런 말을 하지 않는다… 그것이 표현하는 것은 정확하게, 자신의 열등감에 대한 근질거리고, 쑤시고, 몸부림칠 정도로 괴로운 자각이다."[3]

지성은 사탄의 가장 큰 심리적 활동 무대 중 하나다. 본능적인 수준에서 느끼는 열등감은 많은 지성인의 발목에 족쇄를 채워 명료하게 사고하는 능력을 마비시킨다. 삶에서 거절이 반복될 때 사람들이 흔히 도달하는 잘못된 결론은 실제로 자신이 열등하다고 느끼는 것이다. 일단 그렇게 최악의 결론을 내리면, 그다음에는 이 그릇된 결론에 맞추려고 자신이 왜 열등한지에 대한 거짓된 이유를 만들어 낸다. "난 너무 뚱뚱해", "난 너무 말랐어", "난 너무 키가 작아", "난 너무 키가 커", "난 너무 멍청해" 등등 자신이 열등한 이유는 끝이 없다.

나 역시 1장에서 말한, 교실에서 겪은 수치스런 경험 때문에 깊은 열등감을 갖게 되었다. 내가 시계를 볼 줄 모르는 아이들 중 하나라는 사실을 선생님이 드러냈기 때문에 스스로 나머지 아이들보다 나를 열등하다고 결론지었다. 가능한 한 상처를 받지 않으려고 나는 거의 모든 수업 활동에서 뒤로 물러났다. 어쩔 수 없이 활동에 참여해야 할 때, 내가 왜 위협감을 느끼고 수동적으로 관찰하는 것을 더 좋아하는지 이해하기까지는 오랜 세월이 걸렸다.

흔히 우리는 어떤 이유로든 자신이 열등하다고 스스로 확신함으로 원수의 협박에 쉽게 무릎을 꿇고 만다. 열등감과 불신은 우리의 자신감을 완전히 빼앗을 때까지 함께하는 둘도 없는 친구다. 이 둘은 함께 힘을 합쳐 믿음으로 얻을 수 있는 승리를 우리에게서 빼앗는다.

| **불안감**(insecurity)

오늘날의 사회에는 불안감이 만연한데 그 원인은 전염병처럼 퍼져 있는, 제대로 기능 하지 못하는 금이 간 가정과 같은 요인 때문이다. 불안정은 사랑 결핍과 우리가 어린 시절에 받은 거절로 나타난 직접적인 결과다. 이와 반대로, 안정감은 사랑과 직접적인 관련이 있다. 연구 조사에 따르면 사랑이 부족한 환경에서 자란 아이들은 깊은 열등감을 경험한다. 여기에 포함되는 몇 가지 예는 원치 않았던 임신, 아이의 성별이 바라던 것과 다른 경우, 부모가 너무 바빠서 자기 생

활로 꽉 차 있거나 또는 부모가 온화함과 사랑은 거의 나타내지 않고 권위적이며 엄격하기만 한 경우 등이다. 이러한 예들은 한 개인이 불안감을 느끼도록 몰고 가는 많은 부분 중 극소수의 예에 불과하다.

| **실패감**(failure)

서구에서 잘 알려진 어떤 노래의 가사는 다음과 같다. "넌 쓸모없어, 쓸모없어, 쓸모없어, 쓸모없어, 이 사람아, 넌 쓸모없어, 쓸모없어, 쓸모없어."

슬프게도 이 가사는 내 어릴 적 친구의 아버지가 그에게 말한 것을 생각나게 한다. 거절 속에서 살아가는 사람들이 느끼는 공통된 갈등 중 하나는 마음 깊은 곳에 자신이 무가치하다는 확신을 갖고 있는 것이다. 그들은 끊임없이 자신이 부적합하다고 느끼는데, 그들 마음속에서는 이런 소리가 들린다. "나는 쓸모없어. 나는 아무것도 할 수 없어. 내가 하는 일은 모두 잘못된 것뿐이야."

많은 사람이 실패를 두려워한다. 그들이 실패했을 때 다시 회복하거나 그 경험에서 무엇인가를 배우는 것은 불가능해 보인다. 도리어 자신들이 어렸을 때 들었던 말들을 믿도록 프로그램이 짜여 있기 때문에, 그들은 실패로 산산조각이 나 버린다. 말에는 우리를 세울 수도 있고 무너뜨릴 수도 있는 엄청난 능력이 있다. 우리가 어렸을 때 무엇인가에 실패한 결과로 '실패자'라는 꼬리표가 붙었을 수 있다. 이 꼬리표는 우리와 함께 자라서 우리 삶에 입력된 부정적인 내용을 확인시켜 주기도 한다. 더 실패할수록, 우리는 스스로 실패자라는 것을 더 깊이 확신하게 된다. 그러고나서 하나님의 은혜조차 가까이 할 수 없는 곳으로 스스로 내몰게 된다.

| **죄의식**(guilt)

죄의식은 우리에게 불리한 고통인가, 아니면 귀중한 자산인가? 우리는 그것을 수용해야 하는가, 아니면 내어 쫓아야 하는가? 다음 예화가 이 질문에 대한 통찰을 줄 것이다.

당신이 푸르고 울창한 아름다운 시골길을 운전하며 달리고 있다고 상상해 보라. 뒤쪽에는 봉우리에 흰 눈이 뒤덮인 산이 보인다. 그런데 갑자기 계기판의 빨간불이 깜박거리며 주의를 끈다. 그러나 '곧 저러다 말겠지'하고 무시하며 운전을 계속한다. 그렇게 몇 km를 달리는 동안 그 불은 계속해서 깜박거리고 당신의 짜증은 고조된다. 마침내 어쩔 수 없이 화가 난 당신은 앞에 있는 글로브박스에 손을 뻗어 망치를 꺼내고는 그 깜박이는 작은 빨간불을 부숴 버린다! 이 방해물에서 자유로워지자, 당신은 운전을 계속하며 눈앞에 펼쳐진 대자연을 즐긴다. 그런데 갑자기, 엔진이 완전히 꺼진다.

빨간불은 우리의 '죄의식 측정기'를 나타내는데, 고통이나 죽음으로부터 우리를 구하려고 붙박이 된 경보 장치다. 이것은 밤이든, 낮이든 언제든지 깜박일 수 있지만 대체로 주위의 산만함이 줄어들고 피로 때문에 우리의 방어가 약해지는 밤에 켜진다. 그러면 우리는 억제, 전환, 강제력으로 그것을 침묵하게 하거나, 아니면 멈춰 서서 그 내용에 주의를 기울여 우리의 생활 방식을 평가하는 두 가지 중 하나를 선택해야 한다.

프로이드 심리학 이론은 죄의식 측정기의 민감도를 낮추어 죄의식을 억압하려는 시도를 했다. 프로이드는 초자아(Super Ego), 그리고 그 초자아가 자아(Ego)와 본능적 자아(Id)에 보내는 내용이 주로 이상적인 부모가 말하는 내용이라고 믿었다. 그러나 어떤 사람도 그 기준에 도달할 수가 없다. 이러한 생각은 많은 대중적인 개념을 낳았는데, 그 결과로 사회에는 우울증, 또는 억압된 죄의식으로 나타나는 반항심과 싸우는 많은 사람이 넘쳐난다. 그러나 만약 죄의식이 말하는 내용을 정확하게 수용하고 이해하며 적절하게 조정한다면, 삶은 다시 균형을 되찾고 향유할 수 있다.

죄의식이 거짓이 아닌 실제 이유에서 비롯된 것으로, 거기에 올바른 반응과 성숙한 이해가 따른다면 그것은 굉장한 가치를 지니게 된다. 그러한 죄의식은 우리의 인생에서 중요한 안내 표지와 방향등이 될 수 있다.

영적인 영역

성격 발달 벽돌의 마지막 영역은 인간이 보이지 않는 본체인 영적인 세계와 관계할 때 그 통로가 되는 영역이다. 새로운 의식, 새로운 사고를 주장하는 뉴에이지 운동과 거기에 연합하는 다른 조류는 인간이 영적인 존재라는 것에 새로운 강조점을 두는 움직임을 내세웠다. 의학도 전체론적 움직임(holistic movement) 속에서 치료를 위해 영적인 자원과 능력을 추구하며 느낌을 중요시한다.

죽음과 임종 분야에서 인정받는 국제적인 권위자인 엘리자베스 퀴블러 로스(Elizabeth Kubler-Ross) 박사는 자신의 지식을 더하려고 영적인 매개체를 통한 연구 조사를 사용한다. 이러한 방법들은 잘못된 인식으로 나타난 것들이긴 하나, 한편으로는 영적인 것에 대한 굶주림을 분명히 증명하는 것이다.

마침내 수십 년에 걸친 이성주의의 회의 끝에, 인간의 영이 새로운 초점의 대상으로 떠올랐다. 성경은 인간의 영에 대한 모든 문서 중 가장 오래되고 신뢰할 수 있는 책으로, 다음과 같이 전한다. "사람의 영혼(사람의 성격 중에서 하나님으로부터 직접 나온 요소)은 여호와의 등불(촛불)이라 사람의 깊은 속을 살피느니라"(잠 20:27).

촛불은 이 맥락에서 적절하고도 유용한 도구다. 한 사람이 하나님의 다림줄이 아닌 거절의 다림줄과 자신을 동일시하게 되면, 그는 이 기울어진 줄에 맞추어 살기 시작해 그의 영도 불리한 영향을 받는다.

아내와 내가 의료 선교사로 아프리카에서 일하고 있을 때 우리는 우리가 가진 의술로 치료할 수 없는 어떤 상태를 보게 되었다. 한창 나이의 젊은이들이 뚜렷한 병도 없이, 그냥 자리에 누워 죽어 가는 것이었다. 후에 우리는 통역자에게 이들 중 몇몇 젊은이의 배경을 조사해 줄 것을 요청했다. 그들이 우리에게 설명하기로는 각 경우마다 어떤 능력을 가진 마법사가 그 젊은이들에게 어떤 특정한 날에 죽을 것이라고 저주했다는 것이었다.

이 기간에 그들의 영에 일어난 일은 초와 불꽃으로 설명할 수 있다. 각 젊은이가 그 운명을 받아들이고 그대로 믿었을 때, 그들의 촛불에 있던 불꽃은 점차 희미하게 약해지고 죽어 가기 시작한 것이다. 그리고 결국, 그 예언대로 불꽃은 꺼졌다.

이러한 묘사는 거절의 벽에 있는 세 개의 벽돌을 가리킨다.

희미함… 죽어감… 꺼짐!

나는 병원에서 환자들도 이와 유사한 과정을 겪는 것을 많이 목격했다. 어떤 사람들은 죽기를 거부하는 반면, 또 다른 사람들은 저항한 번 하지 않고 이 순서를 따라 서서히 죽어 간다.

나는 사람이 계속 거절을 수용할 때 스스로 자신을 거절 당할 만한 사람으로 여기는 것을 여러 번 보았다. 감정은 재빨리 이 생각을 확인시켜 주고, 마침내 그들은 이러한 영에 묶이게 된다. 희망이 비틀거린다. 그리고 낙심이 자리를 잡는다. 이 벽돌에 대해 설명하는 한 이야기가 있다.

하루는 원수가 자신의 물건을 팔려고 시장에 노점을 차린다. 그런데 이상하게 생긴 물건에 가장 높은 가격표가 붙어 있다. 그것이 무엇이냐고 묻자 사탄이 대답한다. "낙심! 이것은 내가 가진 무기 중 가장 강력한 도구지. 나는 이것으로 끈질기게 일하는데, 사람들이 마침내…절망에 빠질 때까지!"

사탄은 아주 기분이 좋다는 듯 깔깔대며 계속해서 자신의 음모를 드러낸다. "일단 절망에 빠지면 그 사람은 내 상대가 안 돼! 대신 내 죄수와 노예가 되고 말지. 그리스도인을 절망에 빠뜨리는 일을 내가 얼마나 좋아하는지 모를걸! 그들의 사역, 가정, 재정, 심지어 그들의 전 인생에서 절망하게 만드는 거지. 조금만 밀어 놓으면 조만간 내 왕국에 대한 그들의 반대는 영원히 사라지게 된다고."

불후의 기독교 고전인 존 번연(John Bunyan)의 《천로역정》(홍성사 역간)은 그리스도인과 다른 사람이 절망이라는 거인의 손아귀에서 겪는 곤경을 생생하게 묘사한다. 두 순례자는 거인에게 잡혀 어둡고 악취 나는 지하 감옥에 갇힌다. 거인은 그들을 심하게 때린 후 그들에게 생명을 취하라고 충고한다.

그리고 "그렇게 고달픈 삶을 왜 선택하는지 모르겠군"이라고 말하며 조롱한다.

절망하는 이유

어느 늦은 밤, 하품을 하며 침대로 가고 있는데 전화벨이 울렸다.
"브루스, 빨리 와야겠어! 디온이 유치장에 있다고!" 그 말을 듣는 순간 나는 믿기 어려운 사실에 충격을 받아 잠이 확 달아났다. 디온은 한 지역 교회의 교인일 뿐 아니라, 내 좋은 친구였다. 나는 허둥지둥 황급하게 옷을 걸쳐 입고 경찰서로 달려갈 준비를 하면서도, 뭔가 실수로 잘못된 게 틀림없다고 생각했다.

경찰서에서 교회 지도자 몇 명을 만난 나는 그들에게 디온의 체포 경위에 대한 자세한 설명을 들었다. 몇 년 동안 디온의 아내는 나에게 남편의 동성연애 성향에 대해 털어놓았다. 그런데 경찰에서 고용한 어떤 두 사람이 공공장소에서 그를 함정에 빠뜨린 뒤, 그가 중죄를 저지르려 했다고 고발을 한 것이다(이 일이 일어난 나라에서 동성연애는 중죄에 해당했다).

다행히 우리는 그날 밤 디온이 풀려 나오게 할 수 있었다. 우리 쪽으로 절뚝거리며 걸어오는 그의 어깨는 잔뜩 굽어 있었고 고개를 푹 숙이고 있었다. 그는 회복이 불가능한 사람 같았고, 얼굴 전체에 절망이라는 글자가 역력히 쓰여 있었다.

그다음 주부터 나와 또 다른 친구가 정기적으로 디온을 만났다. 자신에 대한 정죄감과 함께 붙잡혔다는 수치심 때문에, 그는 깊은 절망과 우울의 나락에 빠져 있었다. 지방 신문은 그 일에 대한 이야기를 크게 보도했고, 그럴수록 그는 점점 더 밑바닥으로 가라앉았다. 그의 머릿속에는 오직 자살에 대한 생각뿐이었다.

우리는 날마다 디온을 찾아가 그와 함께 기도했다. 처음에는 무슨 말을 어디서부터 어떻게 시작해야 할지 알지 못하는 우리가 마치 욥에 대한 슬픔과 아픔으로 7일 동안 아무 말도 할 수 없던 욥의 친구들처럼 느껴졌다(욥 2:11-13).

그러나 욥의 친구들과는 달리, 우리에게는 죄와 회개에 관련된 사건이 있었다. 디온의 죄는 이미 다 알려져 있었다. 우리의 가장 큰 적은 그 안에 깊이 자리 잡은 자기 연민과 무자비할 정도로 심각한 자기 정죄였다. 그는 자신이 용서받지 못할 죄를 저질렀다고 확신했기 때문에, 자신이 지옥에서 영원한 고통을 겪게 되는 것은 단지 시간문제라고 생각했다.

자살에 대한 생각에서 그를 빠져 나오게 할 수 없었던 우리는, 그와 함께 기도하는 것에 더욱 매달렸다. 우리가 밤을 새워 계속 기도하던 어느 날 아침, 우리에게 격려가 되는 일이 일어났다. 우리가 디온과 함께 약 1시간쯤 기도했을 무렵 그의 흐느낌이 달라지기 시작한 것을 알아차릴 수 있었다. 그것은 전과 같은 자기 연민의 눈물이 아니라 해방과 안도의 눈물이었다. 그는 갑자기 완전히 다른 빛 가운데서 자신을 보고 있는 것 같았다.

"아바, 아버지!" 하고 외치며 그가 울음을 터뜨렸다.

그 시간 이후로 하나님은 은혜와 자비로 그를 만나 주셨고 희미해져 가던 그의 영혼의 촛불을 다시 살려 주셨다. 그것은 디온이 도착적인 정욕의 삶으로부터 빠져 나와 사랑과 진리의 삶으로 나아가는 새 출발점이 되었다.

그날 이후 몇 달 동안, 우리는 그의 회복을 도우며 많은 아픔을 겪었지만, 주된 승리는 거둔 셈이었다. 정욕에 중독된 그의 삶이 변하면서 디온이 하나님과 맺는 사랑의 관계는 날마다 깊어졌다. 그는 기도와 말씀 묵상으로 보내는 시간을 즐거워하기 시작했다.

그때, 하나님은 그에게 한 가지 깨달음을 주셨다. 이전에 그는 노예가 주인을 섬기듯 의무감으로 하나님을 섬겼는데, 이제는 아들과 아버지처럼 사랑에서 비롯된 헌신으로 하나님을 섬긴다는 사실이었다. 전에 그와 하나님의 관계는 신학적인 냉랭한 것이었다. 그는 하나의 신학을 지적으로는 잘 가르쳤지만, 감정적으로 하나님을 향해 고동치는 사랑이 없었다. 그러나 그 몇 달 동안 디온은 '아바 아버지'를 발견했고, 그 결과 생명력을 회복할 수 있었다.

결론

거절이라는 인간적인 다림줄을 따를 때 커다란 불이익을 초래할 뿐만 아니라, 우리가 허용하기만 한다면 그것은 우리의 인생까지도 망가뜨릴 수 있다. 좀 더 공격적인 성향을 가진 사람은 수동적으로 거절을 받아들이는 것에 저항하며 새로운 형태의 반응을 선택할 수 있는데, 그것은 반항의 인간적인 다림줄을 따르는 것이다. 거절의 다림줄을 완강히 거부하는 것은 반항을 수용하는 길을 열어 놓을 수 있다. 다음 장에서 우리는 이 함정에 대해 더 자세히 살펴볼 것이다.

적용

당신이 표시한 벽돌을 검토해 보라.

당신의 벽에 그러한 벽돌이 쌓인 이유가 되는 상황은 무엇인지 깊이 생각해 보라.

그것이 여전히 때때로 당신에게 영향을 미치는지 생각해 보라.

이러한 왜곡된 벽돌을 변화시키려면, 당신이 무엇을 해야 하는지 생각해 보라.

방어의 벽,

6장

반항

전(前) 우간다의 통치자였던 이디 아민(Idi Amin)은 현시대에 가장 극단적인 형태로 반항의 대표적인 성격을 보여 준 인물이다. 이디 아민은 누비앙(Nubians)이라는 떠돌이 집단에서 누가 자신의 진짜 아버지인지도 모른 채 어머니와 함께 끊임없이 이곳저곳을 전전하며 살았다. 우간다에서 누비앙은 천민 중에서도 가장 낮은 계급의 집단 취급을 받았다. 그가 성장 과정에서 받은 메시지는 분명 거절과 관련된 것이었던 게 틀림없다.

그는 군대에 들어가고 계급이 높아지자, 그때까지 자신의 인생에서 받았던 거절의 메시지를 벗어 던지고 반항의 다림줄을 따르기 시작했다. 비천한 출신 배경과 초라한 교육 수준에 대한 과잉 반응으로, 그는 '우월 의식'이라는 콤플렉스에 빠졌다. 아민은 광적인 군인이 되어 무자비할 정도로 경쟁했으며 자신의 정치적 야망을 위해서라면

그림 12

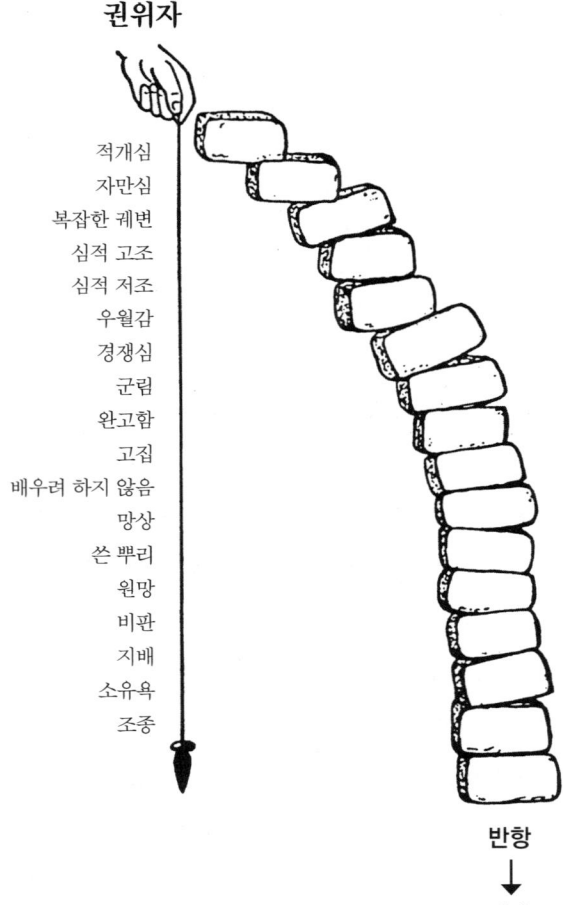

어떤 수단도 가리지 않았다. 자신의 영웅이었던 아돌프 히틀러와 경쟁이라도 하듯, 그는 1971년 이후 10만 명이 넘는 그의 동족에게 고문과 살인을 서슴지 않았다.

아민의 적개심은 특히, 그가 자신의 '적'을 악어 떼에게 던지기 전 행했던 고문에서 사용한 엄청나게 잔혹한 방법에서 분명하게 드러난다. 그의 지배욕과 철저한 소유욕은 야만적인 힘과 교활함, 거짓을 사용하여 성공하려는 그의 확고한 결단에서도 나타난다.

게다가 아민은 개인적 자만심 또한 대단했다. 그는 영국 여왕에게 여러 번 편지를 써서 영국의 정치적, 경제적 문제를 해결해 주겠다고 제안했으며, 심지어 여왕의 고문으로 자신을 스스로 추대하기까지 했다! 그는 자신의 권위에 극도로 방어적이어서 감히 자신의 권력에 이의를 제기하는 사람과는 관계를 맺지 않았다. 또한 그는 '포고령에 의한 법률'을 만들었는데, 자신에게 동의하지 않거나 도전하는 사람은 누구든 사형에 처했다. 그것이 자신의 권위에 대적하는 사람들을 침묵하게 만드는, 그가 아는 유일한 방법이었다.

"나는 나 자신을 세계에서 가장 강력한 인물이라고 생각한다"라고 했던 그의 말에서도 알 수 있듯, 이디 아민은 군림하고 조종하며, 완고하고 배우려 하지 않는 영과 더불어 자신의 위세에 대한 망상을 적나라하게 보여 주었다.

감정적인 영역

이제 우리는 반항의 벽을 이루는 벽돌을 하나씩 살펴볼 것이다. 앞에서 거절의 벽을 공부할 때처럼 자신에게 해당하는 벽돌에 표시하라. 먼저 감정과 관련이 있는 벽돌들부터 시작해 보자.

| **적개심**(hostility)

일본을 방문했을 때, 한 중년 남성과 상담을 하게 되었다. 그런데 상담 도중 그의 아버지에 관한 이야기가 나오자, 그는 갑자기 자리에서 벌떡 일어나 귀청이 떨어져 나갈 듯한 큰 소리를 지르며 주먹으로 탁자를 내리쳤다. 그 탁자는 그가 날린 가라데 동작으로 인해 거의 두 동강이 났다. 단지 그의 아버지를 거론한 것만으로도 그 안에 깊이 자리 잡았던 상처가 적개심의 형태로 올라오게 한 것이다. 분노는 그에게 깊은 상처를 주었을 뿐 아니라 성격 형성에도 부정적인 영향을 끼쳤다.

분노는 건설적인 방식으로 해소할 수 있다. 그러나 고삐가 풀린 적개심은 매우 위험하다. 분노는 흔히 상처로 생기는데 상처가 끊임없이 계속되면, 분노도 계속된다. 이러한 고질적인 분노의 문제를 가진 사람은 대부분 해결하지 못한 내적 갈등이나 깊이 자리 잡은 상처로 고통을 겪는다. 분노는 그것을 수용할 배출구를 찾지 못하면 밑으로 가라앉게 된다. 그렇게 되면, 처음에는 그것을 과도하게 통제하다가 그다음에는 통제력을 잃고 결국에 폭발해 버리는 악순환이 일어날 수 있다. 이러한 사람들에게는 여러 가지 감정이 쌓여 있으며 깊은 우울이나 폭발적인 분노가 그 유일한 출구가 된다. 고통스러운 감정이 만성으로 억눌리면 그것은 정신적인 질병이나 정신 신체 장애의 형태로 드러나기도 한다.

| **자만심**(conceit)

이 왜곡된 벽돌에 가장 알맞은 정의는 자신의 허황된 자만심과 자기중심적 태도를 노골적으로 드러내며 다른 사람에게 무관심하거나

그들로부터 거리를 두는 것이다. 자만심으로 가득한 사람은 보통 외로움과 싸운다. 그러나 그들의 무관심한 행동과 은혜를 베푸는 듯한 말투는 우정의 잠재성을 가진 관계들을 다 가로막는다. 그들의 '나는 한 단계 위'라는 식의 태도와 표현에, 사람들은 자신들의 모습이 평가절하되고 무시당한 느낌을 받는다. 자만심에 찬 사람들이 갖는 자신에 대한 가치감은 다른 사람을 낮추면서 강하게 상승하는데, 이는 다른 사람들과의 동료 관계를 상실하게 한다.

| **복잡한 궤변**(sophistication)

이 벽돌은 때로 '허위적인 궤변'(pseudo-sophistication)으로 불리기도 한다. 궤변은 흔히 자만심이 있거나 자기중심적인 사람들이 시도한다. 궤변이라는 말은 속이려는 의도를 지닌 허위적인 논쟁을 뜻하는 '궤변론'(sophism)이라는 단어에서 나왔는데, 그것은 사람이나 사물이 원래 가진 단순성을 박탈하여 갈피를 못 잡게 만드는 것을 의미한다. 또한 무엇인가를 섞거나 가짜로 만들어 내어 원래 의미를 함부로 바꾼다는 뜻도 있다.[1]

내가 상담하는 사람들 중 가장 복잡하고 궤변적으로 보이는 사람들의 경우, 대부분 그들의 이야기는 꾸며 냈거나 사실이 아니었다. 그들은 독립심과 자신감을 풍기면서 침착하고 매끄러우며 완벽한 자제력을 가진 것같이 보이지만, 겉으로 드러난 모습 이면에는 불안정과 열등감, 이런저런 병적인 공포로 고통을 겪는 경우가 대부분이다.

자만심과 궤변은 종종 따뜻하고 애정 어린 관계를 맺지 못하게 하는 실질적인 장벽이 된다. 사람의 첫인상은 상대가 본능적으로 긍정적 또는 부정적 반응을 나타내게 한다. 이러한 본능적인 느낌은 어디서 오는 것인가? 그것은 믿을 만한 것인가? 나는 그러한 작용에 대해 다음과 같이 생각한다.

우리는 새로운 사람을 만나면 흔히 대뇌 컴퓨터를 순간적으로 과거로 돌려 과거에 만났던 비슷한 사람을 떠올린다. 그 새로운 사람에 대한 우리의 본능적 반응은 과거에 있었던 그 사람과의 경험이 따뜻하고 친근했는지 아니면 차갑고 상처를 주는 것이었는지에 따라 다르다. 만약 그 기억이 부정적이라면 우리는 그 사람을 무시해 버리거나 피하려고 할 것이다. 따라서 관계는 발전되지 못한다. 그러나 그 기억이 긍정적이라면 우리는 새로운 관계를 형성하는 쪽으로 움직인다. 그런데 우리가 인식해야 하는 것은, 발전시키기 가장 어려운 관계가 바로 우리가 가장 피하고 싶어 하는 그 관계라는 사실이다. 그러나 우리가 억지로라도 그러한 관계를 탐험할 경우, 그 관계는 치유와 성장을 위한 매우 놀라운 매개체가 될 것이다.

우리의 내적인 컴퓨터가 과거를 피드백하는 과정에서 실패하는 부분은 과거와 현재의 사람을 구별하지 못하는 것이다. 우리는 대뇌 컴퓨터가 보내는 피드백이 완벽한 진실인 것처럼 반응하지만 그것이 오류를 범하는 경우도 많다. 그러므로 우리는 과거의 기억 프로그램을 현실에 맞게 재해석하는 법을 배워야 한다.

| 심적 고조(elation)와 심적 저조(deflation)

1973년 탁월한 재능을 가진 미국 영화계 감독이자 연출가인 조슈아 로건(Joshua Logan)은 이런 말을 했다. "우울증은 무섭다. 그런데 그와 정반대 성격을 지닌 쌍둥이 자매와 같은 심적 고조는 훨씬 더 무섭다. 한동안은 그것이 매력적으로 보일 수 있다. 그러나 그것이 오래 지속되면 깊은 우울에 빠졌을 때보다 훨씬 더 위험해진다." 로건은 우울증에 관한 의학협회의 토론에서 지난 30년 동안 조울증의 극단을 오가던 자신의 개인적인 과거사를 공개하며 이러한 말을 했다.

갈등이나 압박감이 있을 때 누구나 사소한 감정 기복을 겪는다. 우리가 살면서 겪는 위기는 도로 위에 튀어 나온 융기와 비슷하다. 자동차의 충격 흡수 장치가 부드럽게 올라갔다가 다시 내려오는 것처럼, 우리 기분도 마찬가지다. 이것은 정상적인 일로, 나중에는 그 차가 다시 무게 때문에 제자리로 돌아오듯이 우리의 긴장 정도가 극에 달하지 않는 이상 우리도 그렇다. 이런 일이 생기면 우리의 기분은 '조증 상태'(manic state)로 올라가거나 '우울 상태'(depressive state)로 떨어질 수 있고, 아니면 그 두 상태 사이에서 왔다 갔다 하며 흔들릴 수도 있다. 그런데 이러한 기분의 변화 정도가 몹시 심해질 수도 있는데, 그럴 때는 감정적 통제력이 상실되거나 이른바 정신 이상으로 불리는 상태가 발생한다. 휴식을 취하는 것과 내적 갈등을 해결하는 것이 이를 방지하는 중요한 예방 조치다.

지적인 영역

두 번째로 생각해 볼 영역은 우리의 사고 과정과 그 사고의 결과로 나타나는 태도와 관련이 있다. 계속해서 자신에게 해당하는 벽돌에 표시해 보라.

| **우월감**(superior)

우리가 가장 흔히 우월감을 볼 수 있는 곳은 학계(學界)인데, 많은 경우 카스트 제도 같은 형태가 되어 버렸다. 너무나 흔히, 좀 더 높은

자격을 가진 사람들은 그보다 서열이 낮은 사람들과 기본적인 대화 외에 더는 관계를 맺으려 하지 않는다. 그러나 사람들이 계속 은혜를 베푸는 듯한 우월한 태도로 행동하는 것은 종종 그들이 자신의 열등감을 과잉 보상하고 있다는 것을 나타낸다. 그들은 자신이 상대를 낮출 때 스스로 높아지는 듯한 기분을 느낀다.

이런 식의 태도와 생각은 보통 억압된 고통과 열등감을 감추고 보상하려는 시도다. 이런 생각과 태도는 부모의 학대나 어릴 적 또래 집단의 괴롭힘으로 생겼을 수도 있다. 이 우월감이라는 벽돌은 계속 그를 고립시켜, 그가 자신의 인생에서 의미 있는 관계를 지속하지 못하게 만든다.

| **경쟁심**(competitive)

언뜻 보면, 그래함은 한창 인생의 절정기를 달리는 듯했다. 사역을 비롯한 모든 게 잘 되어 가는 것 같았다. 그러나 그는 내 사무실에서 교회와 관계된 사역에 온갖 노력을 쏟아부었던 지난 세월을 돌아보며 울기 시작했다. 완전히 지쳐 쓰러지기 직전이 된 그는 자신이 인생의 거의 대부분을 사람들에게, 심지어 하나님에게도 사랑을 얻으려고 경쟁하고 있었다는 것을 알게 되었다. 그는 어떻게 해서 이 지경까지 이르게 되었을까? 무엇이 그를 그렇게 긴장으로 가득한 삶의 방식을 따라 살게 만들었는가?

다른 많은 사람과 마찬가지로, 이 젊은 청년도 그가 잘해 낼 때만 용납과 인정을 받는 가정 환경에서 자랐다. 그의 부모는 조건적인 사랑을 베풀었다. 그들은 그에게 학교에서는 최고 성적을 얻고, 운동에서는 최상의 경기를 펼치는 등 모든 영역에서 최고의 자리에 도달할 것을 요구했다. 그러나 좋은 결과를 가져와도 인정은 거의 없거나 아주 약간 뿐이었다. 오히려 질책이 더 많았다. 격려를 해줄 때에도 어떻게든 더 잘 했어야 했다는 것을 강조했다.

그가 부모에게 가장 많이 들은 말은 "내 자식이라면 누구도 이따위 성적으로 집에 들어올 수 없다"라는 것이었다. 그 말의 의미는 그가 충분히 잘하지 못하면 거절을 당할 수도 있다는 것이었다. 그러나 이러한 조건적인 사랑은 아이들의 마음속에 닿을 수 없는 목표와 도달할 수 없는 기준을 만들어 낸다. 이런 식의 자녀 양육을 통해 성장한 오늘날의 많은 사람이 인정이나 사랑을 받기 위해 끊임없이 무엇인가를 수행하려고 한다. 심지어 하나님을 섬기는 것조차도 사랑을 얻으려는 피곤한 노력이 될 수 있다. 그 사랑은 이미 얼마든지 풍성하게 주어졌는데도 그것을 받아들이지 못하는 것이다.

몇 년 전, 주님이 내게 나의 자녀 마이클과 라이어넬을 인정하는 게 중요하다는 것을 보여 주셨다. 그것은 아이들이 아무것도 하지 않고 있는 그때에 인정하는 것이었다. 아이들이 어릴 때 가장 좋아하던 놀이인 레고를 가지고 마룻바닥에서 놀 때, 혹은 책을 읽을 때, 나는 아이들의 어깨에 팔을 두르며 그들의 존재 자체에 대한 나의 사랑과 감사를 표현했다. 나는 수년 동안 계속 그렇게 해오고 있는데, 아이들이 분명 다른 무엇이 아닌 그들의 존재 자체로 그들을 사랑하는 내 마음을 느꼈을 거라고 믿는다.

군림(dominant)

오늘날 많은 아내가 결혼 생활에서 중심 역할을 할 뿐만 아니라 그 전체 관계 위에 군림하고 있다. 사회학자들은 현대 결혼 생활에서 나타나는 이러한 양상에 상당한 흥미와 관심을 보인다.

무엇이 가정 안에 이러한 의미 있는 전환을 불러일으켰는가? 그같은 군림하려는 성향은 불안감에서 나오며, 불안감은 사랑의 결핍으로 생긴다. 남편은 아내를 사랑하는 방법을 잊어버렸거나 알지 못한다. 흔히 그들은 정욕을 느끼며, 사랑과 정욕의 차이를 이해하지 못한다. 정욕과 사랑을 자주 동의어로 사용하는데, 사실 이 두 단어는 서로 상반되는 의미를 지닌 반의어에 가깝다. 정욕적인 관계는 아내에게 이용당했다는 불안감을 주는데, 그 결과로 좌절이나 심지어 불감증까지 일으킬 수 있다. 그렇게 되면, 아내는 이러한 과정을 피하려고 배우자를 조종하며 자신이 가진 사랑의 필요를 채운다. 그러한 군림하려는 태도는 결국 관계를 파괴하기도 하는데, 이것이 바로 오늘날 많은 가정 안에서 일어나는 현실이다.

| **완고함**(rigid)

완고함은 '융통성이 없는, 뻣뻣한, 양보하지 않는 것'을 의미한다.[2] 언젠가 내가 진행하던 학교의 한 젊은이에게 이러한 성격적인 왜곡 현상을 분명하게 본 적이 있다. 강의를 다 마친 후, 토론을 했는데 그는 자리에서 일어나 매우 유창하게 자신의 견해를 설명했다. 그 교실에 있는 다른 사람들도 그 주제에 대한 생각을 말했는데, 어떤 사람들은 노골적으로 그의 견해에 동의하지 않는 입장을 취했다. 나는 조용하게 그 장면을 지켜보면서 그 젊은 청년이 다른 사람이 뭐라 말하든 상관하지 않고 얼마나 완고하게 자신의 의견을 고수하는지를 관찰하며 그 토론을 계속 내버려 두었다. 결국 그는 격앙된 목소리로 필사적인 노력을 하더니 끝내 쿵쾅거리며 교실 밖으로 나가 버렸다.

그의 정체성은 자신의 생각으로 둘러싸여 있었기 때문에 자신이 틀렸다는 위기를 감당할 수가 없었다. 자신의 생각이 다른 사람들과 반대라는 것을 받아들이는 일은 자기 자신이 틀렸다는 것이었고, 그것은 자신의 가치감을 완전히 평가절하 하는 일이었다.

또 다른 사람들은 집, 직장, 학교 등과 같이 이런저런 종류의 구조 속에 우리의 안정을 둔다. 심지어 변화에 대한 생각을 하는 것만으로도 과잉 반응이 일으키기도 한다. 그러나 그러한 완고함은 우리의 발전을 가로막는 장애 요인이 된다. 아내가 봄맞이 집안 청소를 하며 남편이 좋아하는 의자를 옮겨 놓을 때, 완고함을 보이는 남편에게도 이 왜곡된 벽돌을 볼 수 있다. 자신이 좋아하는 어떤 구조를 옮기거나 제거할 때 어떤 반응을 보이는가? 우리의 정체성은 우리 주위의 친숙함에 둘러싸여 있는가?

| **고집**(stubbornness)

성경에는 고집 센 당나귀에 대한 이야기가 나오는데(민 22:22-33), 정작 고집이 센 것은 그 당나귀의 주인인 발람이었다. 어느 이른 아침, 그는 말에 안장을 얹고 긴 여행을 떠난다. 그런데 얼마 못 가서 그 당나귀가 갑자기 길을 바꾸어 밭으로 들어간다. 화가 난 주인은 그 당나귀를 때리며 다시 길로 들어서게 하려고 애쓰지만 오히려 당나귀는 돌 벽에 자기 몸을 밀쳐서 주인의 발을 상하게 한다. 그는 엄청 화가 나서 또다시 당나귀를 때린다. 그 주인은 자신의 당나귀가 칼을 빼어든 채 길을 막고 서 있는 천사 때문에 그런 반응을 보인다는 사실을 알지 못했다. 그 당나귀는 자기 주인이 칼로 공격을 당하지 않도록 보호하려고 3번이나 길옆으로 벗어났지만, 그때마다 주인은 당

나귀에게 채찍질했다. 마침내 그 당나귀가 등에 주인을 태운 채 주저앉아 버리자, 주인은 당나귀에게 자신에게 칼이 있었다면 죽였을 것이라고 위협한다. 그런데 그때, 그의 눈이 열려 자기 앞에 칼을 빼 들고 서 있는 주님의 천사를 보게 된다.

발람의 이야기에서 볼 수 있듯이, 인간의 지독한 고집은 하나님의 치열한 싸움 대상 중 하나이다. 고집은 흔히 새로운 상황에서 발생하는 우리의 불안정 때문에 일어나는데, 이는 우리가 하나님을 신뢰하거나 그분께 순종하는 것을 방해한다. 고집은 또한 오랜 시간 동안 발전한 습관이 하나의 유형으로 굳어져서 나타나기도 하는데, 특히 지위를 오용하거나 남용한 권위자를 향한 습관적 유형에서 나온다.

| 배우려 하지 않는 태도(unteachableness)

어떤 사람들은 뭔가 새로운 것을 배우기를 어려워한다. 그들이 가진 정체성의 대부분이 그들의 지식 속에 감싸여 있기 때문에, 그렇게 하는 것은 자기가 낮아지는 것이라고 생각한다. 인생에서 일어나는 도전에 융통성 있게 적응하고 새로운 것을 배우면서 지혜가 자라게 하는 대신, 그들은 정체감의 위기 속에 빠지고 만다.

배우려 하지 않는 태도가 교회 역사에서도 많은 분열을 촉진시켰음을 확인할 수 있다. 성경은 우리가 모두 교리에 동의할 때 하나 될 것이라고 말하지 않는다. 대신 그 어떤 것도 우리를 하나님의 사랑에서 끊을 수 없다고 말한다. 지식이 아닌 사랑이 우리가 서로 배우도록 촉진시켜 주는 윤활유의 역할을 한다. 우리는 서로 사랑하며 진리를 나누고, 모든 지식의 근본이신 그리스도의 장성한 분량에까지 자랄 수 있다.

영적 영역

이 마지막 영역은 영에 속한 것으로, 인간은 이 부분을 통해 본체가 되는 보이지 않는 영적 세계와 관계한다. 자신에게 해당하는 성격의 벽돌에 계속해서 표시하라.

| **망상**(delusions)

기만이 만성화되면 그것이 망상으로 발전할 수 있다. 한 중년 여성의 경우, 한때 외도를 한 적이 있는 남편을 용서하기가 매우 어려웠다. 아주 일시적인 변덕스러운 기분이나 공상이 일어나기만 해도 그 여성은 머릿속에서 남편이 다른 여성과 함께 있는 모습을 그렸다. 그런 망상을 증명할 만한 사실이 아무것도 없었음에도 그들의 결혼 생활은 그러한 긴장으로 거의 파괴되어 가고 있었다. 망상이 지속될 경우, 그것은 정신 이상의 단계인 편집증으로 발전하여 전문적인 치료가 필요할 수도 있다.

| **원망**(resentment)**과 쓴 뿌리**(bitterness)

원망은 용서하지 않았을 때 마음속에서 일어나는 감정이다. 말이나 행동, 또는 어떤 반응이 우리를 아프게 하고 상처를 주면, 우리는 그것을 용서할지, 아니면 마음에 품고 있을 것인지를 선택해야 한다. 만약 용서한다면 우리는 우리의 죄도 하나님께 용서받을 수 있는 기회를 얻게 된다. 그러나 마음속에 원망이 생기도록 허락할 경우, 우리는 하나님의 용서를 위한 길목에 장애물을 놓고 쓴 뿌리가 들어오는 문을 열어 놓게 된다.

성경은 쓴 뿌리가 나서 괴롭게 하고 많은 사람이 이로써 더러움을 입을까 두려워하라고 경고한다(히 12:15). 우리의 마음속에 쓴 뿌리를 허락하면, 그것은 잡초처럼 억센 뿌리를 우리 마음을 다 장악할 정도로 깊이 뻗어 내려 정신, 영혼, 육체까지 더럽힌다.

하와이에 거주할 때 정원의 어떤 잡초가 정말 골칫거리였던 적이 있다. 크기가 단지 5cm 정도일 때 그 잡초의 뿌리를 뽑는 것은 그리 어렵지 않았다. 그러나 그 뿌리를 내버려 두었더니 나중에는 기다란 수도꼭지 같은 그 뿌리를 제거하려고 곡괭이가 필요하게 되었다.

서로 용서하는 것이 사랑이 의미하는 전부다. 용서치 않을 때 우리의 영은 쓴 뿌리를 품게 되고 굳어진다. 쓴 뿌리는 수많은 결혼 생활, 가정, 사회를 파괴시켰다. 우리는 그것이 우리마저 파국으로 몰아넣기를 원치 않는다. 쓴 뿌리는 또한 정신적, 육체적 이상을 초래할 수도 있는데, 먼저 용서가 이루어진 후에야 비로소 성공적인 치료가 가능하다.

| **비판**(criticalness)

비판적인 태도는 불만족으로 인도하고, 불만족은 감사와 고마운 마음을 몰아낸다. 그렇게 되면 우리는 우리에게만 집중하게 되고 그것은 결국 자기 연민의 형태가 나타나게 된다. 우리는 매사에 혹평을 하는 자신의 성향을 '긍정적인 비판'으로 가장할 수도 있다. 그러나 그것은 파괴적인 성향을 가지고 있기 때문에 오히려 정반대의 것이 어울린다. 지나치게 비판적인 성향은 부정적인 것이며 다른 사람들을 파괴할 수 있다. 우리는 우리를 예리하게 만드는 '비판적 사고'와 다른 사람을 무너뜨리는 '비판의 영'이 가진 차이를 분별하는 법을 배워야 한다.

| **지배**(controlling)**와 소유욕**(possessiveness)

이 두 벽돌은 인간의 마음을 둘러싼 벽 속에서 매우 밀접하게 연결되어 있다. 그 이유는 하나가 또 다른 하나로 인도하기 때문이다. 우리는 불안정과 상처 때문에 우위를 유지하려는 노력의 일환으로 지배에 의존할 수 있다. 우리가 반복적으로 지배라는 수단을 사용하면 그것은 소유하려는 성향으로 발전하고, 그렇게 되면 우리는 다른 사람의 인생을 우리가 대신 살려고 하게 된다. 이러한 왜곡은 개별성을 질식시키기 때문에 인간관계에 치명적인 흉기가 된다.

| **조종**(manipulation)

이제 우리의 벽을 이루는 벽돌 중에 가장 강력한 벽돌이라고 여겨지는 것에 초점을 맞추려 한다. 조종은 악하고 파괴적인 성격의 측면으로, 사랑을 가장하고 있으나 사실은 사랑을 방해하고 파괴한다. 이 때문에 조종은 가정의 분열과 결혼 생활의 갈등을 초래하는 주된 요인이 된다.

조종은 '기만적이고 간접적으로 사람이나 사물을 지배하려는 시도'라고 정의할 수 있다. 웹스터 사전은 조종을 음흉하다는 말로 설명하는데, 그 의미는 다음과 같다.

- **배반하는**(treacherous): 덫을 놓을 기회를 기다리는
- **유혹하는**(seductive): 해롭지만 마음을 끄는
- **교묘한**(subtle): 점진적으로 축적된 효과를 노리며, 정체를 드러내기 전에 기반을 잘 닦아 놓으려고 아주 서서히 발전시켜 나가는

조종은 본래 부정직한 것이다.³ 그러나 이와 반대로, 사랑은 정직을 기반으로 움직인다. 조종하는 사람은 부정직하며, 속임, 계략, 꾸민 행위와 역할 등으로 인생을 살아가기 때문에 그 사람의 진면목을 분별하기가 어렵다. 조종하는 사람은 인생으로 계속 게임을 한다. 그러나 사랑하는 사람은 자기 자신에 대해 자유롭고 편안하다. 그는 성실함을 바탕으로 진실하고 열린 마음으로 다른 사람을 대한다.

조종의 두 번째 측면은 현재 무슨 일이 일어나는지 깨닫지 못하는 것이다. 조종하는 사람은 시야가 좁아서, 자신이 보고 싶은 것만 보고 듣고 싶은 것만 듣는다. 상황이 흑과 백으로 분명하고 구체적인 용어로 설명되었는데도 조종하는 사람은 마치 그것에 대해 한 마디도 듣지 못한 것 같은 태도를 보일 수 있다. 그는 즉각적인 자신의 이득에만 초점을 맞추고 있어서, 그 양심이 심각하게 마비될 수 있다.

이와 반대로, 사랑하는 사람은 넓은 시야로 주변의 여러 가지 것을 자유롭게 받아들일 수 있다. 그는 여유롭고 편안하며, 자연, 음악, 예술 등 이 세상의 아름다움을 만끽할 수 있다.

조종의 세 번째 측면은 지배다. 조종하는 사람은 마치 장기를 두는 사람이 "장이요"를 외치며 상대방을 궁지에 빠뜨리는 것을 궁극적인 목표로 하듯 그렇게 인생을 살아간다. 조종하는 사람은 어떤 대가를 치르더라도 자신이 지배권을 가져야만 만족한다. 따라서 언제나 인생이라는 게임에 집중한다. 반대로 사랑하는 사람은 지배할 필요가 없으며, 자유롭게 표현하며 여유를 누린다.

조종의 네 번째 측면은 불신이다. 조종하는 사람은 관계 속에서 다른 사람을 신뢰하기 매우 어렵다. 이러한 어려움은 자기 자신만을 믿고 의지하게 한다. 조종하는 사람은 줄곧 관계에서 계속 어떻게 우위를 차지하며 어떻게 지배할 것인가를 생각하는 반면, 사랑하는 사람은 모든 관계를 누리고 즐긴다. 이는 다른 사람을 신뢰할 수 있는 자유가 있기에 가능한 것이다.

안타까운 사실은 오늘날 대부분 결혼이 그 출발부터 조종에 뿌리를 두고 있다는 점이다. 남자는 사랑을 받으려고 여자와 결혼한다. 또한 여자는 안정감을 얻으려고 남자와 결혼한다. 이 두 가지 모두 조종에 속하며 허술하기 그지없는 기반이다.

사랑은 무엇인가?

성경이 말하는 사랑은 무엇인가? 사랑은 주기 위해 관계를 발전시키고 조종은 얻기 위해 관계를 발전시킨다. 하나님이 세상을 이처럼 사랑하사 우리를 소유하셨다? 그렇지 않다! 하나님이 세상을 이처럼 사랑하사 우리에게 독생자를 주셨다(요 3:16). 사랑에 대한 우리의 개념이 너무나 왜곡되어 있기 때문에 우리가 가진 사랑의 동기는 무엇을 얻기 위한 것이 되어 버렸다. '나는 아내가 필요해.' 또는 '나는 남편이 필요해.' 그러나 이는 하나님이 설계하신 결혼의 동기가 아니며 하나님께로부터 비롯된 사랑의 다림줄을 따르고 있지도 않다. 오늘날 사회에서 사랑은 너무 자주 왜곡된다. 대중매체는 사랑이라고 부르는, 그러나 사실은 정욕에 불과한 그것을 우리에게 끊임없이 주입한다.

조종의 종류

이제 조종하는 사람의 4가지 유형을 살펴보자.

1. 적극적 조종자 이 사람의 목표는 어떤 대가를 치르더라도 지배권

을 유지하는 것이다. 그는 자신의 약점을 직면하고 싶어 하지 않으며, 자신의 강점만을 내세우면서 언제나 우두머리가 되기 원한다. 그는 자신이 맺은 관계 속에서 강자로 등장하며 가능한 한 언제나 다른 사람들을 이용한다.

2. 수동적 조종자 이 사람은 적극적인 조종자보다 파악하기가 좀 더 어렵다. 그 이유는 그가 조종을 드러내는 표현 방식이 그리 뚜렷하지 않기 때문이다. 그의 목표는 지배하는 것이 아니며, 오히려 공격을 피한다. 그는 무력하고 연약한 역할을 하며, 흔히 자기 연민이라는 벽돌을 가장해, 잃음으로 얻어 내려는 시도를 한다. 또한 부하의 역할을 하면서 이 위치에서 그가 가진 사랑의 필요를 조종한다. 적극적 조종자가 승리로 자기가 원하는 것을 얻어 내는 반면, 수동적 조종자는 잃음으로 원하는 것을 얻는다.

어느 날 가족들과 함께 친구 집을 방문한 나는 이 두 유형을 분명하게 보여 주는 장면을 목격했다. 우리는 시바라는 개를 데리고 친구 집을 방문했는데, 우리가 부산하게 친구들과 인사를 나누고 있는 동안 뒤쪽에서 목구멍 깊은 곳에서부터 우러나오는 으르렁거리는 소리를 냈다. 깜짝 놀라 뒤를 돌아다보니 시바가 다리를 꼿꼿이 세운 채 머리와 꼬리를 위로 치켜들고 분개한 듯이 금빛 털을 온통 곤두 세우고 있었다. 그 앞의 마당에는 친구의 덩치 큰 검은개가 등을 땅에 대고 누워 다리를 위로 하고 분홍색 혓바닥을 늘어뜨린 채 복종의 자세를 취하고 있었다. 단 몇 분 만에 그 상황은 끝이 났고, 두 개는 서로 쫓고 장난을 치며 시간을 보냈다. 그러나 그 관계 속에서 시바는 우세한 입장에서 자신의 위치를 확립했고 다른 개는 열세한 입장을 취한 것이다.

3. 경쟁적 조종자 이 사람은 능란한 유연성을 갖고 있어서, 상황에 따라 자신의 술책을 바꿈으로써 우두머리가 될 수도 있고 부하가 될 수도 있다. 그의 성격에는 조종을 발전시키는 데 더욱 기술적이고 전문적인 면모가 나타나는데, 그의 목표는 어떤 위치에서든 자신이 원하는 것을 얻는 것이다. 그는 다른 모든 사람을 경쟁자로 본다.

4. 무관심한 조종자 이 유형은 다른 종류의 조종자와 구별되는데, 그는 우두머리도 좋아하지 않고 부하도 좋아하지 않는다. 사실 그는 그런 종류의 사람들을 좋아하지 않으며 자리다툼 같은 것에는 관심이 없다고 주저 없이 말한다. 그러나 관심이 없다고 말할 때 그는 사실 교묘한 방법으로 자신을 조종하는 것이며, 자신이 정말로 어떻게 느끼는지 인정하지 않음으로 자신을 속이는 것이다.

그는 늘 신경을 쓰며 상황이 어떻게 돌아가는지 관심을 둔다. 그러나 이러한 사실들을 부인하고 억압함으로 자기 자신을 조종하고 있는 것이다. 그리고 이 모든 것을 사랑이라는 이름으로 행하는데, 이는 관계를 파괴하는 교묘하고 강력한 수단이다.

조종자는 결코 쉬지 않는다. 마치 끊임없는 장기 게임처럼 그들은 자신들의 목표를 획득하려고 긴장감과 압박감 속에서 지낸다. 그들이 닿으려고 하는, 그러나 결코 얻지 못하는 그것은 무엇인가?

우리가 거절이라는 인간적인 다림줄을 따라 끝까지 가 보면 자기거절의 최종적인 행위는 자살이라는 것을 분명히 알 수 있게 된다. 자살이 죽음의 원인으로 증가하고 있는 현 상황은 우리에게 크나큰 경종을 울린다.

한편, 우리가 반항이라는 인간적인 다림줄을 우리 인생의 기준으로 삼을 경우, 우리는 살인이라는 죄를 저지르는 결말을 보게 될 가능성이 더 크다. 이 경우 우리는 분노를 우리 자신이 아닌, 다른 사람에게 분출한 것이다.

유일한 선택

당신은 거절이나 반항의 인간적인 다림줄을 따르는 것에는 한계가 있다는 사실을 느끼고 있을 것이다. 그렇다면 다른 선택이 있는가? 그렇다. 하나님의 참된 다림줄이 있다. 그러나 기다리라! 당신이 이 다림줄을 따를 때 수반되는 전제를 생각해 보아야 한다. 우리가 자살과 살인을 피해 하나님의 다림줄을 받아들인다면, 우리는 그것들 대신에 십자가에 못 박히는 것을 수용해야 한다. 당신은 "이 얼마나 엄청난 선택인가!"라고 말할지도 모르겠다.

십자가에 못 박힌다는 것은 무엇을 뜻하는가? 그 핵심은 우리가 하나님의 다림줄을 따르려 한다면 기꺼이 그리스도의 십자가도 받아들여야 한다는 것이다. 우리는 우리의 육체가 가진 육적이고 더러운 욕구, 우리를 내던져 이쪽저쪽을 왔다 갔다 하며 반응하게 하는 그 욕구를 십자가에 못 박아야만 한다.

또한 우리는 기꺼이 이전의 욕망을 날마다 씻어 내고 진리와 사랑 가운데서 새로운 욕구를 따라야 한다. 그것은 이기심, 자기 중심주의, 정욕과 욕심을 십자가에 못 박아 그리스도가 우리 안에 사실 수 있도록 허락하는 것이다. "자기 목숨을 얻는 자는 잃을 것이요 나를 위하여 자기 목숨을 잃는 자는 얻으리라"(마 10:39).

다음 장에서는 우리가 세운 벽이 어떤 방식으로 여러 가지 성격을 형성하는지 살펴볼 것이다. 그리고 이런 벽돌의 효력이 그 개인, 가정, 사회 속에 얼마나 큰 영향을 미치는지 알아볼 것이다.

적용

이제 자신의 삶에 있다고 표시한 그 벽돌들을 다시 생각해 보라. 당신은 어떻게 그것들을 당신의 마음에 쌓아 올리게 되었는가? 그 뿌리를 추적해 볼 수 있는가?

그 벽돌들을 쌓게 된 원인이 되는 상황을 깊이 생각해 보라.

그것이 아직도 당신에게 영향을 미치고 있는가?

다른 사람, 다른 방법

7장

　우리 마음의 벽에 쌓인 벽돌들을 검토하는 것은 우리를 우울하게 만들 수 있다. 특히 그러한 것들이 얼마나 오랫동안 우리의 삶 속에 깊이 개입되어 있었는지를 생각할 때 더욱 그렇다. 그 벽들은 우리의 방어 체계를 상징할 뿐만 아니라 거절 또는 반항의 기반에서 드러나기 시작하는 성격 유형들을 상징한다. 이 장에서 우리는 4가지의 가능한 성격 유형을 살펴보고 그것들이 어떻게, 왜 발전하게 되었는지 이해하는 데 초점을 맞출 것이다. 이러한 것들은 단지 하나의 모형이 아니라 우리 가운데서 흔히 볼 수 있는 성격들이다.

　성품(character)의 발달을 고려하여 생각해 볼 때, 성격(personality)에는 선천적으로 타고난 것과 후천적으로 얻어진 것의 두 가지 측면이 있다. '천성'과 '교육'의 논쟁은 성격에서 고정된 것과 변할 수 있는 것 사이에 확실한 선을 긋는 것이 항상 쉽지만은 않다는 사실을 보여 준다.

그러나 성경은 우리에게 어떤 지침을 준다. 이 연구에서 우리는 에베소서 4장 13절에 나오는 습득된 것, 즉 변화가 가능한 후천적인 측면을 살펴보려고 한다. 이 말씀에서 바울은 우리가 그리스도 안에서 성격이 완성되기까지 자랄 필요가 있다고 말한다.

| 순종형 그리스도인

거절의 다림줄을 기준으로 한 순종형 그리스도인은 필요를 채우려 권위자에게 다가간다. 다음은 우리가 그를 더 잘 이해하도록 돕는다.

- "원하는 것은 무엇이든 도와줄게요."
- "언제든지 당신을 위해 봉사할게요."
- "당신에게 충성할게요."
- "나는 항상 당신을 인정해요."
- "당신을 위해 규칙적으로, 충실하게 기도할게요."

하지만 다른 측면에서 보면, 그는 권위자에게 다음과 같은 내용을 기대한다.

- "나를 좀 봐 주세요."
- "나를 인정해 주세요."
- "내게 잘 해 주세요."
- "내 말을 들어 주세요."
- "내게 신경을 써 주세요."

순종형 그리스도인

- "내가 필요로 할 때 내 곁에 있어 주세요."
- "결코 나를 슬프게 하거나 거절하지 마세요."

순종형의 사람은 굉장한 봉사자요, 조력자가 될 수 있다. 종종 그들의 지도자보다 한 발 앞서 있는 이들은, 민감하며 사람을 돌볼 줄 알 뿐 아니라 능률적이며 효과적이다. 상담이나 목회와 관계된 사역에 참여하는 일이 그들의 마음을 끈다.

순종형 그리스도인이 하는 말들은 아래에 나오는 두 가지 주요 반응으로 요약할 수 있다.

- "당신이 원하신다면 무엇이든 하겠어요."
- "제발 나를 사랑해 주세요."

순종형의 사람은 그들 자신과 그들이 관계하는 사람들 모두에게 대단히 위험할 수 있다. 인정과 사랑에 대한 그들의 필요는 원칙과 진실이 희생되는 한이 있더라도 채워야만 한다. 그들은 꾸물거리는 경향과 사람을 기쁘게 하려는 경향이 있다. 사랑을 받고 인정을 받고자 하는 지나친 욕구 때문에 그들은 종종 부도덕과 관련된 덫에 걸려든다. 만일 권위자가 그들을 실망시킬 경우, 그들은 그것이 사실이든 그들의 상상이든 거절 또는 우울의 깊은 수렁 속에 빠져든다. 이런 일이 더 많이 일어나면 그들은 더 많이 뒤로 물러나게 되고, 앞으로 맺는 관계에서 다른 사람을 신뢰할 수 있는 능력도 줄어든다. 너무나 많은 우리의 영적 지도자가 그들 자신의, 혹은 다른 사람의 순종형 성격으로 교묘한 덫에 굴복당했다.

전형적인 순종형의 사람은 사무엘상에서 볼 수 있는 사울이다(삼상 15:24). 사울은 전쟁에서 승리한 후에 아말렉 사람들을 멸하는 것에 대한 하나님의 지시를 무시했다. 사람의 칭찬과 인정을 구하며 그는 갈멜에 자신을 기리는 기념비를 세웠다. 사울은 사람을 두려워했고 그들의 인정을 받기 원했기 때문에 하나님을 경외하지도, 그분께 순종하지도 않았다. 안타깝게도, 하나님보다 사람을 두려워하는 이러한 성향은 점차 그의 지도력을 쇠퇴하게 만들었고, 결국 그의 왕국을 완전히 잃어버리게 되었다. 순종형 그리스도인이 너무 많은 퇴보를 겪게 되면, 다음에 나오는 성격 유형으로 옷을 바꿔 입을 수 있다.

'할 수 없어' 유형의 그리스도인

'할 수 없어' 유형의 그리스도인이 하는 말들은 다음과 같다.

- "아무도 더는 내게 신경 쓰지 않아!"
- "무슨 일이 일어나는지 내게 말해 주는 사람은 아무도 없어."
- "내 이야기를 들어 주는 사람은 아무도 없어."
- "아무도 더는 날 찾아오지 않아."
- "내가 약하거나 아플 때 날 위해 기도하는 사람은 아무도 없어."
- "아무도 날 좋아하지 않아."

우리가 '할 수 없어' 유형의 성격을 가진 사람에게 다가가면 어떤 단계에서든 분명 이러한 말들을 듣게 될 것이다.

- "노력해 봤자 아무 소용없어."

그림 14

'할 수 없어' 유형의 그리스도인

7장 다른 사람, 다른 방법

- "난 번번이 실패만 했어."
- "난 내가 실패자라는 걸 알아."
- "난 결코 그것을 할 수 없어."
- "난 언제나 이 모양이야."
- "더는 못 하겠어."
- "난 그만두겠어!"
- "난 포기하겠어!"
- "하나님, 왜 모든 일이 잘 되게 하시지 않는 거죠?"

이러한 부정적 유형은 오늘날 사회에서 너무 흔히 볼 수 있는 성격 유형 중 하나다. 여기 나타나는 주요 내용 두 가지는 이것이다.

- "아무도 날 사랑하지 않아요."
- "난 포기하겠어요."

어느 날, 상담실의 문이 열리며 아무렇게나 옷을 걸쳐 입은 한 젊은이가 들어왔다. 외모상으로 볼 때는 분명히 젊은 사람이었는데 너무나 구부정한 어깨와 절망적인 모습 때문에 훨씬 더 나이 든 사람처럼 보였다. 고개를 숙인 채 양탄자 위로 발을 질질 끌며 걸어오는 그의 눈이 재빨리 슬쩍 방을 둘러보았다.

그는 우리의 질문에 알아듣기 힘들 만큼 작은 목소리로 짧게 대답했는데, 그나마도 긴장이 되어 있었다. 우리는 그를 돕고 싶었지만 우리가 말한 그 어떤 것도 그에게 영향을 주는 것 같지 않았다. 마치 그가 갑옷 안에 들어가 있어서 그 장벽을 무너뜨리려는 우리의 노력이 결코 갑옷을 뚫고 들어가지 못하는 것처럼 느껴졌다. 시간을 연장하여 상담을 하고 나서, 우리는 그가 희망이라고는 전혀 갖고 있지 않다는 사실을 깨달았다. 그는 수년에 걸쳐 내적 갈등을 겪어 왔는데, 정욕에 빠진 자신에 대한 죄책감으로 괴로워했다. 그가 우리에게 도움을 구하러 왔을 때에는 이미 너무나 깊이 우울증에 빠져 있었기 때문에 우리가 할 수 있는 일이란 거의 없어 보였다. 그의 위기는 만성이 되어 버렸고, 그는 현실 세계에서 살아남으려고 조울증 속에서 공상의 세계로 도피했다. 이 일은 내게 극적으로 "죄의 삯은 사망이요"(롬 6:23)라는, 하나님 말씀의 진리를 보여 주었다.

수잔은 어렸을 때 앓았던 병 때문에 가벼운 장애가 있었다. 수잔이 기억할 수 있는 만큼 과거를 돌아보았을 때, 그것 때문에 또래 친구들에게 놀림감이 되었던 것이 생각났다. 그 결과 수잔은 자신에게 필요했던 사랑과 인정을 받으려고 부모, 선생님, 또래 친구들을 기쁘게 하려는 노력을 계속했다. 매력적인 여성이었던 수잔은 일찍 결혼하여 여섯 명의 아이를 낳았다.

이내, 남편과 가족을 기쁘게 하려는 수잔의 노력은 실로 하나의 투쟁이 되어 버렸다. 그런데 쌓이는 것은 수잔이 바라던 인정이 아니라 비판뿐이었다. 무엇을 하든 그것은 결코 남편을 만족시켜 주지 못했다. 음식은 너무 익었거나 설익었으며, 옷은 다림질이 제대로 되지 않았거나 주름이 바로 잡혀 있지 않았고, 집은 한 번도 제대로 정돈된 적이 없었다. 수잔이 한 어떤 것도 남편의 인정을 받을 수가 없었다. 남편은 그를 기쁘게 하려는 아내의 모든 노력을 무시했다.

점차 세월이 흐르면서 수잔은 남편을 위해 하던 자질구레한 집안일을 놔둔 채, 점점 더 많은 시간을 TV 앞에서 보냈다. 기쁘게 해주려던 바람이 거절당했기 때문에, 수잔은 순종형 옷을 벗어 던지고 '할 수 없어' 유형의 갑옷으로 바꿔 입었다. 그리고 뒤로 물러나 버렸다.

이러한 성격의 또 다른 예는 모세다. 거절 속에 태어나고 자란 모세는 자신의 백성에게 거절당하자 결국 자신의 생명을 위해 도망을 치게 된다. 40년이 흐른 뒤, 하나님이 그분의 백성을 노예 생활에서 이끌어 내도록 그를 부르셨을 때, 모세는 이러한 성격의 소유자가 반응하는 전형적인 대답을 한다. "난 할 수 없어요!"(출 4:1, 10, 13).

'할 수 없어' 유형이 인생에서 참고하는 기준은 '순종형'과 마찬가지로 거절의 다림줄이다. 그러나 그들 '할 수 없어' 유형은 권위자에게 다가가는 대신에 뒤로 돌아서서 어떤 도움도 거절한다. 권위자에게 심한 상처와 고통을 받은 후, 흔히 그들이 다른 사람에게 갖는 신뢰도 점점 감소한다. 그들은 또다시 상처받는 것이 두려워 모든 사람에게서 물러나 갑옷 속에 숨어 버린다. 그들이 받은 상처가 깊으면 깊을수록 그들의 갑옷은 더욱 뚫고 들어가기가 어렵고, 그들은 '결코 다시는 상처받지 않겠다!'라고 맹세한다.

이제 수동적인 거절에서 좀 더 공격적인 반항으로 바꿔 두 가지 성격 유형을 더 살펴볼 것이다. 첫 번째 유형은 그의 또 다른 짝인 순종형에 비해 권위자에게 다가가는 데 좀 더 공격적인 모습을 보인다.

| '경쟁적인' 그리스도인

오늘날과 같은 인본주의 시대, 즉 사랑과 용납을 받으려고 뭔가를 수행하려는 이 시대의 모습에 가장 근접한 성격 유형이 바로 '경쟁적인' 유형이다. 아마 이 경쟁적인 성격은 서구 문화에서 가장 흔히 나타나는 모습일 것이다. 경쟁적 성격의 소유자와 함께 있는 사람들은 종종 그들이 이렇게 말하는 것을 듣게 된다.

- "나는 어느 누구보다도 그 일을 더 잘 할 수 있어요."
- "나는 그것을 다 알고 있어요. 나에게 부탁만 하세요."
- "그것을 어떻게 해야 하는지 내가 가르쳐 드릴게요."
- "나는 당신이 찾고 있던 바로 그 사람이에요."
- "휴가나 보내면서 시간을 낭비하지 마세요."
- "감상적이 되지 마세요."
- "강해져야 해요. 약점을 보이지 마세요."

하지만 다른 면에서 보면, 이 사람은 누군가 인정하는 말을 해주길 기대하며 말이나 그 밖의 방법으로 다음과 같은 의사를 전달한다.

- "내가 일을 얼마나 잘 하는지 봐 주세요."
- "내 뛰어난 재능과 기술을 알아주세요."
- "내가 얼마나 없어서는 안 될 사람인지 보세요."
- "나 자신과 내가 한 일을 칭찬해 주세요."
- "내가 완벽하다고, 나를 행복하게 해주겠다고 말해 주세요."
- "결코 내가 실패자라고 말하지 마세요."

이 사람이 말하는 내용은 이것이다.

- "나는 완벽해요. 당신은 나를 사랑하는 것 외에 다른 선택을 할 수 없어요."

'경쟁적인' 그리스도인

그는 어릴 때부터 사랑받고 인정받으려면 끊임없이 성취해야 할 뿐 아니라, 더 잘하려고 계속해서 분투해야 한다는 생각을 품어 왔다.

'미성숙한 전도자'가 이 유형의 대표적인 예다. 초인적인 에너지를 과시하며 마을로 뛰어든 그는 일급 대우를 고집한다. 가장 좋은 호텔, 최고급 레스토랑, 전화 무료 사용, 그리고 모든 계산은 교회가 처리해 줄 것으로 기대한다. 그는 열정적으로 설교를 하며 열광적인 믿음을 선동하지만, 그가 마을을 떠나고 먼지가 걷히기 시작하면 서서히 진실이 드러난다. 그의 뒤에는 이용당하고 조종당한 고통으로 아파하는, 상처 입은 사역자들의 흔적이 남는다. 그러한 경쟁적 성격은 사역을 수행하려고 사람들을 이용한다. 그들에게 사람은 없어도 되지만 사역은 그렇지 않다. 그들은 전형적인 '과도한 성취가' 유형이 될 수 있으며, 전력을 다해 수행하는 동안 우울증에 빠지고 약해진다.

마라톤 경기에서 한 선수가 전 구간을 전력으로 질주하려 한다고 한 번 상상해 보라. 전력을 다하고 나면 다른 사람들보다 앞서 있긴 하겠지만, 탈진하여 땅에 쓰러지게 된다. 모든 힘을 집중시켜 또다시 그 과정을 반복하다가, 몇 차례에 걸친 전력 질주로 인해 그의 체력은 급속히 떨어지기 시작한다. 마침내 그는 다른 선수들 뒤로 처져, 첫째가 아니라 마지막 주자가 되고 만다. 그 경기를 마치려고 분투하는 동안 탈진, 절망, 낙담이 그를 덮는다.

이 마라톤 선수와 '미성숙한 전도자'와 같이 경쟁적인 그리스도인은 탈진의 결과로 정신적, 신체적인 질병을 얻을 수 있다. 흔히 하나님은 이러한 사람의 사역에 몰아닥친 폭풍(가정 붕괴, 경제 파산 등)으로 그의 주의를 끌려고 노력하신다. 하나님은 말을 타고 복음의 길을 달리는 그에게 올가미를 던져 그를 땅바닥에 쓰러뜨리신 후 이렇게 말쓸하신다. '내가 너에게 이야기 좀 해도 되겠니?' 질병이나 재난이 일어난 것에 대해 하나님을 비난할 수 없다. 그분은 확실히, 이러한 자극을 많은 사람의 삶 속에서 기회로 사용하고 계신다.

성경에 나타난 경쟁적 성격의 예는 야곱이다(창 27-30장). '찬탈자'로 알려진 야곱은 장자권 때문에 그의 형 에서를 속인다. 그러고 나서 그는 장자의 축복을 받고자 나이 많은 아버지를 속이고, 결국 자신의 생명을 보전하려고 도망가지 않을 수 없는 처지에 놓이게 된다. 하란에서 보낸 20년 세월은 야곱에게 아무런 기쁨이 없는 시간이었다. 거기서 그는 조종에 대해 그의 경쟁 상대라 할 수 있는 삼촌 라반을 만난다. 성취하고 경쟁하며 오랜 세월을 보낸 야곱은 마침내 자신의 한계에 부딪치는 사건과 마주하게 된다. 하나님께 대항하는 야곱의 일생에 걸친 싸움은 형 에서를 만나러 가는 여행 중에 주의 천사와 씨름하는 사건에서 절정에 달한다. 결국 야곱은 외적으로는 절뚝거리게 되었으나 내적으로는 새롭게 되어, 한때는 끊임없이 수행하는 자요, 조종하는 자였던 야곱이 '이스라엘'로 바뀐다. 그 말은 '하나님과 함께하는 왕자'라는 뜻이다.

빌은 학교나 축구 경기 등에서 그가 잘했을 때에만 사랑과 인정을 주는 부모님 밑에서 자랐다. 그리스도인이 된 후, 빌의 내면에 깊이 자리 잡은 부모님과의 관계는 하나님과의 관계로 옮겨졌다. 그는 목사가 되었는데, 하나님의 일에 중독이 되어 하나님의 사랑과 인정을 얻고자 끊임없이 무엇인가를 수행하려 했고, 그러는 사이에 건강은 악화되어 그 일로 가족들도 고통을 겪게 되었다. 그는 자주 우울한 감정에 사로잡혔는데, 그 우울한 기압골의 영향 아래 있던 어느 한 시기에 순종형이라 할 수 있는 한 사역자와 부도덕한 일을 저지르게 되었다. 빌은 상대를 기쁘게 해주어 자신이 가진 사랑의 필요를 채우려 했던 것이다.

경쟁적 성격을 가진 사람들의 특징은 다음과 같다.

- 어렸을 때 그들은 일을 수행하는 것을 배운다.
- 그들은 오직 잘 했을 때에만 인정을 받았다.
- 그들은 실패에 대한 실제적인 두려움을 가지고 있다.
- 그들은 찬사를 원하지만 그것을 받을 수가 없다.
- 그들의 자존감의 중심에는 다른 사람들이 자신을 어떻게 생각하는지가 자리 잡고 있다.
- 그들은 사랑받는 존재라는 사실을 받아들이기 어려워한다.
- 그들은 비판을 받아들이지 못한다.
- 그들은 방어적이다.
- 그들은 자발적이지 않다.
- 그들은 규칙을 알려고 한다.
- 그들은 선물을 받으면 반드시 답례로 돌려주어야 마음이 놓인다.
- 그들은 끊임없이 무엇을 수행하려고 애쓴다.
- 그들은 무언가 일하지 않고 인생을 살아가는 것이 큰 짐이다.
- 그들은 아무리 친밀한 관계라도, 그것을 지속하기 어렵다.

| '비판적인' 그리스도인

또 다른 성격 유형은 반항이라는 인간적인 다림줄 주변에서 나타나는데, 그 사람은 더 공격적인 태도를 보이면서 권위자를 멀리한다. 당신은 그들이 이렇게 말하는 것을 들을지도 모른다.

- "내가 일을 얼마나 완벽하게 해내는지 보세요."
- "그 일을 어떻게 해야 하는지 내가 간단히 보여 줄게요."
- "난 내가 옳다는 것을 알아요."
- "내 말을 듣기만 하세요."
- "내가 책임자예요."

한편, 그 비판적인 성격의 소유자는 다음과 같은 거칠고 비난하는 말을 할 수도 있다.

- "당신은 결코 달라지지 않을 거예요."
- "당신은 구제불능이에요. 그것이 당신의 모습이라고요!"
- "당신은 지금 한 그 말처럼 멍청한 사람이에요!"
- "일을 좀 제대로 할 수 없나요?"
- "당신은 항상 일을 엉망으로 만들어요, 안 그래요?"
- "모든 게 다 당신의 잘못이에요."

사실 그들이 말하는 내용은 이것이다.

- "나는 사랑받을 수 없는 사람이에요. 그리고 당신도 마찬가지예요!"

비판적인 성격은 '미성숙한 선지자'의 예에서 가장 쉽게 발견된다. 주일마다 그는 화살을 가득 챙겨 활을 쏠 준비를 하고 교회에 온다. 그는 예배 시간 동안 굉장한 정확성과 효율성을 갖추어 성도들에게 화살을 쏘는데, 모든 사람이 그의 생각을 따르게 만드는 것이 자신

그림 16

'비판적인' 그리스도인

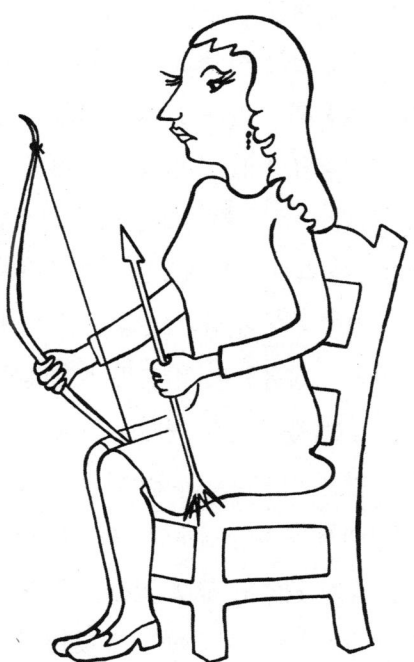

의 역할이라고 여긴다. 그러나 목사는 그 주 내내 그의 양 떼가 맞은 화살을 뽑고 상처를 치료하느라 바쁘다. 담임 목사 역시 자신을 살펴 볼 필요가 있는지도 모른다. 특히 그의 설교가 수준에 못 미치는 것은 아닌지. 물론 그 선지자는 여러 가지 소리를 듣게 되지만, 그는 그 박해를 자신의 부르심에 속한 한 부분으로 생각한다. 그것은 오직 그의 화살이 과녁을 맞혔다는 것을 확인하게 해 주는 것일 뿐이다!

이러한 성격의 이면에는 매우 도전적인 몇 가지 가정이 자리 잡고 있다. 첫째, 그는 사랑에 대한 믿음을 상실했다. 너무나 많은 관계에서 상처를 받은 후 이제 그는 사랑을 단념하고 자신은 사랑을 받을 수 없는 사람이라는 결론을 내린다. 그러나 이러한 상처를 '할 수 없어' 유형의 그리스도인처럼 어떤 갑옷 속에 들어가서 수동적으로 해결하는 대신, 다른 사람을 공격하여 그들 역시 사랑받을 수 없는 사람이라고 확신시키며 공격적으로 대응한다. 그는 다른 사람들도 자신이 겪는 고통을 똑같이 겪어야 한다고 굳게 믿는다!

존의 어머니는 자신이 양육받은 것과 똑같은 방식으로 아들을 길렀는데, 그것은 옳고 그름을 거절의 형태로 가르치는 것이었다. 존은 어머니가 기뻐하지 않는 어떤 일로 어머니의 사랑으로부터 소외되었고 그 아픔을 겪으면서 무엇이 잘못인지를 배웠다. 그 결과로 그는 형편없는 자아상을 갖게 되었고 평생 열등감과 싸웠다. 부모로부터 전달받은 거절은 어린아이들이 자신에 대해 갖는 가치감을 파괴하며 삶에 대한 모든 동기를 상실하게 한다. '징계'와 '사랑'은 항상 병행해야 한다. 만약 존의 경우, '징계'와 '사랑'이 병행되었더라면, 처벌로 받은 상처로 고통 받지 않아도 되었을 것이다.

예수님을 배반했던 유다는 비판적인 성격을 완벽하게 드러내는 인물이다(요 12:4). 그는 예수님과 제자들을 부정적, 비판적으로 대하면서, 예수님의 발에 향유를 부었던 그 여인만을 정죄한 것이 아니라 그렇게 낭비하도록 허락한 예수님도 비난했다. 유다의 그 비판적인 영은 결국 하나님의 아들을 배반하도록 이끌었고, 그 결과로 생긴 비통함과 자기 증오는 마침내 그를 자살로 이끌었다.

결론

우리가 살펴본 성격 유형을 검토하면서, 이 유형을 5장에서 다루었던 조종 유형 4가지와 관련해서 생각해 보는 것이 유익하다.

1. '순종형'의 성격은 수동적인 조종자와 관계가 있다.
2. '할 수 없어' 유형의 성격은 무관심한 조종자와 관계가 있다.
3. '경쟁적인' 성격은 경쟁적인 조종자와 관계가 있다.
4. '비판적인' 성격은 적극적인 조종자와 관계가 있다.

자신의 성격이 어떤 유형에 속하는지 판단해 볼 때, 우리가 단 한 가지 유형으로 제한되지 않는다는 사실을 인식할 수 있다. 나는 처음에는 매우 순종적인 성격을 발전시켰으나 나중에는 내 안에 있는 특정한 사랑의 결핍을 극복하려고 경쟁적인 특성을 발전시켰다. 이렇게 내 안에 있던 인식론을 아는 것과 하나님이 나를 변화시키는 일을 아직 끝내지 않으셨다는 것을 깨달은 것은 내게 큰 도움이 되었다.

이 네 가지 유형 모두 계속 긴장을 초래한다. 이 4가지 범주의 인생은 흔히 여러 가지 스트레스성 장애로 손상을 입는데, 그 장애 증상들은 그들을 쇠약하게 할 뿐만 아니라 파멸로 이끌 수도 있다. 이러한 증상은 매우 다양한 종류의 피부병에서 시작하여 심한 발작과 심장마비에 이르기까지, 실로 광범위하다. 여러 신체적 증상은 그 성격 구조 안에 질병이 만성이 되어 깊이 자리 잡고 있음을 알려 주는 경고일 수도 있다.

지금까지 우리는 우리 마음의 벽들, 그리고 그것을 건축하는 데 사용한 벽돌에 대해 살펴보았다. 또한 능숙한 벽 건축가인 우리에게 익숙한 네 가지 성격 유형도 살펴보았다. 이제 계속해서 그 벽의 뒤쪽을 들여다볼 것인데, 거기에서 우리는 오늘날 이 세계와 교회 안에서 흉측한 머리를 드러낸 교활하고 악의에 찬 요소들 중 하나를 보게 될 것이다.

적용

당신에게 해당하는 것은 어떤 성격 유형인가? 당신의 삶 속에서 그것이 시작하고 발전한 경로를 추적해 보라.

당신의 성격에서 약점이 되는 영역이 어떤 것인지 깊이 생각해 보고, 그것을 변화시키는 전략을 체계적으로 세워 보라.

당신의 약점을 강점으로 바꾸는 데 당신이 할 수 있는 일이 무엇인지 생각해 보라.

우리의 벽

8장

뒤편에서

"오늘날 굶주려 죽는 사람보다 과도하게 먹어서 죽는 사람이 더 많다는 통계가 나왔다. 대부분의 사람들이 그들의 치아로 사실 자신들의 무덤을 파고 있는 것이다!" 이것은 내가 다녔던 의대의 한 교수님이 비만에 대한 강의를 시작하면서 했던 말이다. 이 말은 오래도록 내 기억 속에 깊은 인상으로 남아 있다. 나는 개발도상국과 선진국에서 수년 동안 진료 활동을 하면서 자주 이 말을 되새겨 보았다. 그런데 정말 그 말이 맞다.

정욕은 그것이 드러난 형태든 숨겨진 형태든, 인류가 시작된 이래 엄청난 재난을 불러왔다. 사탄이 처음에 선악과와 하와 사건을 통해 시작한 그때부터 그 장면은 수세기를 거쳐 거듭 재연되어 왔다. 이제 그 벽에 난 구멍을 통해 이스라엘 지도자들이 어떻게 이 '전통'을 고수해 왔는지 알아보자.

성전 벽 옆에 흩어져 있는 돌맹이들을 발로 차면서 선지자는 발을 끌며 안뜰을 가로질러 걸어갔다. 발걸음을 옮길 때마다 뒤쪽에서 작은 먼지 구름이 일어났다. 멀리서 들려오는 개 짖는 소리가 성전의 육중한 돌 벽을 휘감고 있는 불길하고 무거운 침묵을 잠시나마 깨고 있었다. 숙이고 있던 고개를 들어 그 선지자는 앞에 있는 벽을 유심히 살펴보았다. 무엇인가 달라 보였다. 이 벽이 무너지기 시작하는 것일까, 아니면 벽돌 하나가 빠진 것일까? 그 선지자는 빠르게 발걸음을 옮겨 벽에 난 구멍을 바라보았다. 그는 호기심을 느끼며 햇볕에 데워진 돌 위에 얼굴을 바짝 대고 그 구멍을 들여다보았다. 순간 그는 뒤로 물러나고 말았다. 몸 전체에 충격의 물결이 퍼졌다. 대체 어떤 장면이 그의 구릿빛 얼굴을 창백하게 만든 것일까? 선지자 에스겔은 이스라엘의 지도자들이 그 벽 뒤에 숨어서 우상을 숭배하는 향연을 벌이고 있었다고 말한다(겔 8:6-12). 그들은 가나안의 아세라 신상에 경배하면서, 이스라엘의 참된 종교에서 완전히 멀어져 정욕이라는 반항적 행위 속에 빠져들었던 것이다.

그러한 정욕에 관련된 가장 통찰력이 넘치는 내용이 요한1서 2장 15-16절에 나온다. 여기에서는 육체의 정욕과 안목의 정욕을 자기 파괴적인 탐닉으로 설명한다. 안목의 정욕은 유혹과 관계된 것이며 육신의 정욕은 실제로 그 욕망에 굴복하는 것을 말하는데, 결국에는 그 악한 영향력과 지배 아래 놓이게 된다.

정욕

어떻게 그토록 수많은 사람이 정욕으로 가득 찬 습관에 빠져 그 노예가 되고, 그 습관이 건강과 생명을 훼손하고 심지어 파괴하기까지 되었는가? 에스겔서로 돌아가서 인간의 마음에 있는 벽, 우리의 은밀한 죄와 우상 숭배가 벌어지는 그 벽 뒤편을 한번 들여다보자.

우리는 자신에게 상처를 주는 적으로부터 우리를 보호하려고 이러한 방어의 벽을 세운다. 이러한 적들은 그것이 사실이든 상상이든, 인생에 대한 우리의 반응에 지대한 영향을 미친다. 그런데 우리의 벽 뒤에서는 무슨 일이 벌어지는 것일까? 우리는 어떻게 해서 정욕적인 습관의 노예가 되는가? 이러한 질문에 답하는 데 도움이 되는 자료를 살펴보자.

다음의 그림 17에서 A라고 표시된 선은 중요한 권위자에게 거절받은 다림줄을 나타낸다. 기울어진 다림줄처럼 매달려 있는 그 선은 그 사람과 삶의 모든 것을 기울게 만든다. 이러한 거절을 당할 때 그 사람이 처리해야 하는 가장 즉각적인 감정은 상처, 즉 내적인 아픔이다. 환자들 가운데서 이러한 고통을 보는 것이 후에 내가 일반적인 진료 활동에서 보았던 수많은 신체적인 고통보다 나에게 더 커다란 도전이 되었다. 신체적인 고통보다 감정적인 고통으로 괴로움을 겪는 환자들이 더 많았지만, 그 내적인 고통을 덜어 주려고 내가 할 수 있는 일은 거의 없는 것 같았다. 그 해답을 구하는 과정에서 나는 감정적인 고통을 겪고 있는 것이 분명한 환자들에게 몇 가지 질문을 했는데, 특히 많은 여성이 툭하면 냉장고나 과자 상자로 달려간다는 사실을 발견하게 되었다. 곧 그와 비슷한 유형이 드러났고, 나에게 완전히 새로운 이해의 차원이 열리게 되었다. 내가 그들에게 내적인 고통에 어떻게 대처하는지 물어 볼 때마다 그들의 대답은 다음과 같았다.

- "더 먹습니다."

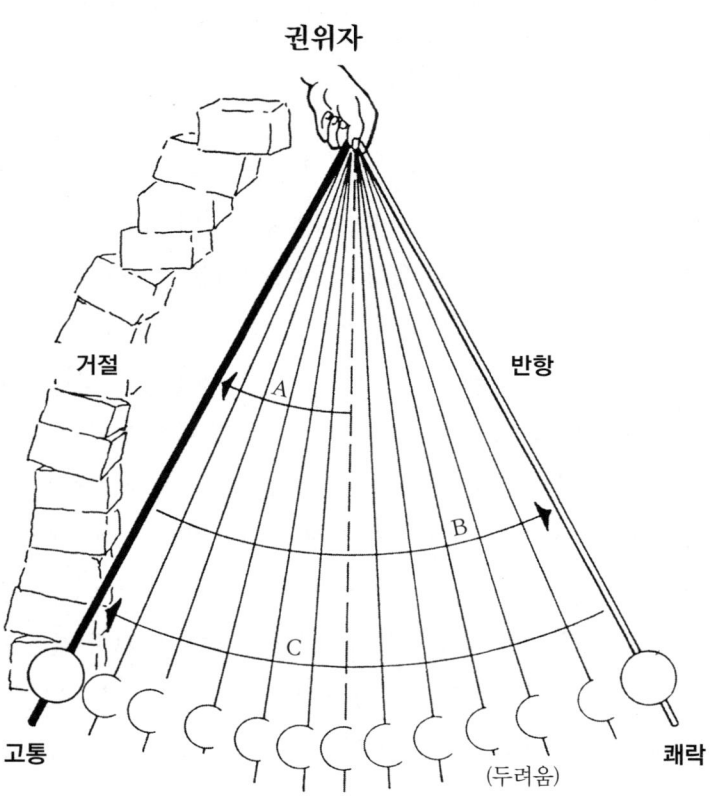

도피의 그네

A. 권위자로부터의 거절
B. 도피
C. 돌아옴

- "더 마십니다."
- "계속 흥청거리며 시간을 보냅니다."
- "마약을 합니다."
- "나가서 이성과 관계를 가집니다."
- "술에 취해 버립니다."

각 경우마다, 환자들은 고통에서 벗어나 안위를 얻으려고 어떤 쾌락을 얻는 쪽으로 도피하려는 시도를 했다. 그림 17에 나와 있듯, 나는 이것을 '도피의 그네'(Flight Swing)라고 부른다. 내 환자들은 그 쾌락이 단지 일시적이며, 나중에는 다시 고통으로 돌아와 그와 똑같은 순환을 계속 되풀이된다는 사실을 받아들이지 않았다. 그림 17에서 B라고 표시한 선은 고통에서 나와 쾌락으로 가는 움직임을 나타내며, C는 결국 그 고통으로 돌아와 또다시 순환이 시작되는 것을 말한다.

내가 이러한 진행 과정을 매우 분명하게 인식한 적이 있었다. 어느 날, 한 중년 부인이 도움을 청하려고 내 사무실로 찾아왔다. 비슬리 부인이라는 이 여성이 처음 꺼낸 말은 자신의 비만에 관한 것이었는데, 흘낏 보고도 더 확인이 필요 없었다. 부인은 이어서 자신의 외모를 마술처럼 변화시켜 줄 수 있는 처방을 요구했다. 그러나 나는 부인에게 먼저 자신과 가정에 대해 말할 필요가 있다고 설명했다.

곧 나는 비슬리 부인의 남편이 알코올 의존자이며 그의 생활 방식이 부인에게 많은 슬픔과 수치를 주었음을 알게 되었다. 분명한 것은 이 여인과 남편, 두 사람 모두, 그들의 삶 속에서 엄청난 고통을 겪었으며, 단지 차이가 있다면 그들이 그 고통을 완화하려고 선택한 쾌락의 종류가 다르다는 것뿐이었다.

이제 그들이 선택한 쾌락은 또 다른 고통이 되어, 비슬리 부인은 점점 더 비대해졌고, 남편은 술 때문에 병을 얻었으며 가족 전체가 점점 가난의 구렁 속에 빠지게 되었다. 여기서 우리는 요한이 말했던, 이른 바 육신의 정욕과 안목의 정욕에 관한 실례를 볼 수 있다.

신경성 식욕감퇴(anorexia nervosa)

'도피의 그네'를 설명하는 또 다른 현상은 신경성 식욕감퇴로, 특히 젊은 여성에게 발견되는 만성 의학적 질병 중 하나다. 그들은 정서적인 상처 때문에 스스로 굶어서 영양실조에 걸리거나 심지어 죽음까지 초래한다. 그런데 이들 중 많은 경우가 부유한 가정의 딸들이다. 그들의 부모는 오직 성공만을 지향하며 자녀에게 엄청난 요구를 하는데, 그것은 흔히 그들의 한계를 넘어선 것이다. 그 부모가 자신들의 기대 수준을 만족시킬 때까지 자녀에게 사랑을 주지 않고 보류했을 때, 그 젊은 여성들은 성취를 위해 종종 광적인 노력을 하게 된다. 그리고 그 밑에는 그 기대를 충족시키지 못한 죄의식과 자책이 잠재적으로 깔려 있다. 내적인 공허감과 아픔이 만성이 되면, 그들은 먹는 쾌락으로 도피한다. 일시적인 쾌락이 끝나면 그들은 자신들이 뚱뚱하게 되어서 더욱 거절받을까 봐 두려움에 사로잡힌다. 그렇게 되면 그들은 대개 그들만의 장소를 찾아 먹은 것을 토하려고 하거나, 설사제로 칼로리를 없애려고 한다. 비만을 피하려고 속이고, 몰래 먹고, 토해 내고, 부인하는 생활 방식을 택한다. 슬프게도, 이러한 여성의 20%가 영양실조 또는 그 합병증으로 목숨을 잃는다. 또 다른 20%는 인정을 받으려는 내적인 욕구 때문에, 고통과 쾌락을 오가는 이러한 순환을 끊어 버리고자 엄청난 고통을 겪는다.

통제할 수 없는 식욕

내 경우도 선생님에게 놀림감이 되었던 아픔으로 어린 시절에 두 가지 습관적인 쾌락을 발전시키게 되었다.

첫 번째는 먹는 것이었는데, 마치 음식이 마약 주사 같았다. 제때에 음식을 먹지 못하면 나는 몹시 신경질적인 사람이 되었고, 그것을 얻으면 동물처럼 마구 삼켰다.

내가 진통제로 사용하던 또 다른 거짓된 위안은 공상의 세계였다. 학교 운동장에서 나는 낄낄 대며 이야기하는 더럽고 정욕적인 내용들을 가지고 나만의 은밀한 공상의 세계 속에 북 치고 장구 치며 그로부터 어떤 위안을 얻으려 했다. 언제나 그렇듯이 그 쾌락은 잠깐에 불과했고, 곧 내 머릿속은 쓰레기통이 되어 버렸다. 나중에 그리스도인이 되고 나서 이 두 가지 습관의 영역은 나에게 가장 커다란 전쟁터였다. 후에 나는 음식과 성, 이 두 가지가 사람들이 흔히 사용하는 도피처이며 종종 그 둘이 서로 관련되어 있다는 것을 알게 되었다.

우리는 음식이나 술에 대한 욕구를 가진 것과 마찬가지로 성에 대한 욕구도 가지고 있다. 상대를 가리지 않는 난잡한 성행위, 음란, 동성연애 등은 오늘날 에이즈의 위협에도 굉장히 만연해 있다. 정욕이 널리 퍼져 있기 때문에 많은 남녀가 지고지순한 형태의 참된 사랑이 무엇인지를 배우지 못한다. 성경은 우리에게 정욕은 상대방에게 요구하며 상대방에게 정욕 그 자체를 강요하는 반면, 사랑은 상대방의 필요를 위해 자신을 희생한다고 이야기한다. 정욕은 어떤 대가를 치르더라도 얻으려 하는 반면, 사랑은 어떤 대가를 치르더라도 주려 한다. 정욕을 채우려는 충동이 더 거칠고 일시적일수록, 흔히 인간관계를 위한 더 섬세하고 장기적인 목표를 짓밟게 된다.

처방된 것이든 불법으로 매입한 것이든, 약물은 이제 그 규모가 수십억 달러에 이르는 방대한 사업이 되었다. 오늘날 많은 사람이 처방되었거나 혹은 스스로 중독된 약물로 황홀경 속에 살고 있다. 십대들은 그들이 마주치는 현실의 문제로 나타나는 감정적인 고통에서 탈출하려고 그들의 젊음과 인생을 생화학적인 정욕의 덫에 내던진다.

쾌락과 고통

펜실베이니아 대학의 심리학 교수인 리처드 솔로몬 박사(Dr. Richard Solomon)는 '쾌락의 대가와 고통의 유익'이라는 국립 정신건강연구소의 연구를 맡아 진행했다. 그는 무조건적인 자극이 어떻게 다음 세 가지 주요 현상을 낳는지 설명했다.

1. 쾌락의 경험 (A pleasurable experience)
2. 습관화 된 형태 (An addictive pattern)
3. 고통스러운 후퇴 (A painful withdrawal)

습득된 동기의 상대 과정 이론(The Opponent-Process Theory of Acquired Motivation)이라고 불리는 이 이론은 고통 또는 쾌락을 느꼈던 사건에서 시작된 습관적인 행동을 합리적으로 설명한다. 그의 실험은 마약중독, 사회적 애착, 감각적 갈망, 혐오적인 자극 등에 관한 연구를 포함하는데, 그가 내린 결론에는 다음과 같은 내용이 있다.[1]

1. 쾌락이 중독의 형태로 자리 잡은 경우, 그것은 대개 그만큼 상대적인 고통을 가져오면서 없어진다.

2. 이 상대적인 고통은 서서히 발전하고, 서서히 해소된다.

3. 상대 과정은 적절한 시간 간격을 사용했을 때 더 강화된다.

4. 반복되는 쾌락으로부터 얻는 쾌감은 많은 부분이 점차 없어지며, 새로운 고통의 출처가 될 잠재성을 지닌 것을 만들어 낸다. 예를 들어, 과식하는 사람은 비만으로 발생한 질병으로 고통을 겪고, 성적인 탐닉은 성적인 질병을 가져온다.

솔로몬의 연구는 앞에서 말했던 쾌락과 고통에 관한 내용에 중요성을 더해 준다. 이것이 습관이 되면 될수록, 우리는 더 심한 고통에 문을 열어 주게 된다. 솔로몬은 그의 이론이 청교도적인 윤리 기준을 갖는 것을 허락한다. 그는 모든 일에 절제하라(고전 9:25)는 성경의 진리를 말하는지도 모른다.

많은 상담가가 환자들이 사용하는 죄악된 쾌락을 회개하라고 하지만, 그것만으로는 남아 있는 고통을 처리할 수 없다. 그렇게 되면 그 개인은 그가 사용하던 진통제에서 해방되지 못한 채 더 심한 고통 속에 버려져서, 예전의 쾌락에 또다시 빠져들거나 다른 새로운 것으로 대치하기 시작한다. 이 사실은 왜 많은 사람이 그렇게 쉽게 다시 옛 습관에 빠지게 되는지 어느 정도 설명해 준다.

그렇다면 우리는 어떻게 쾌락을 사용하지 않고 이 고통을 처리할 수 있을까? 그 대답은 앞으로 전개될 내용 속에 담겨 있다.

이생의 자랑(교만)

요한1서 2장 15절과 16절에서 "이생의 자랑"이라 말하는 두 번째 요소는 아버지께로부터 온 것이 아니라 세상으로부터 온 것이라고

그림 18

도피의 그네

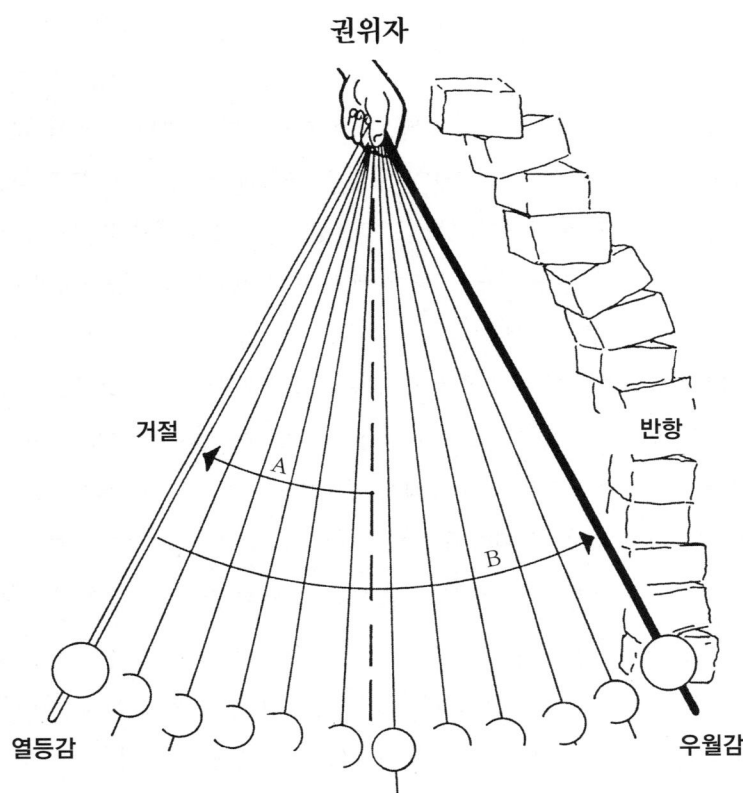

A. 권위자로부터의 거절
B. 고통으로부터의 도피

나온다. 에덴동산으로 다시 돌아가 보면, 사탄은 인생이라는 게임 속에 죄가 관영하도록 만들려고 정욕과 교만이라는 한 쌍의 짝을 사용했다. 아담과 하와는 정욕과 교만이 행하는 교활하고 기만적인 속임수에 필적할 만한 상대가 못 되었고, 그 이래로 인간은 그들의 손아귀에서 고통을 당하고 있다. 교만과 정욕이 자행하는 살해는 역사의 현장을 온통 뒤덮고 있으며, 이는 성경에서 말한 그대로다. "교만은 패망의 선봉이요…"(잠 16:18).

그림 18에서, 권위자에게 거절받은 결과를 나타내는 A라는 그네타기를 다시 한 번 볼 수 있다. 이제 열등의식이라는 것이 홍수처럼 쏟아지면서 감정이 전쟁터가 되는 대신에 생각이 맹공격을 받는다. 우리들 대부분 한두 차례 정도는 그러한 생각과 싸운 경험이 있다. 그런데 우리가 거기에 반응하는 방식은 각각 다르다. 수동적인 사람일수록 열등감을 그대로 믿고 받아들이며 주어진 상황 아래서 그들이 할 수 있는 최선을 다한다. 그러나 공격적인 사람은 그것을 박차고 일어나 자신이 열등하지 않을 뿐 아니라 사실은 우월하다는 것을 증명하려고 모든 노력을 다한다. 그림 18에서 B라고 표시된 그네 타기가 이를 나타낸다.

이러한 역학적인 움직임은 우리 시대의 가장 강력한 철학적 움직임이라 할 수 있는 무신론적 세계관과 세속적 인본주의에서 증명된다. 극단적인 교만의 표현으로 하나님을 거절하는 세속적 인본주의자들은 자신이 하나님의 자리를 대신하려고 한다. 그러나 자신 안에 있는 엄청난 한계를 여전히 직면할 수밖에 없기에, 그러한 한계를 보상받으려고 우월의식으로 이동하여 자신의 신성을 증명해 보이려고 애를 쓴다. 이 철학은 처음에는 단순히, 더 인간적인 대우를 예고하는 듯 보이지만, 이내 그 극단에 이르면 '초인 철학'이 되어 버려 좌절이 일어난다. 인간은 어떤 대가를 치르더라도 완벽해야 하는 하나의 산물이며, 따라서 그가 완벽하게 기능할 때에만 가치를 갖는다. 이러한 흐름에서는 안락사, 선택적 낙태, 정자 은행 등과 같은 방법을 결함을 제거하고 우수한 종자를 번식시키는 타당한 방법으로 여겨진다.

세속적 인본주의가 서구 사회에 너무 깊이 침투해 있기 때문에 많은 사람이 결혼의 파탄, 깨진 가정, 취약한 건강 상태 등의 이유로 파멸에 이른다. 이러한 잘못된 철학은 실로 엄청난 부작용을 낳는다!

부서진 사람들

이러한 철학에 반항했던 한 집단이 있었는데, 바로 1960년대의 히피족이다. 그들은 인류 복지를 위한 우월한 생활 방식이라는 자신들의 신념을 향해 나아가면서, 특별히 개성과 인간성을 고려했다. 불행하게도, 그 움직임은 약물 남용, 부도덕, 식도락이라는 방종의 형태로 타락해 버렸다. 자유를 향해 나아갔던 많은 젊은이가 단지 더 심한 속박이라는 결과를 얻게 되었다. 다음 내용은 거기에 속했던 한 남녀의 이야기다.

내가 피터와 트리시를 처음 만났을 때 그들은 나무 위에 있는 오두막집에서 살고 있었다. 헐렁한 드레스를 입은 트리시는 임신 중이었다. 피터는 머리와 수염을 기르고 있었고 역시 길게 흘러내리는 가운을 입고 있었는데, 때와 흙먼지가 줄무늬를 이루고 있었다. 그에게 강하고 불쾌한 냄새가 났다. 그로부터 얼마 지나지 않아, 피터는 상담실로 나를 찾아왔다. 희미하게 불이 켜진 좁은 상담실 안에서 그는 다리를 꼬고 바닥에 앉아 흘러내리는 가운을 다리 사이로 구겨 넣었다.

그의 옆에는 헝겊으로 된 더러운 가방이 놓여 있었고, 흐릿한 그의 눈은 마약에 취한 듯한 모습이었다. 그 긴 시간 내내, 피터는 가방에 손을 뻗어 작은 버섯을 꺼내서는 아작아작 소리를 내며 씹어 먹었다. 나중에야 나는 그것이 히피들 사이에서 '마법의 버섯'으로 불리는 것임을 알게 되었다. 소의 배설물에서 자란 그 버섯은 효력이 커서 LSD와 비슷한 환각 효과를 나타낸다. 그의 눈동자가 흐릿한 것과 우리가 의사소통에 그토록 애를 먹은 것은 너무 당연한 일이었다.

이런저런 질문을 해도 피터는 단지 '철학적'으로만 대답할 뿐이었다. 상담실 안에서 나는 냄새가 너무 고약한 나머지, 그 시간을 함께 하려고 들어온 바버라는 구토가 일어나 손수건으로 내내 코를 틀어막고 있어야 했다. 바버라는 나중에 말하기를, 피터가 하는 말은 하나도 이해할 수가 없었고 마치 다른 행성에서 온 사람 같았다고 이야기 했다. 그날 우리가 거의 아무런 성과를 거두지 못한 것은 이상한 일이 아니었던 것이다. 하지만 수개월에 걸쳐 바버라는 트리시에게 가까이 다가갔고, 우리가 그에 관한 이야기를 듣게 된 것도 바버라를 통해서였다.

피터는 20세에 결혼했으며, 공군에 소속되어 있던 중에 괌으로 파견되었다. 그의 임무는 B-52 폭격기를 위해 기상 상태를 도면으로 만들고 조종사들에게 그들이 베트남 폭격 명령을 실행하게 될 때의 날씨를 알려 주는 것이었다. 피터는 처음부터 그 전쟁을 반대했기 때문에 자신의 결혼이 파탄 나고 그를 다시 붙들어 줄 가족이 아무도 남지 않게 되자 공군을 완전히 거부했다. 그리고 나서, 길고도 험한 히피의 인생길로 들어섰으며 동남아시아를 거쳐 결국 하와이로 오게 되었다. 동양철학과 끊임없는 마약의 환각 상태에 젖어, 피터는 자기 인생의 황금기를 하와이의 여기저기를 떠돌아다니면서 보냈다. 그러다가 트리시라는 외로운 여자를 만났는데, 그는 그 여자에게 자기 인생의 일부가 되어 달라고 청했다. 그러나 우리가 그들을 만났을 때 그들은 인생의 막다른 길로 가고 있었고, 삶은 제멋대로였다.

하나님은 아주 놀랍고 뚜렷한 방법으로 그들의 구원자가 되셔서, 그들이 막다른 궁지에 처한 자신들의 생활 방식과 철학에서 돌아서게 만드셨다. 그들은 결혼하여 행복한 부부가 되었고, 변화된 피터는 대학으로 돌아가 공부를 마친 후 현재 유능한 교사가 되었다. 이 부부의 이야기는 사회에 대한 반작용으로 모든 옛 전통을 내던졌으나 환멸만을 느낀 많은 젊은이, 그러한 정욕적인 철학과 생활 방식 속에 교묘하게 빠져들게 만들고 그들을 황폐하게까지 만드는 또 다른 것들만 발견했던 사람들에게 귀감이 된다.

어떤 대가를 치르고서라도 '최고'가 되려는 욕망

그러나 모든 것이 뚜렷한 반항을 향해 움직이는 것은 아니다. 어떤 사람들은 무언가에서 '최고'(The Best)가 되려는 과욕에 사로잡혀 투쟁을 선택한다. 수십 년 동안 많은 사람이 달나라에 가는 첫 우주 비행사가 되는 것을 꿈꿨다. 그것은 많은 훈련, 경쟁, 노력, 실천을 요구하는 결코 쉽지 않은 목표였다.

자신의 열등감을 없애려고 기꺼이 그 대가를 치를 준비가 되어 있었던 한 사람이 실제로 그 우주 비행사가 되었다. 처음에 그 영예를 한껏 즐기고 나니 그 영광이 가져다준 명성과 인정은 얼마 가지 않았고, 곧 그의 뒤를 이어 많은 우주 비행사가 배출되었다. 그는 단지 명성만을 잃은 것이 아니라 그 성취가 가져다준, 높아진 자아상까지 잃게 된 것이었다. 달나라를 걷는 것은 사랑이 결핍된 자리를 채워 주지 못했으며 이전의 싸움은 더 악화되었다. 그의 열등감이 다시 찾아오자 그는 고통을 잊으려고 술을 마시기 시작했고, 결국 알코올의존증이라는 내리막길로 치닫게 되었다.

겉으로는 최고가 되는 꿈을 이룬 것같이 보였으나 거기서 느끼는 외로움으로 사랑 결핍이 더 심해진 사람들의 예는 아무리 열거해도 끝이 없을 정도다. 내가 "이생의 자랑"이라 부르는 '도피의 그네'에서 볼 때, 사람들은 자신의 우월성을 나타내어 그것을 통해 용납되고 인정받기 위해 인간 집단 내에서 무자비할 정도로 노력하고, 경쟁하고, 성취하려 한다. 이러한 철학에서 실패는 고려 대상이 아니며 목적이 수단을 정당화한다.

다음에 나오는 그림 19는 이 '영혼의 그네'(soul swing)의 또 다른 단계로 우리를 인도한다. 여기서 우리는 정욕과 두려움, 이 두 가지가 모두 고통에서 쾌락으로 도피하는 감정적인 그네 타기를 촉진시킨다는 것을 볼 수 있다. 이미 우리는 내적인 고통을 어떻게 쾌락으로 완화할 수 있는지를 살펴보았으며, 그 쾌락이 강박적인 형태나 습관적인 형태로 발전되면서 '정욕'이 되는 것을 보았다. 이때 두려움 역시 발전할 수 있는데, 알코올의존증처럼 쾌락이 없는 채로 내버려지는 것에 대한 두려움과, 그 쾌락의 노예가 되는 것에 대한 두려움, 혹은 그 두 가지 두려움이 함께 일어날 수 있다.

한편, 교만과 분노는 '정신적인 그네'(mind swing)를 위한 촉진제가 될 수 있다. 예를 들어, 기업에서 승진하려고 애쓰는 사람은 그의 교만을 드러내면서 자신은 열등하지 않으며 사실은 다른 사람들보다 더 우월하다는 것을 증명하기 위해 은밀한 계획을 세울 수 있다. 어

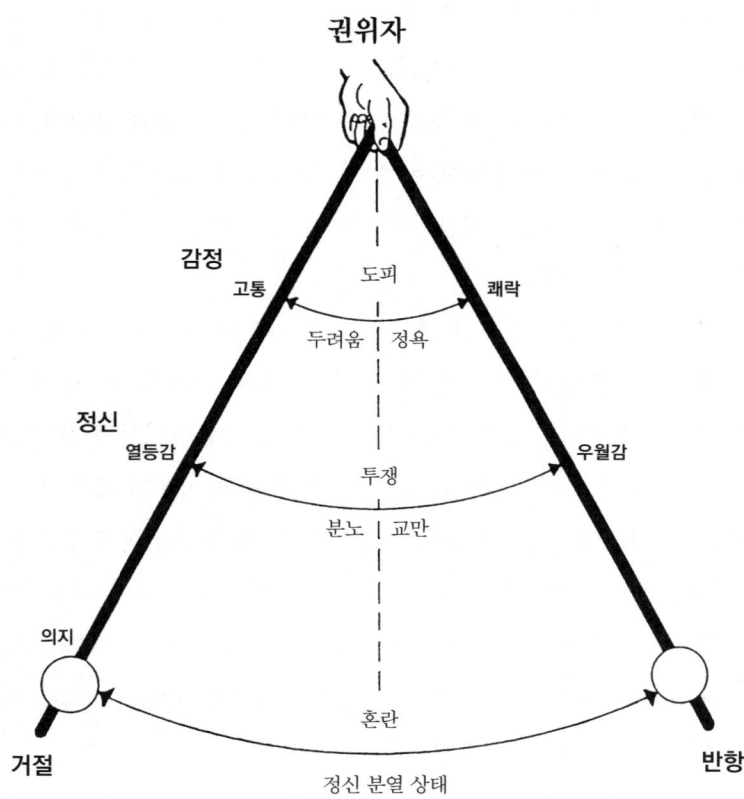

느 날 갑자기, 그가 해고를 당하면 그 자만심은 깊은 상처를 입게 되고, 그는 분노 쪽으로 움직이게 된다. 처음에는 자제하는 것처럼 보이지만, 집에 돌아가면 내면에 가라앉아 있던 그의 적개심이 그대로 가족에게 표출된다. 이처럼 우리 중 누군가가 교만이 넘쳐 우월 의식으로 이동하게 된 경우, 나중에 어떤 실패로 그 자만심이 상처를 입으면 다시 열등의식으로 가게 된다. 통제하지 못한 분노와 적개심은 종종 우리가 사랑하는 사람들에게 파괴적인 형태로 표출될 수 있다.

이런 과정들이 지나면 '의지'라고 불리는 영혼의 세 번째 영역이 대단히 약해진다. 의지가 계속해서 정신과 감정의 조종을 받게 되면 혼란이 들어와 자리 잡게 된다. 긴장과 피로가 쌓여 불안정한 상태에 이르게 되고, 그것은 그림 20에 나와 있듯이, 이런저런 형태로 완전히 붕괴되는 결과를 가져온다.

이러한 영혼의 그네에서 감정, 정신, 의지 어느 것을 통해서든 우리는 정욕, 두려움, 교만, 분노, 다른 요소들이 성격의 벽을 침식하여 결국 부분적으로, 또는 전체를 무너뜨리는 것을 보게 된다. 긴장과 압박이 우리가 견딜 수 있는 한계를 넘어서게 되면, 우리는 붕괴라는 구역으로 들어가게 된다. 그렇게 되면 우리가 세운 벽들은 육체, 정신, 영적인 기능을 뜻하는 우리 삶에 대한 통제력을 상실하면서 무너져 내릴 수 있다.

야고보서에는 "두 마음"이라는 단어가 나오는데, 원래 헬라어에서는 "두 개의 영혼"이란 단어로 더 잘 풀이되어 있다. 이것은 '두 개의 영혼이 자리 잡고 있거나' 혹은 정신, 의지, 감정이 '이중으로 자리 잡고 있는' 상태가 존재한다는 것을 말해 준다. 우리는 이것을 한 개인이 두 개의 사고 체제를 갖는데 그것들이 서로 싸우고 있다고 말할

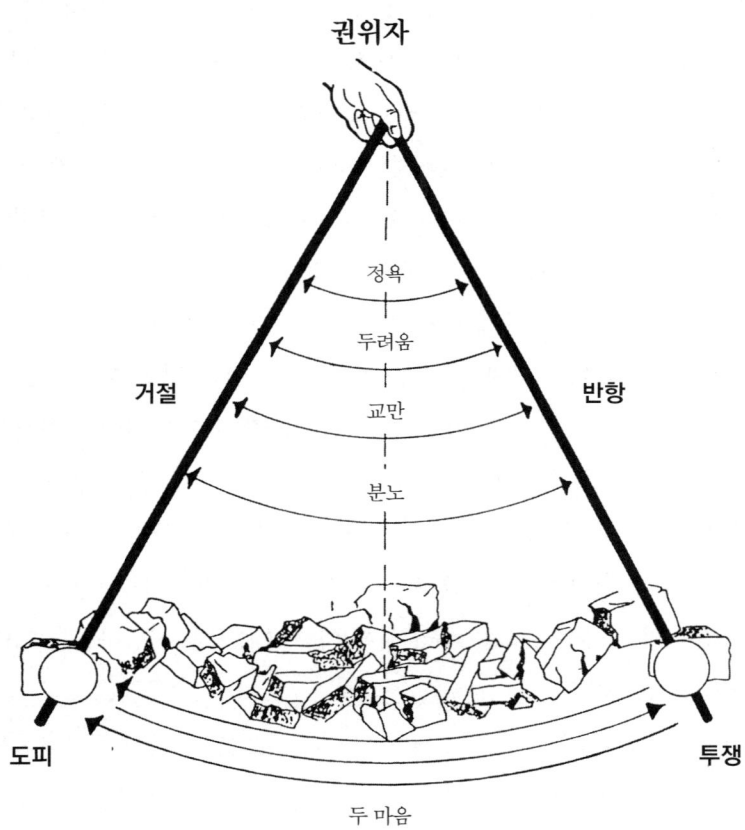

수 있다. 그림 20이 이것을 묘사하는데, 한 가지는 거절이고, 또 다른 한 가지는 반항이다. 우리가 그 둘 사이를 왔다 갔다 하면 점점 불안정해지고 붕괴할 가능성도 높아진다. 그렇게 되면 정신적, 정서적 건강이 쉽게 위협받을 수 있게 된다.

야고보서에 나오는 "두 마음"이란 단어를 살펴보면, 두 마음을 가진 자는 "모든 일에 정함이 없는 자"라고 말하며 불신의 원인으로 지적한다. 여기서 "모든"이라는 단어는 정신적인 질병, 또는 정신적인 파괴가 정욕, 두려움, 교만, 분노가 불러온 영혼의 그네 때문에 일어날 수 있다는 것을 암시한다. 그렇게 되면 우리는 그림 20에 나타나듯이, 몹시 일관성 없게 앞뒤로 왔다 갔다 하면서 흔들린다.

하나님은 이러한 거절과 반항의 벽이 무너지고 치유를 가져오는 훨씬 더 건설적인 대안을 갖고 계신다. 우리는 하나님이 당신의 백성인 이스라엘 민족을 어떻게 다루시는지 계속해서 살펴보면서, 우리 자신의 벽이 무너질 때 주님이 어떻게 우리 삶에 새로운 벽을 세워 주시는지 보게 될 것이다.

적용

당신이 삶에서 겪었던 고통스런 경험을 떠올려 보라.

어떻게 그 내적 고통을 처리했는지, 또 그 결과는 어떠했는지 설명해 보라.

당신은 살면서 쌓인 강박관념을 어떻게 처리해 왔는가?

2부 성격을 재건하기

기초

9장

다시 세우기

(주께서) 네 성벽의 높은 요새를 헐어 땅에 내리시되 진토에 미치게 하시리라(사 25:12).

그날에 유다 땅에서 이 노래를 부르리라 우리에게 견고한 성읍이 있음이여 여호와께서 구원을 성벽과 외벽으로 삼으시리로다(사 26:1).

이 말씀들은 우리 삶에 벽을 세우는 방법을 분명하게 요약해 준다. 그러나 그 주제는 앞에서 이야기한 것과는 다르게 새로운 것이다. 주님은 우리 영혼의 원수가 우리에게 달려드는 그 모든 일 가운데 우리 자신을 상처받기 쉬운 무방비 상태로 내버려 두는 것을 원치 않는다고 말씀하신다. 오히려 그분은 우리에게 구원이라 부르는 새로운 벽을 주기 원하시는데(사 60:18), 거기에는 찬양의 문들이 있다. 그 벽은

그림 21

소선지자

우리가 파괴되고 황폐케 되지 않도록 보호하기 위한 것이다.

이 후반부에서 우리는 거절과 반항의 벽들이 무너지고 돌조각들을 제거한 후에, 어떻게 구원의 벽을 우리의 삶 속에 세울 수 있는지를 살펴볼 것이다.

하나님이 우리 삶에서 어떻게 일하시는지 보고자, 이스라엘의 역사로 돌아가서 그 왕국이 분열되었을 때부터 살펴보자. 그림 21의 내용은 그 사건에 관한 간략한 개관이다.

이스라엘 민족은 기름부음을 받은 아모스와 호세아의 경고에 주의하지 않았기 때문에 고국에서 쫓겨난다. 유다는 이스라엘에게 무슨 일이 벌어졌는지를 보았고, 이스라엘과 마찬가지로 강력한 선지자들의 경고를 받았음에도 역시 회개하지 않았다. 그 결과, 북 이스라엘과 남 유다 모두 바벨론의 노예가 되어 수년 동안 고통을 겪게 된다.

유대인들이 추방당했던 이 기간 동안 역사적인 변화가 일어났다. 첫 번째로 바벨론 세력이 쇠퇴하여 뻗어 나가는 바사 제국 앞에서 패망한다. 그때 하나님의 선택을 받은, 그러나 심한 연단을 받던 백성의 부르짖음이 여러 유랑민으로부터 하나님께 상달되었다. 하나님은 그들의 부르짖음에 응답하셔서, 백성을 그들이 기업으로 받은 땅으로 다시 인도할 지도자들을 일으키신다.

첫 번째 주목할 만한 지도자는 이방인이었던 고레스 왕이었다. 그는 하나님이 그의 마음을 움직이시며 다음과 같은 내용을 공포하라고 말씀하시는 것을 느꼈다. 그것은 예루살렘에 주님을 위한 성전이 세울 것이며 그 일을 위해 백성이 필요하다는 것이었다. 고레스는 그들의 이동을 돕고자 훔쳐 갔던 성전의 보물들을 돌려주었고, 그 결과로 42,360명의 이스라엘 백성이 스룹바벨을 포함한 몇몇 다른 지도

그림 22

제단

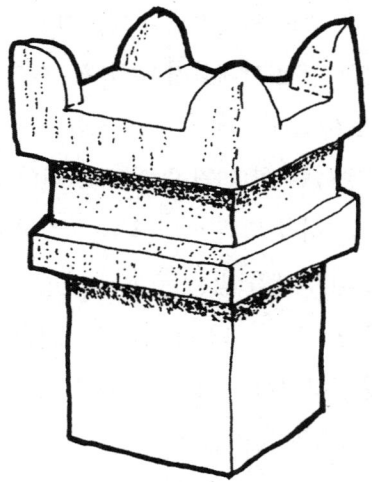

자들의 인도 아래 예루살렘으로 돌아가게 되었다. 지금까지 본 것 중 아마도 가장 의미가 있는 이 집단의 이동 과정을 따라가 보자.

여행에 지쳐 먼지투성이가 된 이 집단이 포로 생활에서 돌아와서 보게 된 것이 고작 그들의 기업이 돌무더기와 폐허로 변해 있는 모습이었을 때, 그들의 느낌이 어떠했을지 상상해 보라. 에스라서 3장 1-6절은 예루살렘에서의 첫 번째 중요한 사건인 제단을 만드는 일을 위해 돌아온 모든 사람이 어떻게 한 사람같이 한데 모였는지를 이야기한다.

예배가 있기 전에 먼저 사람들의 죄에 대한 희생제물을 드려야 했는데, 이것은 죄를 처리하고 난 후에 하나님이 예배를 받아들이실 수 있다는 것을 암시한다. 제단은 우리가 하나님과의 화목으로 들어가는 곳이다. 이곳에서 우리는 죄에 대한 책임을 지며 우리의 구속에 참여하기 시작한다. 여러 가지 제물, 특히 자원함으로 드린 제물들이 있는 제단은 하나님에 대한 헌신을 상징적으로 나타내는 것이다. 새로운 제단을 옛 제단이 있던 바로 그 예루살렘에 세운 것은 이전의 예배를 어떻게 다시 세우고 회복했는지를 나타낸다. 포로 생활에서 돌아온 백성은 그들이 성공적으로 성전을 재건하려면 그들에게 여호와의 축복과 힘과 은혜가 필요하다는 것을 인식하고 있었다. 우리는 이스라엘 민족뿐 아니라 우리를 위해서도 그 제단이 매우 중요하다는 것을 안다. 제단은 다음과 같은 일을 행하는 장소였다.

- 고백 (Confession)
- 제물 (Sacrifice)
- 회개 (Repentance)

- 용서 (Forgiveness)
- 속죄 (Atonement)
- 수용 (Acceptance)
- 자유 (Deliverance)
- 치료 (Healing)
- 보호 (Protection)
- 피 (Blood)

처음에 그리스도를 우리의 구세주로 받아들일 때, 우리는 제단으로 나아가게 된다. 그러나 이것은 우리가 다시는 죄를 짓지 않는다는 의미가 아니었다. 너무 자주, 우리는 죄를 짓고 다시 그 제단으로 돌아가지 않는다. 그 결과 '작은 죄'가 우리 삶에 쌓이는데, 그것을 고백하지 않은 채 남겨두면 우리와 하나님 사이는 분리된다. 곧 우리는 하나님의 음성을 듣기가 어려워지며 그분을 향한 우리 사랑이 식는 것을 깨닫게 된다.

이스라엘은 이것이 힘든 일임을 배우게 되었는데, 오늘날 우리도 마찬가지다. 우리의 제단은 풀이 너무 무성해서 잡초에 가려 보이지 않을 수도 있다. 그렇게 되면 밀림에서 벌채에 사용하는 칼이 있어야만 그것을 다시 찾아 낼 수 있다. 어떠한 회복이든, 사람들은 먼저 자신의 죄를 회개하고 자백해야 하며, 그러고 나서 제단으로 나아가 하나님과의 완전한 사귐을 회복해야 한다.

우리는 모두 죄를 지을 때마다 제단으로 가는 길, 즉 수없이 많은 발자국으로 다 닳은 그 길을 따라야 한다. 우리는 그분의 거룩하심과 같이 우리도 거룩하라는 부르심을 받았고(벧전 1:15), 성경은 거룩함

없이는 아무도 주를 보지 못할 것이라고 말한다(히 12:14).

그리고 나서 이스라엘 백성은 제사장인 스룹바벨의 지도 아래 에스라 3장 7-13절에 서술된 대로 주님을 위한 성전을 지었다. 그 성전은 하나님께 예배를 드리는 곳이며, 그곳에서 우리는 하나님과 다른 사람들과의 교제를 갖는다. 우리 마음에 제단을 세울 필요가 있는 것과 마찬가지로, 우리에게는 성전, 즉 전적으로 하나님께 속한 어떤 장소가 필요하다. 우리는 모든 것을 옆으로 제쳐 두고 그분의 임재 속에 들어가 예배하고 그분 앞에 잠잠히 머물 수 있는 장소가 필요하다. 여기가 바로 우리가 새롭게 되고 회복되는 곳이며 그분과의 관계가 더 깊어지는 곳이다. 그 당시와 마찬가지로 지금 우리 삶에서도 성전은 굉장히 중요한 의미를 지닌다. 성전은 다음과 같은 일을 행하는 장소였다.

- 경배 (Worship)
- 감사 (Thanksgiving)
- 친교 (Fellowship)
- 베풂 (Giving)
- 기도 (Prayer)
- 증거 (Witness)
- 성찬 (Sacrament)
- 하나님의 임재 (The presence of GOD)
- 기쁨 (Joy)
- 거룩 (Holiness)
- 능력 (Power)

• **기름부음** (Anointing)

　이러한 각 측면을 통해 우리는 그 성전이 하나님의 임재하심이 있는 곳이었음을 알 수 있다. 때때로 성전에서 사역하는 사람들은 주님의 임재가 감당할 수 없을 정도로 강하여 그들의 발로 서 있을 수조차 없었다. 오늘날 우리들은 그것을 어렴풋이나마 느껴볼 수 있기를 바랄 뿐이다. 그러나 성전의 기초가 완성된 그 순간, 이스라엘 백성은 축제 속에 열광했다. 에스라 3장 11절은 사람들이 어떻게 했는지를 열거한다. 어떤 사람들은 소리를 지르고, 어떤 사람들은 노래를 했으며, 또 어떤 사람들은 울음을 터뜨렸다. 모두 너무나 큰 소리를 냈기 때문에 그 소음은 아주 멀리까지 들렸을 것이다.

　왜 그들이 그렇게 깊이 감동했을까? 그들은 성전이 하나님의 임재가 다시 그들 중에 거함을 의미한다는 것을 알았다. 솔로몬 왕 시절에 성전에 있던 사람들은 하나님의 임재가 능력과 은혜 안에서 다시 그들 가운데 돌아오기를 깊이 열망했기 때문에 큰 소리로 울었다.

　당신 개인의 성전은 어떤 상태인가? 폐허 속에 방치되어 복구가 절실히 필요한 형편인가? 삶의 분주함 때문에 소홀히 하여 흔들리고 있지는 않은가? 당신은 하나님의 임재가 날마다 자신의 성전에 가득 차는 것을 얼마나 중요한 일로 여기는가? 우리는 자주, 주님을 위한 일로 너무 바빠서 주님께 내어 드릴 시간이 없다. 주님은 그분과 갖는 사랑의 관계에서 흘러나오는 우리 손의 수고를 받으신다. 그 관계는 성전 안에서 개발되고, 자라며, 강해지고, 세워진다. 그러나 우리는 너무 자주, 삶에 압박과 요구가 몰려올 때, 심지어 정상적이고 좋은 일이 몰려올 때조차도 그것을 옆으로 제쳐 둔다.

그림 23

성전

몇 년 전에 말레이시아 페낭에서 세미나를 인도할 때, 하나님은 내게 이러한 질문에 직면하게 하시며 책임을 물으셨다. 페낭은 "동양의 진주", "천 개의 사원이 있는 도시"로 불리며 오랫동안 우상 숭배의 본거지가 되어 왔다. 말레이시아에서는 개종시키는 것이 불법이었기 때문에 세미나에서 수백 명의 사람들에게 강의를 하려면 특별 허가를 받아야 했다. 후텁지근한 어느 날 밤, 한 주의 사역을 거의 마칠 즈음에 나는 기도할 사람들을 앞으로 나오도록 초청했다.

말레이시아는 말레이, 중국, 인도의 문화가 만나 이국적으로 혼합된 나라다. 그날 밤, 나는 그 모인 사람들 앞에 서서, 그들의 다양한 옷차림이 기막힌 아름다움을 드러내는 것을 보고 있었다. 그러나 그 아름다움도 내 마음 깊은 곳에 있는 공허함을 달래 주지는 못했다. 한 아름다운 인도 여인이 울고 있는 것을 보고 나는 그 여인을 위해 기도했다. 그러나 나는 아무것도 느낄 수가 없었고, 왜 그런지 알 수 없었다. 그 여인은 자신이 이혼녀이며, 그 분리의 고통과 상처로 인생이 완전히 산산조각 났다고 말했다. 나는 하나님이 그 안에서 일하고 계신다는 것을 감지할 수 있었지만, 왠지 나는 그 하나님의 임재하심과 떨어져 있는 것 같았고 아주 멀리 있다는 느낌마저 들었다.

이후에 멋진 나의 호텔 방으로 돌아온 나는, 그날 밤의 집회가 아주 놀라웠음에도 뭔가 잘못 되었다는 사실을 직감했다. 성령님이 다른 사람을 자유케 하시는 것을 보며 왜 나는 차갑게 굳어져 있었을까? 침대 옆에 무릎을 꿇고 나는 주님께 내가 딱딱하고 무관심한 이유를 알려 달라고 기도했다. 그때는 거의 자정이 다 되었고 나는 한 주 동안의 사역으로 피곤에 지쳐 있었지만, 그래도 억지로 몸을 일으켜 세워 기도했다.

마침내 나는 하나님이 말씀하시는 음성을 들었다. "브루스, 너는 나를 위한 일로 너무 바빠서 나를 위한 시간은 전혀 내지 않았다." 갑자기 나는 지난 몇 달 동안 세미나, 약속, 사역으로 꽉 차서 내가 그분과의 친밀함을 누리는 제단을 어떻게 소홀히 했는지를 한꺼번에 보게 되었다. 나는 내 사역이 나의 우상이 되게 했으며, 주님의 발 대신에 그 우상의 전 아래서 예배했던 것이다. 하나님은 내 입을 통해 나오는 그분의 말씀으로 은혜를 계속 주고 계셨지만, 정작 나 자신은 나의 소홀함으로 밖에서 안을 들여다보고만 있었을 뿐이었다.

나는 회개의 눈물을 흘리며 나를 낮추었고, 하나님의 임재와 기쁨이 다시 내 안에 풍성해지고 새롭게 되기를 기다리는 가운데, 내 마음속에 있는 그 성전으로 돌아가는 은혜를 누렸다.

그때 이후로 나는 많은 사람이 주님의 임재하심의 필요성을 제대로 깨닫지 못하는 것을 보게 되었다. 시편에서 다윗은 주님의 전에서 그분의 임재하심 가운데 거하는 자들이 얼마나 행복하고, 얼마나 행운이며, 부러워할 만한지를 이야기한다(시 84:5-12). 그들은 그분을 섬기는 데 필요한 모든 좋은 것뿐만 아니라 그분의 기쁨, 위로, 능력을 경험한다. 성전, 즉 하나님과의 친밀함을 누리는 장소를 무시하는 것은 우리를 취약하게 만들어 다른 신들을 예배하게 하며, 오류에 빠져 우상을 숭배하는 종교의 미로에서 길을 잃게 한다. 오직 그분의 임재 안에 거할 때에만 우리의 존재가 그분을 드러내게 된다.

에스라 시대처럼 우리도 먼저 회개하며 단으로 돌아가야 한다. 그 다음, 그분의 성전을 소홀히 하지 않도록 주의해야 한다. 초대교회 이후, 그리스도는 십자가에서 속죄하는 일을 행하셨기 때문에 우리는 이 처음 두 단계를 취할 수 있다. 성경은 그리스도를 "모퉁이의 머릿

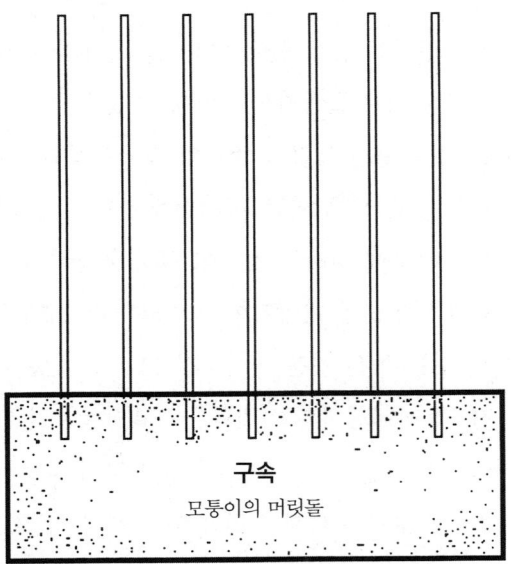

돌"(벧전 2:4-8)이라 부른다. 그리고 그 머릿돌은 계속 우리의 삶 속에서 단과 성전이 되어야 한다. 우리가 우리의 삶에서 주님을 올바른 위치에 모셔 둘 때까지 구원은 경험할 수 없으며 어떤 진보도 이룰 수 없다. 이 모든 것을 종합해 볼 때, 우리는 그림 24에서 보는 것처럼, 구원의 벽을 위한 기초가 '구속의 돌'임을 알게 된다.

> 그러므로 주 여호와께서 이같이 이르시되 보라 내가 한 돌을 시온에 두어 기초를 삼았노니 곧 시험한 돌이요 귀하고 견고한 기촛돌이라 그것을 믿는 이는 다급하게 되지 아니하리로다 나는 정의를 측량줄로 삼고 공의를 저울추로 삼으니 우박이 거짓의 피난처를 소탕하며 물이 그 숨는 곳에 넘칠 것인즉(사 28:16-17).

이 말씀은 폭풍우가 거짓의 은신처와 거절과 반항의 벽을 쓸어버리는 장면을 묘사한다. 그것이 지나가고 나면 이 벽들은 연단된 견고한 모퉁잇돌로 대치되는데, 그 위에 구원의 벽이 세워질 수 있다. 이제 이 벽들은 하나님의 다림줄로 측량되는 의(義)의 줄을 따라 고르고 안전하게 세워진다.

다음 장에서 우리는 우리 자신의 구원을 의미하는 이러한 벽을 어떻게 세울 수 있는지 살펴보겠다.

적용

당신의 삶에서 제단이 어떤 역할과 기능을 하는가?

당신은 하나님과의 친밀한 관계를 통해 어떻게 자랄 수 있는가? 당신의 계획을 적어 보라.

당신이 가진 믿음의 기반을 묵상해 보라.

하나님 아버지를

10장

발견하여

성전이 재건되어 예루살렘에 세워졌으나, 그 거룩한 도시를 둘러싼 것은 무너진 벽뿐이었다. 하나님은 이 도시의 벽을 재건하시기 위해 느헤미야를 일으켜, 바사에서 고국으로 귀환하는 마지막 이스라엘 백성을 인도하게 하셨다.

'느헤미야'라는 이름은 '위안자, 상담자, 위로자'를 의미하는데, 이는 성령님이 어떻게 하나님의 방법으로 우리를 인도하시고, 힘이 되어 주시며, 함께하시는지를 상징한다. 육신적으로 보면 느헤미야는 술 관원이요, 건축자요, 통치자였지만, 영적으로 보면 우리에게 주님의 잔을 마시고, 구원의 성벽을 세우고, 주님과 함께 다스리고 통치하도록 준비하라고 도전하는 일을 한 사람이었다.

우리가 앞에서 살펴본 에스라서는 화해의 책인데, 느헤미야서는 이스라엘 하나님이 주신 기업을 회복하는 것에 초점을 맞추고 있다.

바사 왕의 겨울 궁전에서 왕의 술관원이었던 느헤미야는 자신의 고국에 대한 안타까운 소식을 듣게 된다. 예루살렘을 방어하는 벽이 폐허가 되어 백성이 끊임없이 시달리고 있다는 것이었다. 멀리 떨어져 있었음에도 느헤미야는 자기 백성을 염려하여 네 달 동안 애통해하며 그 상황을 위해 계속 중보기도했다.

여기서 우리는 이런 질문을 해볼 수 있다. '하나님이 사자를 통해 우리에게 메시지를 주셨을 때 우리의 반응은 어떠한가?' 우리는 느헤미야처럼 그 말씀을 심각하게 받아들이는가? 우리는 종종 하나님이 우리에게 말씀하시는 것을 인식하지 못하거나 심지어 그분이 말씀하신 것을 며칠도 못 되어 잊어버리기까지 한다. 느헤미야서에서 우리는 그가 하나님께 어떻게 자신의 마음을 쏟아 놓았는지를 읽을 수 있다. 그는 대답을 들을 때까지 한 달, 두 달, 세 달, 네 달이나 하나님 앞에 머물렀다. 1장 5절에서 우리는 느헤미야가 주님 앞에서 기다리다가 하나님을 찬양하기 시작하는 것을 볼 수 있다. 그는 하나님이 그분의 언약을 지키시며, 그의 계명을 지키는 자들에게 사랑과 긍휼을 베푸시는 분임을 찬양한다. 느헤미야는 고국이 망하게 된 상황을 앞에 두고 어떻게 그렇게 긍정적인 반응을 보일 수 있었을까? 분명한 것은, 그가 하나님의 본질과 성품에 대한 어떤 계시를 받았다는 것이다. 그렇기 때문에 전혀 소망이 없어 보이는 상황 가운데서도 하나님의 신실하심을 찬양하는 반응을 할 수 있었던 것이다.

무엇이 진실인지 아는 것

느헤미야가 어려운 상황에서 하나님을 찬양한 것은 현실을 부인한 반응이 아니었다. 다만 그는 진정한 현실이 되시는 하나님, 이 세상의 어떤 도전보다도 크신 그분을 찬양했다. 느헤미야는 하나님이 누구이시고, 어떠한 분이신지를 예배하고 높이며, 불가능한 상황 속에서도 전능하신 하나님의 능력이 발휘 될 수 있음을 믿었다.

성경은 하나님이 그 백성의 찬송 중에 거하신다고 말한다. 우리가 하나님을 찬양할 때 그분은 우리 안에 오셔서 우리 가운데 거하신다. 우리가 그분을 보고, 만지기 시작할 때 우리의 믿음이 되살아나고 희망이 솟아난다. 그렇게 되면 한때는 불가능하게만 보였던 상황이 하나님이 어떤 분이신지를 보여 주는 빛 가운데서 다시 보이고 올바른 관점을 가질 수 있게 된다.

느헤미야가 주님을 찬양하고 예배할 때 그의 마음속에서는 믿음이 솟아올라, 하나님의 백성이 그분의 다림줄을 따라 줄지어 나아오고 하나님의 약속이 회복되는 것을 보게 되었다. 그때 느헤미야는 욥처럼 말할 수도 있었을 것이다. "내가 주께 대하여 귀로 듣기만 하였사오나 이제는 (영적인) 눈으로 주를 뵈옵나이다"(욥 42:5).

욥의 말은 무엇을 뜻하는가? 그는 하나님에 대해 아주 많이 들었고 그 진리의 빛 가운데 살았다. 그러나 하나님이 그에게 고난을 허락하셨을 때, 욥은 자신에 대한 계시를 받아 죄를 깊이 자각하며 먼지와 잿더미 속에서 회개했다. 그는 "이제는 내 영의 눈으로 주님을 보나이다!" 하고 부르짖는다. 욥은 흥분되는 새로운 방식으로 하나님 아버지를 만나게 되었다고 말하는 것이다. 그는 하나님의 계시를 자신의 마음과 삶으로 받는 곳에 이르게 되었다. 그곳은 하나님이 우리를 모두 데려가기 원하시는 곳이다. 그러나 그곳은 욥과 느헤미야가 경험한 것처럼 대개 어려운 상황 가운데서 나타난다. 우리가 광야와 같이 거칠고 어려운 상황 속에서 찬양으로 반응하면, 우리 역시 그

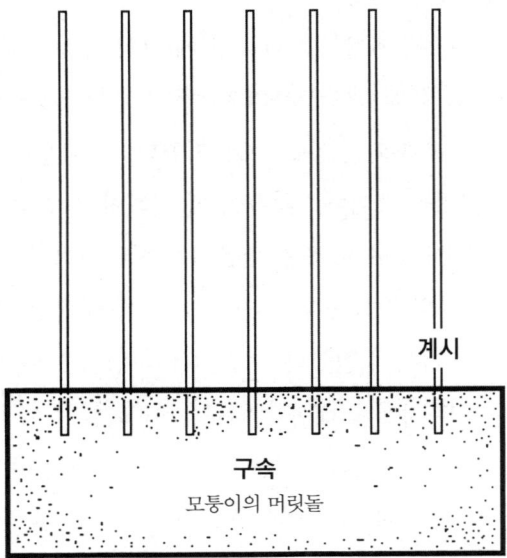

시험을 통과하는 데 필요한 계시를 받는다.

그림 25에서 우리는 모퉁이의 머릿돌이신 그리스도가 함께하시는 구속의 기초석을 볼 수 있다. 구원의 벽을 세울 때 그것을 강하게 하려면 일곱 가지 종류의 철근이 필요하다. 우리가 느헤미야의 예에서 볼 수 있듯이, 기초석에서 나온 첫 번째 철근은 '계시'의 철근이다.

계시는 단지 새로운 지식이나 더 깊은 이해만을 의미하는 것이 아니라 생활 방식의 변화를 가져올 정도로 마음에 강한 영향을 주는 통찰을 의미한다. 계시는 지능지수에 따라 받는 것이 아니라 하나님의 말씀에 순종하는 자들에게 주어진다. 열린 마음을 가진 어린아이가 학위를 몇 개씩이나 가진 종교학 교수보다 더 놀라운 계시를 받을 수 있다! 시편 119편 97-100절에 따르면, 순종하는 자들은 그들의 스승, 노인, 원수보다 더 많은 계시를 얻는다. 그와 동시에, 불순종은 우리를 속임으로 인도하여 계시를 잃게 만든다.

아버지와의 친밀함

요한복음에서 예수님은 제자들에게 떠나실 것을 말씀하신다(요 14:1-6). 곧 떠날 것이라는 예수님의 말씀은 포학한 로마 정권을 무너뜨리고 그분의 왕국을 세우려고 준비하고 계신다고 생각한 제자들을 당황스럽게 했다. 그들의 정치적인 꿈은 어떻게 되겠는가? 도마가 먼저 이 어려운 침묵을 깨고 용감하게 사실을 이야기했다. 주님이 멀리 가신다는 것을 이제 막 알았는데, 주님이 어디로 가는지, 그곳에 어떻게 갈 수 있는지를 우리가 어떻게 알 수 있습니까? 그러자, 예수님은 다음 말씀으로 그들이 예상하고 있던 모든 생각을 뛰어넘으셨다. "예수께서 이르시되 내가 곧 길이요 진리요 생명이니 나로 말미암지 않고는 아버지께로 올 자가 없느니라"(요 14:6).

제자들은 의아해할 뿐이었다. 예수님의 말씀은 무슨 뜻이었는가? 주님은 제자들에게 다른 곳, 이 땅의 왕국이 아닌 아버지와 함께하는 하늘나라로 가실 것이라고 말씀하셨다. 예수님은 제자들에게 '그 길'을 가는 도중에서 멈추지 말고 그들이 아버지와의 친밀한 관계라는 목적지에 이를 때까지 계속 그 길을 가라고 말씀하신 것이다. 예수님이 아버지께 이르는 길이기 때문에 우리도 그분을 계속해서 알아 가야 한다. 그분은 우리가 구원을 받은 뒤에 고아처럼 버려져 있는 것을 원치 않으신다. 아버지는 우리와 친밀한 관계를 갖기를 간절히 원하신다(요 14:21, 23). 그분은 예수님과 함께 우리에게 오셔서 친구로, 아버지로 그분의 성전인 우리 안에 거하기를 소원하신다. 이전에는 제자들에게 지식에 불과했던 것이 이제는 계시가 되었고, 전에는 그들의 지성에만 제한되었던 것이 이제는 그들 삶의 한 부분이 되었다.

예수님을 따라 아버지께로 가는 것이 우리에게 왜 그렇게 어렵게 느껴지는가? 예수님은 우리가 아버지의 아들과 딸로 그분과 함께하기를 간절히 원하시는데 왜 많은 사람이 고아와 같이 버려져 있는 것인가? 사람들을 상담하는 일을 거듭하면서 나는 두려움, 억압, 근심, 혹은 다른 사슬들이 우리가 하나님 아버지의 사랑을 받아들이는 것을 지속하지 못하게 방해한다는 사실을 알았다. 다음 나오는 이야기들은 그 이유를 깨닫게 해줄 것이다.

장애물

리디아는 YWAM의 예수제자훈련학교(DTS)에 참여한 처음 몇 주 동안은, 조용하면서도 주의 깊게 강의를 따라오는 학생들 중 한 사람이었다. 어느 날, 전체 앞에서 자신의 경험을 나누는 기회를 주었을 때, 리디아는 주저하지 않고 사람들 앞으로 걸어 나왔다.

"저희 가정은 8남매가 있는 대가족 가정입니다." 리디아는 부드럽지만 분명한 어조로 말했다. 탁 트인 야외 천막 안에서 모든 사람이 조용히 그 말에 귀를 기울이고 있었다. 야자수 위에서 실랑이를 벌이는 새소리만이 그 고요함을 방해할 뿐이었다.

"제가 십대 때 어머니가 말기 암 진단을 받으셨습니다." 리디아는 이야기를 계속해 나갔다. "저는 집안을 돌보려고 학업을 중단해야 했는데, 공부를 마치고 친구들과 함께 졸업할 수 없다는 사실에 굉장히 낙심했습니다. 몇 달 뒤 어머니는 돌아가셨고, 맏딸이었던 저는 나머지 동생들을 돌봐야 했습니다. 저는 왜 하나님이 엄마를 데려가셨는지 이해하기가 힘들었습니다. 그러나 아버지가 매일 성경을 읽어 주시며 우리들과 함께 기도하는 시간이 있었기에 큰 위로를 얻을 수 있었습니다."

리디아는 잠시 말을 멈추고 천막 안에 가득 찬 사람들을 둘러보았다. "어느 날 밤, 아버지가 내게 아버지 방으로 가자고 말했습니다." 그리고 주저하며 다음 말을 꺼내기 시작했다. "아버지는 내 새로운 역할 중에는 아버지의 배우자인 어머니의 역할도 포함있다고 말했습니다." 충격의 물결이 천막 안에 일어났다. 리디아는 눈에 고인 눈물을 닦아내며 그때부터 아버지와의 근친상간 관계가 시작되었다고 조용히 이야기했다. 나중에 리디아가 임신을 하게 되자 아버지는 그 아이가 리디아의 동생이 될 것이라고 말했다.

리디아가 임신 중이던 어느 날, 여동생 한 명과 이야기를 하게 되었는데, 그 동생 역시 아버지와 성적 관계를 맺었음을 알게 되었다.

그 두 자매는 아버지를 신뢰하고 싶었지만, 그것은 매우 어려운 일이었기에 그들은 심한 죄책감과 싸울 수밖에 없었다. 그들이 더 많은 이야기를 나누게 되면서 그 마음은 더 심각해졌다. 리디아는 자신이 임신 9개월이었을 때의 시간을 돌아보며, 죄책감과 수치로 얼룩진 어두운 나날의 연속이었으며, 어머니가 된다는 기쁨과 기대를 전혀 가질 수 없었다고 말했다.

"저는 아버지를 원망하기 시작했습니다." 리디아는 이야기를 계속했다. "아버지를 향한 적개심이 끓어오를 때면 저는 사랑과 증오가 갑작스럽게 수시로 뒤바뀌는 극심한 감정적 기복을 겪었습니다. 점점 한 가지 생각이 저를 사로잡기 시작했는데, 이렇게 혼란스럽고 우울한 모든 모순과 압박을 떨쳐 버리고 떠나자는 것이었습니다." 그러자 리디아의 아버지는 딸의 그러한 갈등을 눈치채고 물질적으로 달래기도 하고, 말로 협박을 하기도 했다. 리디아의 유일한 위안은 갓 태어난 자신의 아들 조이를 향한 깊은 사랑뿐이었다. 하지만 그 아이는 리디아의 남동생으로 자랐다.

그러다 결국 리디아가 더는 견딜 수 없는 날이 오고야 말았다. 리디아는 몇 가지 소지품을 꾸린 다음, 이런 불가피한 상황에 대비해 몰래 모아 두었던 돈을 챙겼다. 떠나는 것에 대한 죄의식과 더 머물러 있어야 한다는 생각이 일으키는 끔찍한 공포 사이에서 갈등하면서, 리디아의 마음속에는 수없는 질문이 꼬리를 물고 이어졌다. 어머니가 돌아가신 이후로 가족 모두가 너무 큰 슬픔을 겪었는데, 이제 그들의 또 다른 '엄마'가 그들의 막내 '동생'을 데리고 그들의 삶에서 갑자기 사라진다면 나머지 가족들은 어떻게 될 것인가?

"어떻게 떠날 수가 있었겠어요? 하지만 어떻게 떠나지 않을 수가 있었겠어요!" 리디아는 그때의 고통이 다시 떠오르는 듯, 우리 앞에서 울었다. 가냘픈 몸이 심한 흐느낌으로 떨리는 가운데, 계속해서 리디아는 어떻게 아들을 데리고 조용히 집을 빠져 나와 정들었던 동네를 떠났는지를 이야기했다.

친구와 함께 머물려고 다른 지방으로 떠난 리디아는 거기서 일자리를 얻었고, 자신이 머물 조그마한 셋방을 얻었다. 그러고 나서, 리디아는 아버지에게 편지를 보내 자신이 떠난 이유와 자신과 '남동생'이 잘 있다는 것을 알렸다.

리디아는 계속해서 어떻게 여기까지 오게 되었는지를 나누었다. 리디아의 내면 깊은 곳에서는 여전히 걷잡을 수 없는 죄의식과 수치심이 넘쳤다. 또한 사람들이 더러운 과거를 알게 되면 자신뿐 아니라 이제 막 십대에 접어든 조이를 거절할지도 모른다는 두려움과 싸워야 했다. 아무리 애를 써도 마음속 깊은 곳에 자리 잡고 있는 불결하다는 느낌을 떨쳐낼 수가 없었으며 여전히 자기 자신과 아버지를 향한 증오심과 싸우고 있었다. 리디아의 이야기를 들으며 나는 그런 잔인한 폭력 속에서도 살아남으려는 한 영혼의 노력에 큰 충격을 받았다. 다시 한 번, 나는 어리고 천진한 아이들, 겉으로 볼 때 부모들이 먹은 신포도가 남긴 쓴맛과 싸우는 것 외에는 아무런 선택의 여지가 없는 그 영혼들에게 부모의 역할이 얼마나 중요한지를 실감했다.

그런데 리디아가 이야기를 나눌 때 우리가 몰랐던 사실이 있었다. 그날 조이의 스쿨버스가 고장 난 것이었다. 그래서 학교에 가지 않게 된 조이는 '누나'가 무엇을 배우는지 호기심이 생겨 뒤쪽에서 서성거리고 있었다. 그런데 바로 자신의 누나가 강단 앞으로 나가 이야기하려는 것을 보고 깜짝 놀란 조이는 그 천막 주위에 있는 무성한 나뭇

잎 뒤에 숨어 이야기를 듣기 시작한 것이었다.

그 뒤에 이어진 이야기는 조이의 일생에서 가장 충격적인 이야기였다. 자신의 출생과 관련된 모든 이야기를 듣게 된 조이는, '누나'가 하는 이야기를 들으며 한없는 슬픔과 해방의 눈물을 흘리기 시작했다. 마침내 조이는 자신의 어린 시절을 감싸고 있던 수수께끼를 풀게 된 것이었다. 리디아가 말을 마치자, 조이는 자신을 억제하지 못하고 강단으로 달려갔다. 충격에 놀란 리디아의 팔 안으로 뛰어들면서 조이는 리디아를 꼭 껴안았고 둘 다 울음을 터뜨렸다. 조용한 흐느낌이 천막 속의 고요한 침묵을 깨뜨렸다. 어머니와 아들이 처음으로 만나는 장면을 지켜본 많은 사람의 얼굴에서 하염없이 눈물이 흘러내렸다. 마침내, 조이가 얼굴을 들고 리디아를 올려다보았다. 그는 여전히 울고 있었다. "나는 항상 우리 사이에 뭔가 특별한 것이 있다고 느꼈었어. 이제야 그 이유를 알았어! 엄마, 사랑해요!"

하나님 아버지의 깨진 마음

그들이 서로 끌어안고 울고 있는 동안, 마치 하나님이 사랑의 아버지의 팔로 그들을 안고 계신 것처럼 느꼈다. 그때 그들 가까이에 있던 간사 한 명이 하나님이 그들에게 진리를 전하라고 하시는 듯한 마음을 느꼈다. 하나님 아버지가 그들이 알고 있는 아버지의 모습이 얼마나 왜곡되었는지, 그것으로 받은 고통이 얼마나 큰지, 비통해 하시며 그들과 함께 울고 계신다는 내용이었다. 계속해서 그는, 하나님의 사랑은 순수하고 깨끗하며 그들을 결코 실망시키지 않을 것이라고 말씀하신다고 전했다. 우리들 모두 하나님 아버지가 어머니와 아들을 다시 태어나게 하시며 그들이 하나님의 진정한 성품과 아름다운 사랑을 경험하도록 인도하시는 것을 지켜보면서, 마치 우리가 거룩한 땅에 서 있는 것 같은 느낌을 받았다.

그때 리디아는 하나님으로부터 어떤 계시를 받게 되었는데, 그것은 그 삶을 바꾸어 놓았다. 나중에 리디아는 근친상간의 희생자들을 위한 놀라운 사역을 계속 발전시켰다. 심지어 TV와 라디오에서도 자신의 이야기를 나누기 시작했고, 예수님이 어떻게 하나님 아버지께로 인도하셨으며, 그분의 사랑으로 자신이 어떻게 치유되었는지 간증했다. 나중에 리디아는 독실한 그리스도인과 결혼했다.

우리 중 많은 사람이 경험한 것과 마찬가지로, 리디아가 인식한 부성(fatherhood)에 대한 그림은 정욕으로 심하게 왜곡되어 있었다. 그래서 하나님 아버지에 대해서도 역시 왜곡된 시각을 갖고 있었다. 이 세상에 하나님 아버지만큼 잘못 알려지고, 훼손되고, 부당하게 비난받고, 왜곡되어 전해진 존재는 없다. 그것은 사탄이 조장한 음모다. 이 땅의 어떤 아버지들은 하나님 아버지를 드러내는 역할을 부여받았음에도 오히려 자녀를 소홀히 양육하는 것에서부터 시작하여 자녀에게 폭력을 행사해 끔찍한 죽음에 이르게 하는 것까지, 모든 그릇된 일을 자행하고 있다! 그러니 부성이 그토록 악평을 받는 것은 결코 이상한 일이 아니다.

앞에서 우리는 잘못된 인간적인 다림줄의 결과로 우리 삶에 나타난 사랑 결핍을 이야기했다. 그러나 예수님은 우리를 하나님 아버지께로 인도하시고 이 결핍을 하나의 유익으로 바꾸신다. 그것은 바로 우리가 다른 사람이 아닌 그분의 사랑 속에서 안전을 경험할 수 있게 하시는 것이다. 하나님 아버지에 대해 우리가 가진 인상이 우리 자신의 부정적인 상처의 경험으로 왜곡되어 남아 있으면, 사랑의 결핍은 우리의 삶 속에서 더 깊어진다.

왜곡된 인상

언젠가 상담을 하려고 찾아온 몰리라는 여성은 우리가 진정한 하나님의 성품을 알 필요가 있다는 사실을 분명히 알게 해주었다. 몰리와 몰리의 남편은 그리스도인이었지만 결혼 생활의 갈등 때문에 잠시 동안 별거를 하기로 결정했다. 몰리가 여덟 살이었을 때 그의 부모는 별거를 했었는데, 몰리는 아버지를 따라가게 되었다. 어느 날 몰리는 아버지에게 잠시 동안만 어머니와 함께 있고 싶다고 말했다. 그러나 건강이 좋지 않았던 아버지는 딸에게 가지 말라고 하며, 몰리가 가면 자신은 곧 죽게 될 것이라고 말했다. 몰리는 어머니에게 몹시 가고 싶었기 때문에 마음이 찢어질 듯 아팠지만, 아버지가 잘못될지도 모른다는 두려움 때문에 떠나는 것을 한동안 미뤘다. 그러다가 한참 후, 드디어 몰리는 어머니에게 갈 수 있었다. 그런데 그 사이에 아버지는 그만 세상을 떠나고 말았다. 몰리는 걷잡을 수 없는 고통과 죄의식에 압도되어, 자신이 아버지의 뜻을 거스르고 가 버렸기 때문에 아버지가 죽었다고 믿게 되었다.

하나님 아버지를 신뢰하는 것

그 이후, 몰리가 수년 동안 하나님 아버지에 대해 가지고 있던 유일한 그림은 자신의 아버지에 대해서 느끼는 인상과 똑같았다. 몰리는 하나님 아버지를 신뢰하는 대신에 두려움만 느꼈고, 결혼을 하게 되자 이전의 모든 두려움과 불신이 겉으로 나타났다. 이제 올바른 그리스도인으로 모든 말을 했지만 그것은 머리에서 나온 것일 뿐, 마음에서 우러나온 것이 아니었다. 잠언 23장 7절은 우리가 마음으로 생각하는 것이 우리의 본모습이라고 말한다. 하나님은 우리의 머리가 아닌 우리의 마음에 그분의 다림줄을 내리신다. 마음이 우리의 생활 방식 즉, 우리가 어떻게 살아갈지 결정하기 때문이다.

몰리가 이야기를 다 마쳤을 때, 나는 강한 불신의 영역들이 몰리와 남편과의 관계에 깊이 영향을 미쳐 왔음을 보게 되었다. 우리가 함께 주님을 기다릴 때, 주님은 우리를 몰리가 여덟 살이었던 그때로 돌아가게 하셔서, 그의 아버지가 어떻게 그러한 말들로 몰리의 사랑을 조종했는지를 깨닫게 해주셨다. 하나님 아버지는 아주 부드럽게 몰리를 어루만지셨다. 하나님은 몰리가 어떻게 불신이라는 삶의 태도를 발전시켰는지 보여 주시며, 아버지와 자신을 용서함으로 자신의 반응에 책임을 질 필요가 있다는 것을 깨닫게 하셨다. 몰리는 눈물로 회개하며 하나님이 보여 주신 것에 순종했고, 하나님은 그 안에 깊이 임하셔서 몰리의 영혼에 자리 잡았던 깊은 상처를 치료해 주셨다.

이 젊은 여성에게 일어난 일은 진정 무엇이었는가? 몰리는 예수님도 알고 성령님도 알았지만 하나님 아버지를 오직 육신의 아버지를 통한 왜곡된 프리즘으로 보았던 것이다. 우리가 기도했던 그날, 하나님은 두려움과 불신에서 몰리를 해방시켜 주셨고, 몰리는 하나님 아버지를 발견하는 놀라운 경험을 했다. 물론 지금은 결혼 생활도 회복되었다. 리디아와 몰리처럼, 우리는 그리스도인으로 살면서 하나님 아버지에 대해 저마다 다른 인상들을 갖게 된다. 어쩌면 우리가 어렸을 때 어머니가 암으로 돌아가셨을 수도 있고, 부모님의 이혼 때문에 양자로 보내졌을 수도 있다. 혹은 알코올의존증인 어머니 때문에 황폐한 환경에서 자랐거나, 아버지가 어떤 기준을 정해 놓고 거기에 도달하려고 일만 하는 분이어서 한 번도 우리가 절실히 필요로 했던 중요한 관계를 위해 시간을 내어 준 적이 없었을지도 모른다.

이 모든 상황, 또는 다른 여러 가지 상황으로 갖게 된 하나님 아버지에 대한 인상은 어떤 것인가? 어떤 종류의 다림줄이 우리 마음에 있는가? 상담을 하며 나는 사람들이 따르고 있는 다림줄이 대부분 하나님의 성품과 본질에 따른 하나님의 다림줄이 아님을 보게 되었다.

우리의 가장 깊은 필요

내 자신이 하나님 아버지에 대해 갖고 있었던 그림은 나를 진정으로 인정해 주거나 받아들이지 않는 모습으로, 이 역시 하나님의 다림줄에서 크게 벗어나 있었다. 내 경험 때문에 나는 거짓 선지자들의 말을 그대로 믿었다. 그러던 중 하나님은 내 삶 속에 깊이 역사하셔서 내가 아버지를 계속 알아 가게 하셨고, 그때 비로소 진정한 안전과 해방이 무엇인지 깨달았다.

우리에게는 하나님 아버지의 성품과 본질에 대한 계시가 필요하다. 머리로는 아주 많은 것을 알고, 또 하나님에 대해 쓰인 내용도 정말 많이 널려 있다. 그러나 우리가 마음으로 그분을 알고 있는가? 그분을 얼마만큼 실제로 느끼고 있는가? 진정으로 그분과 깊은 사랑의 관계를 갖고 그것을 세상의 다른 어떤 것보다도 중요하게 여기는가?

그렇다면 예수님은 우리가 아버지를 알도록 이끌어 주실 것이고, 그분이 우리를 인도하시도록 허락할 때 아버지는 우리의 삶과 마음 속에서 실재가 되실 것이다. 느헤미야가 하나님이 그분의 영을 통해 그의 마음에 대한 계시를 주시도록 허락했을 때, 그는 아버지의 마음에 대한 계시를 받았다. 그가 하나님이 그에게 주신 일을 성취하는

데 그 계시가 필요했던 것과 마찬가지로, 우리에게도 하나님의 목적을 완수하기 위한 계시가 필요하다. 우리 삶에 구원의 벽이 세워지는 것을 보려면 우리는 계속 아버지를 알아 가야 한다.

우리 하나님 아버지는 하늘에 속한 그분의 모습이 왜곡되는 일을 굉장히 슬퍼하신다. 하나님은 그분의 모습이 세대를 거치며 나라와 가정 안에서 완벽하게 반영되도록 계획하셨지만, 거짓의 아비인 사탄은 교묘하고 유혹적인 방법으로 하나님 자녀의 마음이 하나님을 대적하도록 바꿔 놓았다. 그래서 많은 사람이 하나님에 대한 그들의 불신, 불신앙, 원망, 증오를 공공연히 외치고, 심지어 하나님의 존재마저 부정한다.

그러나 예수님은 변함없이 우리 하나님 아버지의 진리와 생명에 이르는 길이 되어 주신다. 우리는 우리 자신을 예수님께 맡기고 그분이 우리를 인자한 아버지 되시는 하나님과의 사랑의 교제로 인도하시도록 허락해야 한다. 그때 우리의 두려움과 불안이 사라진다. 시편 139편에는 하나님 아버지의 진정한 본질, 몇 가지 아름다운 본성이 나타난다. 그분은 항상 모든 방법이 공의롭고 그 행사가 친절하시다.

이 시편 말씀은 그분을 다음과 같이 나타낸다.

전능하신	모든 능력을 지니신	139:1-4
무소부재하신	어디에나 계시는	139:5
전지하신	모든 것을 아시는	139:13-14
완전한 성품을 지니신	모든 사람을 사랑하시는	139:15-18

하나님의 참된 성품을 묵상할 때, 우리는 그분 안에 있는 모든 것에 놀랄 것이다. 우리가 어깨 너머로 그분의 24시간 일정을 살짝 엿본다면, 우리는 아마 거기에 압도되고 말 것이다! 만약 우리가 그 일정을 자세히 살펴볼 수만 있다면, 우리는 그분이 우리의 머리카락 숫자까지 헤아리신다는 사실을 발견할 수 있을 것이다(그분은 분명 계속해서 그 숫자를 헤아리실 것이다). 그러나 당신은 이런 질문을 할지도 모른다. 헤아림이 불가능할 정도로 엄청난 일정을 가지고 계신 그분이 왜 내 생활의 모든 세세하고 복잡한 일에까지 개입하시는 것일까? 나는 이러한 질문에 대해 단 한 가지의 답을 제시할 수 있다. 바로 우리를 향한 그분의 사랑이 정말 강하고 깊어서, 그 어떤 작고 세세한 일도 그분의 주의를 끌지 않고 그냥 지나쳐 가는 것은 없다는 것이다.

하나님은 우리가 그분을 보기 원하며 그분의 진정한 모습을 알아가기 원하신다. 하나님은 심지어 우리의 생각보다 더 많이, 그분에 대한 진정한 계시를 주고 싶어 하신다. 그분의 마음은 세상의 부모들이 행하는 잔인한 죄로 인해 깨졌다. 하나님의 가장 큰 갈망은 그분의 자녀에게 다가가 그분의 진정한 성품을 드러내시는 것이다.

계시 뒤에는 그다음 단계가 뒤따라야 한다. 구원의 벽에서 이 측면이 없이는, 그러한 계시가 우리를 넘어지게 하는 걸림돌과 교만의 원인이 될 수 있다. 다음 장에서 우리는 구원의 벽을 재건하는 연구를 계속하면서, 한 개인의 삶의 방식을 변화시키는 데 필요한 가장 위대한 열쇠가 무엇인지 살펴볼 것이다.

적용

어린 시절 당신이 갖고 있었던 하나님 아버지에 대한 인상을 적어 보라.

당신이 지금 갖고 있는 하나님 아버지에 대한 인상을 적어 보라.

당신의 삶에서 하나님 아버지의 인상에 대해 가장 중요한 계시를 받았던 때를 돌아보라.

하나님의

11장

기준

D. L. 무디는 이런 말을 했다. "막대기가 굽었다는 것을 증명하는 가장 좋은 방법은, 그 막대기를 고발하거나 그것에 대해 논쟁하는 것이 아니다. 바로 그 옆에 곧은 막대기를 나란히 놓는 것이다." 이번 장에서 우리는 하나님의 기준(결코 무너뜨릴 수 없는 그리스도의 사랑과 그 사랑이 의미하는 모든 것을 나타내는 곧은 막대기)의 또 다른 측면을 살펴볼 것이다.

"회개하라 천국이 가까이 왔느니라 하였으니"(마 3:2). 분명하고도 강하게 울려 퍼지는 이 소리는 각처에서 광야로 모여든 사람들에게 충격을 주었다. 약대 털로 거칠게 짜인 굵은 베옷을 입은 이 금욕적인 인물이 무리 중에 있는 모든 사람에게 하나님의 기준을 받아들이라고 도전하는 말에는 완곡함이라고는 전혀 찾아볼 수가 없었다. 이 사건이 일어나기 수백 년 전에 살았던 느헤미야 역시 고국이 황폐해졌다는 참담한 소식을 듣자, 그에 대한 반응으로 하나님의 기준을 수용했다. 금식과 기도를 하고 계시를 받자 느헤미야는 이렇게 말하며 회개했다. "우리 이스라엘 자손이 주께 범죄한 죄들을 자복하오니 주는 귀를 기울이시며 눈을 여시사 종의 기도를 들으시옵소서 나와 내 아버지의 집이 범죄하여"(느 1:6).

이사야 60장 18절에 나오는 구원의 벽을 세우는 과정에서, 우리는 견고하고 안정적인 영구적인 벽을 세우기 위해 먼저 그것을 튼튼히 할 수 있는 철근이 그 모퉁이 돌 속에 박혀야 한다는 것을 알게 되었다. 앞에서 우리는 그 첫 번째 철근이 '계시'라는 것을 배웠다. 이제는 두 번째 철근인 '회개'를 살펴볼 것이다.

느헤미야는 회개하는 과정에서 죄로 인해 포로 생활을 하게 되었던 조상들의 죄를 중요하게 여겼다. 우리도 마찬가지로 우리 조상들이 어떤 사람들이었는지 질문할 필요가 있다. 여기에는 단지 문자적인 의미의 조상뿐 아니라 우리에게 의미 있는 영향을 주었던 권위자들도 포함된다. 당신은 이렇게 질문할지도 모른다. "느헤미야가 기도할 때는 그 조상들 중 대다수가 이미 죽은 뒤였을 텐데 느헤미야가 자신의 죄뿐 아니라 조상들의 죄까지 회개한 것이 대체 어떤 의미가 있는가?" 그러나 느헤미야가 하나님 앞에서 기다릴 때, 그는 하나님 아버지에 대한 계시뿐 아니라 자신과 조상의 죄에 대한 계시도 받게 되었던 것이다.

느헤미야는 판단을 하거나 누구의 책임인지 따지려 했던 것이 아니다. 다만 그는 조상들의 죄가 그 자손에게, 그리고 그 자손의 자손에게까지 미친다는 것을 인식했던 것이다(민 14:18). 그는 그의 조상, 즉 부모들이 신포도를 먹었으며 이제 그 쓴맛이 자녀들의 입안에 남

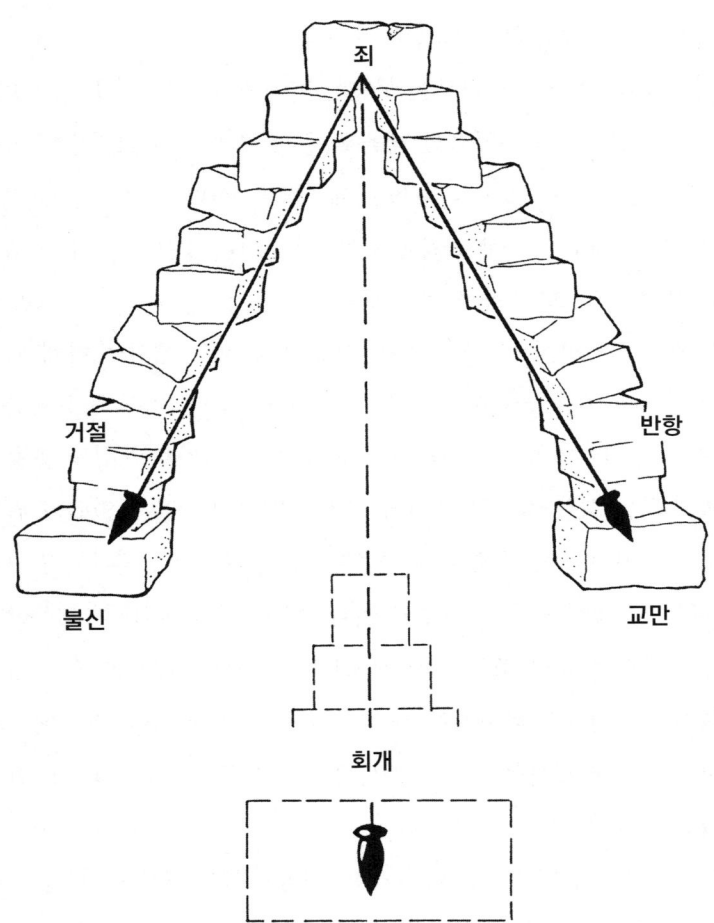

아 있음을 알았다. 그가 할 수 있는 것이 무엇이었는가? 그는 자신의 죄뿐 아니라 모든 백성의 죄에 대해서도 책임을 지고 하나님 앞에서 중보기도했다. 느헤미야의 그러한 모습은, 사실 후에 예수님이 우리를 자유케 하시려고 우리 죄를 지고 십자가에서 이루신 일을 예표한다. 만약 우리도 이 성경적인 원칙을 따른다면, 단지 우리 인생뿐 아니라 앞으로 올 세대의 인생까지도 바꿀 수 있다.

느헤미야의 조상들이 회개를 했더라면 그들과 후손들이 바벨론으로 끌려가 수년 동안 포로로 잡혀 있지 않아도 되었을 것이다. 오직 회개, 즉 삶의 방식을 완전히 돌이키는 것을 의미하는 그 일만이 우리 삶 속에 진정한 변화를 가져올 수 있다.

진정한 회개는 '굳은 내적 결심' 혹은 '마음의 변화'라고 정의할 수 있다. 신약에서의 영어 동사 '회개하다'(repent)는 대부분 헬라어 동사인 '메타노에인'(metanoein)을 번역한 것인데, 그것은 '사람의 마음을 바꾸다'라는 뜻이다.[1] 그것은 '결정'이지 '감정'이 아니다.

구약에서 '회개하다'로 번역된 히브리어는 문자적으로 '방향을 바꾸다, 돌아가다, 또는 다시 돌이키다'라는 의미다. 신약에서는 진정한 회개의 내적인 본질을 강조하는 반면, 구약의 단어는 그 내적인 변화가 겉으로 나타난 행동의 변화를 강조한다. 즉 완전히 새롭게 방향을 바꾸어 돌이키는 것을 일컫는 것이다.

그림 26은 회개가 어떻게 거절과 반항의 벽과 관련이 있는지 보여 준다. 줄곧 살펴본 것처럼, 우리는 삶에서 부딪치는 다양한 공격에서 우리 자신을 보호하기 위해 이러한 벽들을 세운다. 우리가 죄를 회개할 때, 그 벽들은 무너지고 우리는 하나님의 신성한 다림줄에 맞춰 구원의 벽을 세울 수 있게 된다.

거절은 우리에게 유전된 죄와 어떤 관련 있는 것일까? 우리가 어린 시절에 경험한 거절에 대한 책임은 우리에게 있지 않다. 그러나 우리가 그 부정적인 내용을 받아들여서 우리 자신의 가치를 평가절하하고 계속 그러한 기준 속에서 살아가기로 결정한다면, 바로 그 시점이 우리의 책임이 시작되는 때다. 불신에서 믿음을 향해 나아가려는 싸움은 성장 과정에서 받아들이게 된 것과 주님의 진리 사이에서 벌어진다.

가치를 결정하는 것

이러한 역동성을 이해하는 데 카시오 손목시계의 가치에 대해 생각해 보자. 일반적으로 모든 물건이 그렇듯이, 우리는 거기에 지불하는 가격으로 그 가치를 결정한다. 그렇다면 생명의 가치는 어떠한가? 좀 더 구체적으로 말해, 당신의 생명이 지닌 가치는 무엇인가?

한 번은 스위스에서 열린 의학 세미나에서 이 질문을 했다. 그런데 한 의사가 "내 가치를 스위스 돈으로 환산하면 도금을 한 20프랑(약 23,000원)의 가치가 있습니다"라고 말했다. 그는 설명하기를 조사해 보면 그것이 우리 몸을 값으로 매긴 가치의 전부라는 것이었다! 우리가 모두 폭소를 터뜨리자, 또 다른 의사가 입을 열었다. "아닙다, 우리 스위스인들은 일을 열심히 하기 때문에 스위스 돈으로 200만 프랑(약 23억) 정도는 가치가 있어요!"

분자 생물 물리학 교수인 해럴드 J. 모로위츠 박사(Dr. Harold J. Morowitz)는 인체 1g당 평균 가치를 측정하여, 6,000,015.44달러의 가치가 있다는 결론을 내렸다. 그 자체가 바로 600만 불의 사나이인 셈이다! 심지어 모로위츠 박사는 '평균 가치 인간'(average man)이라는 연구를 마친 후, 다음의 말로 결론을 내렸다. "우리는 어떻게 세포를 조직으로, 조직을 기관으로, 기관을 인간으로 조립할 것인가?"

이제 인간의 가치를 매긴다는 발상 자체가 흔들린다. 인간을 돈으로 환산하는 그러한 질문을 던질 명분은 즉각 사라졌다! 우리는 인간 한 사람 한 사람이 가치를 매길 수 없는 존재라는 사실을 직면했기 때문이다. 우리는 평범한 물질로 이루어진 하찮은 존재라는 결론에서, 모든 인간은 굉장히 소중하다는 이 위대한 철학적 결론을 소유하게 되었다. 시편 기자는 자신이 어머니의 태에서 어떻게 '조직되었는지'를 깊이 생각하면서 이와 동일한 결론에 이르렀다. "나를 지으심이 신묘막측하심이라"(시 139:14, 개역한글).

우리 생명의 가치를 정직하게 숙고해 보려 한다면, 우리는 우리의 값이 얼마이며, 과연 누가 우리를 샀는지 알아볼 필요가 있다. 성경은 우리가 값을 지불하고 산 존재이기 때문에 우리 자신은 우리의 것이 아니라고 말한다(고전 6:19-20). 이천 년 전에 그리스도가 우리를 죄와 죽음에서 구원하시려고 잔인한 십자가에 생명을 드림으로, 흘리신 그 피로 우리를 사셨다. 어떤 화폐로도 예수님이 지불한 대가에 가격을 매길 수는 없다. 성경은 이렇게 말한다. "사람이 친구를 위하여 자기 목숨을 버리면 이보다 더 큰 사랑이 없나니"(요 15:13). 이러한 사실로 볼 때, 우리는 예수님이 값을 치르신 한 사람으로, 이 진리를 붙잡아야 한다. 우리에게는 가격을 매길 수 없는 가치가 있다.

우리의 가치를 아는 것

"아무도 자기의 형제를 구원하지 못하며 그를 위한 속전을 하나님께 바치지도 못할 것은 그들의 생명을 속량하는 값이 너무 엄청나서 영원히 마련하지 못할 것임이니라"(시 49:7-8). 하나님은 이 세상에 있는 모든 부를 다 합쳐도 우리 중 한 사람도 살 수 없다고 분명하게 말씀하신다. 오직 예수님의 피가 우리를 그렇게 만들었다. 하나님의 눈으로 볼 때 우리의 가치는 이 세상의 모든 부를 모은 것보다 더 귀하다. 우리가 우리 자신을 무가치하고, 열등하고, 귀중하지 않다고 말하는 것은 하나님의 관점으로 말하는 것이 아니다.

내가 학생들에게 자신에 대해 값을 매길 수 없는 존재라고 느끼는지 물어보았을 때 아주 소수만이 그렇다고 인정하는 반응을 보였다. 자신들이 값을 매길 수 없는 존재라는 말을 들어 본 적이 있는지 또다시 물어보았을 때, 여전히 긍정적으로 대답한 사람은 그보다 더 적은 숫자였다. 이러한 사실은 우리에게 무엇을 말해 주는가? 우리 마음속에 있는 이러한 불신은 우리의 참된 가치와 진가에 대한 하나님의 시각을 부정하게 만든다. 잘못된 믿음이나 불신은 거절 중에서도 가장 심각한 죄에 해당된다.

우리 중 많은 사람이 우리를 향한 하나님의 사랑을 인정하는 것보다, 우리의 부모와 사회로부터 습득한 것들, 그리고 깊숙한 참호 속에 자리를 잡고 그것을 강화해 주는 감정들을 인정하는 게 더 쉽다는 사실을 발견한다. 우리는 그러한 거짓말을 믿으며 실제로 불신의 죄에 빠져든다. 우리 마음속에 거하는 불신은 그것이 비록 숨겨진 형태라 해도 우리의 측량할 수 없는 가치에 대한 하나님의 참된 시각을 부정하며, 그분의 사랑을 우리의 마음에서 멀리 떨어져 있는 한낱 이론에 불과한 것으로 전락시키고 만다. 불신앙에 빠져 있는 것은 우리가 거절이라는 옛 인간적인 다림줄에 동의하고 하나님의 다림줄을 수용하지 않았다는 사실을 의미한다.

성공이나 성취가 사람의 가치를 결정하는 것이 아니다. 수행, 성취, 심지어 우리를 사랑하고 존경하는 수많은 사람도 마찬가지다. 우리의 가치는 전적으로 유일한 하나님의 선언, "하나님이 세상을 이처럼 사랑하사…"(요 3:16)에 근거한다. 어떤 것도 이 진리를 바꿀 수 없다.

불신의 죄

불신은 처음에 에덴동산에서 사탄이 하와를 속여 하나님을 의심하게 만드는 방법을 발견한 그때부터 시작되었다. 오늘날에도 이 속임은 여전히 존재하며 인간의 가장 치명적인 죄로 남아 있다. 그리고 그것이 기초석이 되어 그 위에 거절의 벽을 구성하는 각 벽돌들이 놓인다. 우리가 7장에서 말한 '순종형'과 '할 수 없어' 유형이 모두 불신에 그 기반을 둔다.

불신의 죄가 하나님 보시기에 너무나 심각했기 때문에 이스라엘의 한 세대는 그들의 유업으로 약속된 땅에 들어갈 자격을 잃었다(히 3:16-19). 오직 여호수아와 갈렙만이 그것을 믿는 모험을 했으며, 다른 사람들은 하나님이 공급하시는 것을 의심하며 광야에서 죽었다.

오늘날 많은 사람이 이스라엘 백성과 똑같은 이유, 즉 불신 때문에 그들의 유업을 받지 못한다. 그들을 위한 인생은 단지 광야에서 방황하며 의심, 걱정, 낙담, 자기 거절, 심지어 자기 증오에 시달리는 삶으로 넘쳐난다. 그들은 그들의 목표, 꿈, 소원을 이루지도 못한 채 환멸과 의심의 광야에서 길을 잃고 만다.

반항의 죄

한 사람의 삶에서 반항의 다림줄이 그 기준이 될 때, 그는 교만이라는 치명적인 죄를 모퉁잇돌로 삼아 반항의 벽을 쌓게 된다. '경쟁적인' 유형과 '비판적인' 유형의 성격은 교만을 그들의 삶의 기반으로 삼는데, 그것은 우리의 실제 모습이 알려지는 것을 꺼리는 것, 또는 우리 자신을 우리가 아닌 다른 어떤 사람으로 비치는 것이라고 정의할 수 있다. 하나님은 교만한 자를 대적하시며(벧전 5:5), 결국에는 그를 낮추실 것이다(사 2:12). 때때로 사람들은 하나님이 그들에 대해 단지 반대하실 뿐 아니라 대적하시는 것처럼 느끼기도 하는데, 사실 그때 하나님은 그들이 떠나보내기를 거절하는 그들의 교만을 대적하시는 것이다.

잭의 경우를 예로 들어 보자. 잭은 그리스도인이 된 후, 자신의 사업을 하나님께 맡긴 다음부터 계속 위기를 겪었다. 아내와의 관계에도 불협화음이 생기며 악화되었다. 결국 어떤 중대한 실패로 그의 사업과 가족이 타격을 받게 되자, 그의 삶은 더 비참해졌다. 그때 잭은 하나님이 여러 가지 수준에서 그의 삶에 깃든 교만을 다루신다는 사실을 깨달았다. 잭이 하나님과 함께 자신의 교만을 처리하면서 상황이 달라졌다. 곧 그는 삶에 대한 새로운 시각을 발견하게 되었는데, 그것은 우리가 하나님과 함께 걸어 나가는 데 중심이 되는 내용이다. 그는 자신을 낮추기 시작하면서 거짓된 인간적인 다림줄로부터 자유케 되는 열쇠를 발견한 것이다.

당신의 삶에도 교만이 자리 잡고 있는지 분별하기 위해 다음의 내용을 스스로 질문해 보라.

- 어떤 사람이 당신이 원했던 자리를 대신 차지하게 되거나 혹은 어떤 사람의 은사나 성취가 당신의 것보다 더 빛을 발할 때, 당신은 어떻게 반응

하는가? 질투를 느끼는가? 아니면 울화가 치미는가?

- 우리는 정직하게 스스로 비판하는 시간에 자신에 대해 많은 것을 말한다. 다른 누군가가 당신에 대해 그와 똑같은 내용을 이야기할 때 당신은 어떻게 반응하는가?

- 비판을 받으면 적대감과 분노가 일어나는가? 당신은 자신을 정당화하며, 비판한 그 사람을 비판하는가?

만약 당신의 삶에서 교만이라는 모퉁잇돌 위에 세운 영역이 있다면, 당신도 잭과 같이 겸손의 열쇠를 사용할 필요가 있다. 겸손은 그것이 가져올 결과에 개의치 않고 기꺼이 우리가 누구인지를 드러내는데, 그것이야말로 하나님의 은혜가 우리 삶에 자유롭게 역사할 수 있도록 문을 여는 열쇠다(벧전 5:5-6). 우리가 진리와 빛 가운데서 투명한 삶을 살아갈 때 이 두 가지는 우리를 자유케 하고, 우리는 삶에서 겸손을 실현하게 될 것이다.

겸손에 대한 이해

겸손은 또한 사랑이다. 성경에서 말하듯이, 우리가 하나님을 사랑한다 말하면서 우리의 형제자매를 사랑하지 않으면 어떻게 되겠는가? "누가 이 세상의 재물을 가지고 형제의 궁핍함을 보고도 도와줄 마음을 닫으면 하나님의 사랑이 어찌 그 속에 거하겠느냐"(요일 3:17).

하나님을 향한 사랑이 형제자매를 향한 사랑으로 증명되듯 하나님을 향한 겸손도 다른 사람과의 관계로 나타난다. 우리는 굽실거리거

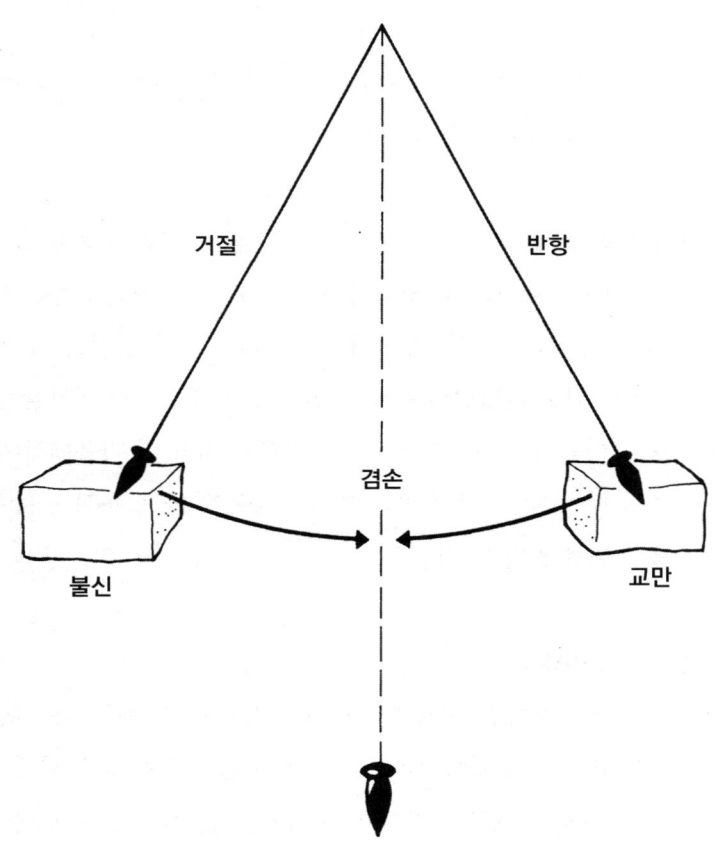

그림 27

나 움츠러드는 대신, 우리의 있는 모습 그대로 알려지는 것을 꺼리지 말아야 한다.

어느 날 나는 기도를 하다가 주님께 이렇게 여쭤 본 적이 있다. "사람들에게 내가 누군지 알리는 것은 그토록 어려운데, 주님께 내가 누구인지를 알리는 것은 왜 이렇게 쉬운가요?" 내 마음속에 다음과 같은 부드러운 음성이 들렸다. "그것은 네가 나를 두려워하는 것보다 사람들을 더 두려워하기 때문이다." 놀랍게도 나는 그것이 사실임을 깨달았다. 나는 거절받고 상처 받는 것을 피하려고 다른 사람들이 나를 어떻게 생각하고, 나에게 무슨 말을 할지 두려워하며 있는 모습 그대로의 나를 드러내지 못했다. 처음으로 나는 참된 회개가 참된 겸손을 포함한다는 것을 알게 되었고, 또한 그것이 내가 정말 누구인지 알리는 것을 꺼리지 않고 그대로 알릴 수 있는 마음이라는 것을 깨닫게 되었다.

헬라어로 겸손은 '타페이노스'(tapeinos)다. 이는 '마음이 낮아진, 마음이 낮은 자리에 서는, 깎아 내린'이라는 의미다.[2] 우리는 아무도 낮아지는 것을 좋아하지 않는다. 그러나 겸손하게 살아가고 싶다면 기꺼이 낮아지는 것을 수용해야 한다.

어떤 사람이 하나님의 임재 속에 사는가? 시편 51편 17절은 "상하고 통회하는 마음"을 가진 자라고 말한다. 바로 그 사람이 그곳에서 높고 거룩한 곳에 계신 하나님과 함께 거하는 사람이다. 왜냐하면 우리가 낮아지는 것, 또는 낮은 곳에 처하는 것이 하나님이 우리를 높이시기 위한 열쇠이기 때문이다. 회개는 결코 멈춰서는 안 되는 하나의 과정이다. 우리는 계속 하나님 앞에서 우리 마음속에 있는 죄악을 통회하는 일을 해야 한다. 우리가 어떻게 매일 삶 속에서 이러한 일을 계속할 수 있는가? 야고보서 5장 16-17절은 이렇게 말한다.

> 그러므로 너희 죄(과실, 실수, 잘못 내딛은 발걸음, 위반)를 서로 고백하며 병이 낫기를 위하여(정신과 마음의 영적인 상태가 회복되기를 위하여) 서로 기도하라 의인의 (마음을 다한 꾸준한) 간구는 역사하는 (역동적으로 작용하는) 힘이 큼이니라.

우리가 주님 앞에서 마음을 겸손케 하는 훈련을 하고자 한다면, 반드시 그분께 나아가 불신과 교만, 그로 인한 모든 열매를 회개할 필요가 있다. 그때, 우리는 마음과 삶을 열어 다른 사람들과 나누는 일을 시작하게 되고, 하나님도 우리 삶에 이전에 한번도 경험하지 못한 치유의 손길을 나타내실 것이다.

그 첫 번째 단계는 기꺼이 상처받을 수 있는 자리에 우리 자신을 내어 놓고 우리의 허물, 실패, 죄악을 우리가 신뢰있는 사람에게 고백하는 것이다. 물론 깊고 복잡한 문제들은 기독교 상담 훈련을 받은 사람과 나누면서, 치료하고 회복하는 기도의 능력을 믿는 것이 바람직하다.

그러므로 느헤미야가 우리에게 도전하는 것은 회개의 철근이 구속의 기초석에 깊이 박히게 하라는 것이다. 치유와 회복이 꾸준한 과정이 되도록 촉진하려면 끊임없이 다른 사람들과 함께 빛 가운데 걸어가야 한다.

우리 인생에 닥치는 폭풍우에 능히 견디어 낼 수 있는 구조를 갖추는 구원의 벽을 세우는 데 필수적인 철근은 아직 몇 가지가 더 있다.

다음 장에서 우리는 하나의 과정으로 회개가 어떻게 우리 삶을 변화시킬 수 있는지, 믿음으로 그것이 어떻게 하나님의 모든 귀한 것을 받을 수 있는지 살펴볼 것이다.

적용

당신 삶에서 불신과 교만에 속한 영역이 무엇인지 살펴보라.

당신이 위에 나온 영역이나 다른 영역을 회개했을 때 어떤 효과가 있었는지 평가해 보라.

괴로운

12장

마음

앞에서 우리는 회개의 기초가 무엇인지 살펴보았는데, 이 장에서도 계속해서 삶의 방식을 바꾸는 과정으로서 회개를 살펴볼 것이다. 우리는 성경적인 회개가 변화를 가져오는 모든 접근 방법 중에서 얼마나 탁월한 것인지, 그리고 이를 활성화하는 열쇠로 믿음을 사용했을 때 그것이 어떻게 하나님 나라의 모든 보화가 담겨 있는 문을 열게 되는지 보게 될 것이다.

회개의 첫 번째 중요한 요소는 십자가와 관련이 있다. 예수님은 "또 무리에게 이르시되 아무든지 나를 따라오려거든 자기를 부인하고 날마다 제 십자가를 지고 나를 따를 것이니라"(눅 9:23)고 말씀하셨다. 우리 중 너무나 많은 사람이 이 진리를 실천하라는 하나님의 도전을 받아들이지 않는다. 예수님이 이 말씀을 통해 이루시고자 한 뜻은 무엇이었을까? 그림 28은 우리가 어떻게 옛 사람에서 새 사람

그림 28

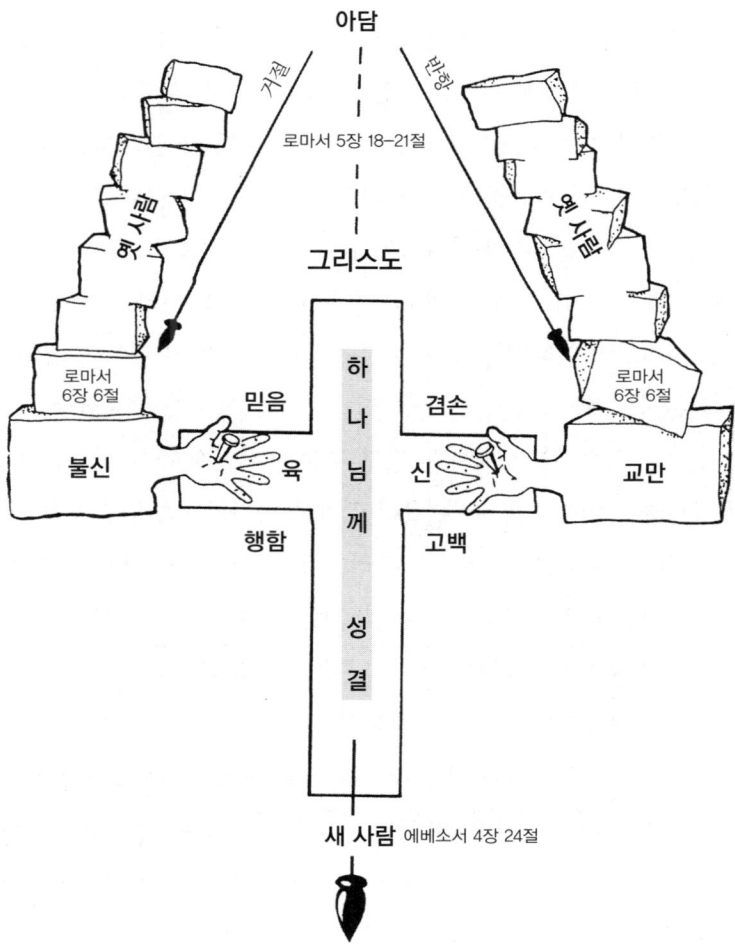

으로 나아갈 수 있는지를 보여 주는데, 여기서 아담은 우리가 물려받기도 하고 삶 속에서 습득하기도 한 불신과 교만의 축소판을 나타내 준다. 우리가 불신과 교만을 버릴 수 있는 유일한 방법은 그리스도께서 담당하셨던 다른 모든 죄와 함께 그것들을 십자가에 못 박는 것이다. 이렇게 하기 위해서 우리는 먼저 우리 삶의 이러한 영역들에 대해 우리 자신이 진정 죽은 것으로 간주해야 한다. 둘째로, 우리는 우리의 진정한 가치에 대한 하나님의 선언과 우리 자신에 대한 진리를 믿음으로 붙잡음으로써 불신을 대치해야 한다. 마지막으로, 우리는 지속적으로 그것에 따라 살아가야 한다.

야고보는 "행함이 없는 믿음은 죽은 것"(약 2:20)이라고 말한다. 진리를 머리로만 이해하는 것은 실천이 뒤따르지 않기 때문에 거의 가치가 없다. 그래서 믿음을 행동으로 실천하는 것이 중요한데, 그것은 우리를 거절의 다림줄에서 자기 수용과 자신에 대한 진정한 가치의 다림줄로 이동하게 한다. 그것이 바로 하나님의 다림줄과 일치하는 곳이다. 우리가 만약 교만의 자리에서 이동해야 한다면, 그 변화를 위한 열쇠는 겸손과 죄의 고백이다. 죄를 고백하는 것은 마음속 깊은 곳에 있던 문제가 풀리게 하며, 겸손은 마음의 변화가 일어날 수 있도록 그 문을 계속 열어 놓게 된다. 투명한 삶을 통해 우리는 교만의 뿌리에 치명타를 가하게 되는 것이다. 우리가 겸손하게 고백할 때 교만은 그 능력이 상실되어 더는 우리 삶을 지배할 수 없게 된다. 우리에게 주어진 도전은 교만과 불신이라는 달갑지 않은 옛 요소들을 벗어 버리고 바람직한 새 사람을 입는 것이다(골 3:8-10). 우리는 지금 정신적 곡예를 말하는 것이 아니라, 십자가에서 얻은 승리로 변화를 가져오는 능력을 얻고 해방되는 것에 대해 말하는 것이다. 예수님이

그림 29

그 일을 다 마치셨다는 믿음은 진정으로 그 믿음을 실행하는 모든 사람에게 승리를 가져다 준다.

이러한 변화를 시도할 때, 우리는 그림 29에 나온 것처럼 내적 저항을 만나게 된다. 이 그림에서 엔진은 영을 나타내며 연료가 있는 칸은 정신을, 승무원이 탄 칸은 감정을 나타낸다. 사탄은 감정이라는 승무원 칸에서 자신이 기관사가 되어 기차를 끌고 가는데, 이것은 오늘날 서구 사회에서 우리가 살아가는 방식을 가장 잘 나타낸 것이다. 사탄은 원칙과 진리가 우리를 안내하도록 허락하는 대신, 능란하게 우리를 조종하여 감정이 우리를 인도하고 심지어 지배하는 것까지도 허락하게 만든다. 감정은 중요하고 유익한 의사 전달자이지만, 지극히 위험한 독재자이기도 하다. 감정은 우리가 통제하게 되어 있는 것이지, 우리의 주인이 되라고 있는 것이 아니다.

통제를 벗어난 감정

어쩌면 당신은 분노를 폭발하며 뛰어나가 자신의 오토바이에 올라타고는 굉음을 내며 전 속력으로 달리는 청년을 본 적이 있을지도 모른다. 다음날 아침 신문에는 "과속으로 인한 정면충돌로 4명 사망"이라는 헤드라인과 함께 그 사건의 자세한 진상이 보도된다. 이처럼 감정이 우리를 지배하도록 허락하면 우리의 삶은 비극으로 치닫는다. 어디에든 우리는 통제를 벗어난 감정이 빚어 낸 비극적 결과를 볼 수 있다. 많은 나라에서 자살은 청소년 사망 원인 중 제일 우위에 있다. 우울 역시 전염병처럼 퍼지고 있는 현상인데, 우리는 그것이 사회를 지배할 때 어떠한 결과가 나타나는지 적나라하게 알고 있다.

다음에 나오는 그림 30은 우리가 회개, 즉 돌아서려고 할 때 직면

그림 30

인생이라는 열차

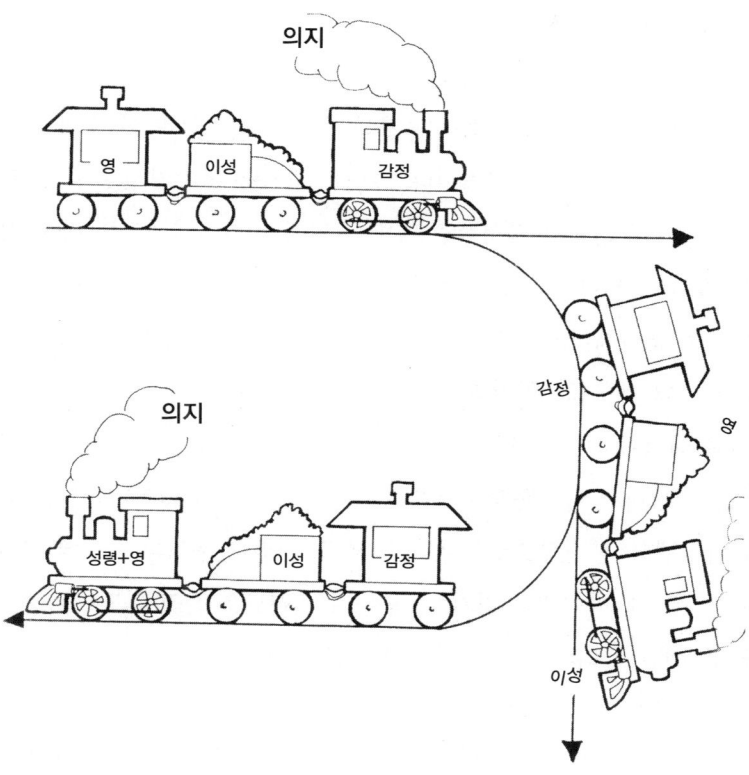

하게 되는 강력한 적을 이해하는 데 도움이 된다.

그림 맨 위의 열차는 '인본적인 열차'(humanistic train)라고 부르는데, 이는 우리가 감정이 휘두르는 지도력을 따라가는 상태를 나타낸다. 그 아래의 기차는 우리가 바라는 균형을 이룬 위치를 나타내는데, 이때 우리의 영은 하나님의 성령을 따라 움직이며 우리의 감정이 그 뒤를 따른다. 그런데 이러한 전환이 일어날 때 우리에게 어떤 일이 발생하는가?

구부러진 길로 돌려고 애를 쓰는 기차가 보여 주듯이, 우리의 감정은 궁지에 몰린 고양이처럼 발톱을 세우고 위협적인 방어 태세를 취하며 성난 소리로 으르렁거린다. 그러한 과정을 멈추지 않으면, 그것은 심지어 우리에게 감정적인 폭발이 일어날 것이라는 위협까지 가할 수 있다. 왜냐하면 그 감정은 우리에 대한 지배력을 상실하는 것을 매우 불안해하고 분노하기 때문이다. 감정으로 번역된 히브리 단어를 보면 왜 이런 일이 일어나는지 이해할 수 있을 것이다. '나함'(nawkham)이라는 이 단어는 문자적으로 '한숨짓는, 신음하는, 헐떡이는, 진동하는'이라는 의미인데, 모두 깊은 곳에서 일어나는 대변동을 나타낸다. 본질적으로 그것이 바로 회개할 때 우리의 감정에 일어나는 일이다. 마침내 우리가 그 구부러진 궤도를 돌고 나면(만약 우리가 해냈다면), 우리의 감정은 궁극적 기쁨을 경험하고 성령의 인도하심을 받을 것이다.

마찬가지로 정신으로 가동되는 '이성적 열차'(rationalistic train)도 비슷한 상황을 보여 준다. 회개하려 할 때 우리가 수행해야 할 가장 큰 전쟁은 회개에 대한 이성적 저항이다. 어리석게 보이거나 유치하게 보이는 것, 또는 비이성적으로 보이는 것에 대한 두려움이 우리의

이성적 열차

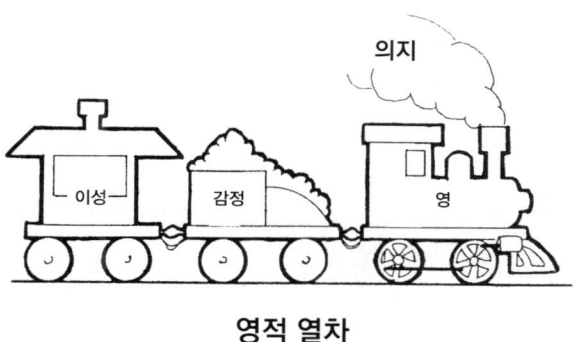

영적 열차

변화에 강력한 적수가 된다.

우리가 직면할 수 있는 불안정한 선택은 우리의 인간적인 영이 앞에서 인도하는 것인데, 이것 역시 성령이 아닌 다른 영향력 아래에 있다. 이는 '영적' 또는 '신비주의 열차'(occult train)라고 불릴 수 있다. 이런 사람들의 경우는 회개하는 동안 악한 영으로부터 해방되기 위해 기도해야 하는데, 때로는 원수의 반항이 변덕스럽거나 극적인 양상을 보이기도 한다.

감정, 이성, 영이라는 세 개의 기차가 나타내는 서로 다른 측면을 각각 살펴보았지만, 이 세 가지는 다양하게 결합된 형태로 나타날 수도 있다. 세례 요한이 "회개하라 천국이 가까이 왔느니라 하였으니"(마 3:2)라고 경고했듯이, 마음과 삶에 진정한 변화가 일어나는 것을 경험하려면 진정으로 회개해야 한다. 우리의 삶을 더욱더 하나님의 다림줄을 따라 세워 나갈수록, 우리는 더 풍성한 생명을 누리는 진정한 삶을 향유할 수 있게 될 것이다.

해방

변화를 경험하기 위해 이제 우리는 매우 중요한 회개의 또 다른 측면을 살펴볼 것이다. 그것 없이는 회개가 허사가 되어 버릴 수도 있다. 느헤미야 1장에서 우리는 노예와 왕, 유대인과 이방 주인, 그리고 압제 당하는 자와 압제자 사이의 관계에 대해 주목할 만한 이야기를 발견한다.

느헤미야가 예루살렘에 대한 소식을 들었을 때, 그의 슬픔은 왕 앞에 나아갔을 때에도 그대로 나타난다. 왕의 술 관원인 느헤미야의 역할은 왕에게 좋은 술을 드리는 것뿐 아니라 즐거움을 제공하는 일도

그림 31

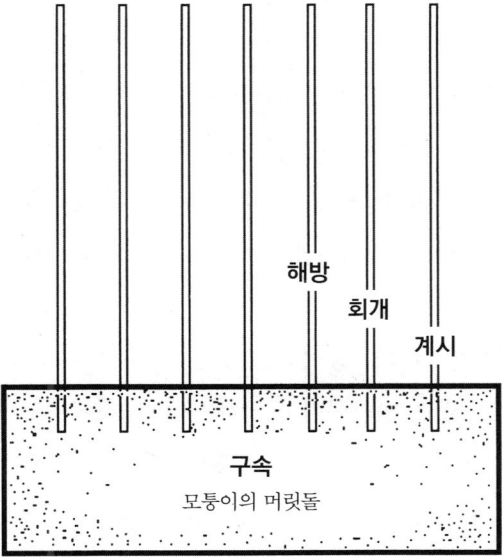

포함되어 있었다. 느헤미야가 왕 앞에서 그의 슬픔을 드러내는 것은 스스로 죽음의 위험 속에 뛰어드는 것과 같았다. 그러나 자기 백성을 향한 느헤미야의 염려는 자신의 안위에 대한 염려보다 훨씬 더 강했다. 슬픔에 찬 그의 얼굴을 보고 아닥사스다 왕은 그 이유를 물었다.

이 이야기는 술 관원 느헤미야를 향한 아닥사스다 왕의 깊은 사랑을 보여 준다. 왕은 예루살렘의 사정을 듣고 난 후 느헤미야를 왕궁의 업무에서 풀어 주며 그 거룩한 도시를 복구하도록 허락해 주는 것은 물론이고, 그것을 하는 데 필요한 자원을 지원해 주었다! 이것은 느헤미야를 도우시는 하나님의 손길을 보여 줄 뿐 아니라, 느헤미야의 마음이 얼마나 깊은가를 보여 준다. 그는 분명히 자신의 적을 자유롭게 용서하는 자리까지 이르렀으며 그들의 왕을 성실하고 충성스럽게 섬기기까지 하였다. 그는 그 압제자들이 자기 백성에게 행한 죄에서 풀어 주었으며, 어떤 원망이나 쓴 뿌리의 앙금도 그의 마음에 남아 있지 않았다. 이것이 바로 구속의 기초석에 내려야 할 그다음 철근, '해방'이다.

우리를 공격한 사람을 용서하는 것은 그 사람이 우리에게 다시 되돌려주고, 보상하고, 미안하다고 말해야 하는 것에서도 풀어 주는 것을 의미한다. 우리가 마음으로부터 용서하는 자리로 나아갈 때, 동시에 우리 안에서는 또 다른 종류의 해방이 일어난다. 다음 이야기가 이를 설명해 줄 것이다.

YWAM에서 상담학교를 진행하던 중에, 학생들에게 자신의 삶을 나누는 시간을 주었다. 케이라는 40대 후반의 한 여성이 자신이 어떤 사람이었는지 우리에게 말하기 시작했다. 그런데 그 여성은 말하고 채 몇 분도 지나지 않아 침묵으로 일관하고 있었다.

두 명이 다가가 조용하게 그 여성을 위해 기도하자, 갑자기 그 여성이 몸을 떨기 시작하더니 신체적인 공격까지 가하며 우리에게 욕을 했다. 우리는 즉시 우리가 보통 때 같은 감정의 해방을 다루는 것이 아니라 마귀의 영향력에 직면해 있다는 사실을 인식했다. 우리가 더 강하게 기도할수록, 케이의 반응도 더 격렬해졌다. 아무런 변화도 없이 시간만 보내다가 수업이 끝난 후에 우리는 다시 케이를 만나기로 결정했다.

그 후에 기도하며 기다리는 동안 우리 중 한 명에게 주님은 어떤 지식을 깨닫게 하셨는데, 케이가 자신의 어머니를 용서하려 하지 않는다는 것이었다. 우리가 그 문제를 케이에게 꺼냈을 때 케이는 마음속에 있던 깊은 원망의 뿌리를 인정했고, 마치 어머니가 그 방 안에 있기라도 하듯 소리치기 시작했다. "난 엄마를 증오해요! 엄마를 증오해요! 엄마를 증오해요!"

용서

우리가 함께 대화를 나누는 동안, 마침내 케이는 어머니를 용서할 수 있는 자리로 나아가게 되었다. 우리가 다시 케이를 위해 기도했을 때, 케이는 자신의 용서하지 않는 마음 뒤에 숨어 괴롭히던 악한 영들로부터 자유케 되었다.

마태복음에는 만 달란트의 빚을 탕감받은 사람이 다른 사람을 탕감해 주는 것을 무시하는 이야기가 나온다(마 18:21-35). 집으로 돌아오는 길에 그는 자신에게 100데나리온이라는 얼마 안 되는 돈을 빚진 동료 하인을 만난다. 그런데 그는 자신이 받은 은혜를 그들에게 베푸는 대신, 그들을 옥에 가둔다. 그 사람의 채권자는 이 사실을 알

그림 32

용서를 통한 해방

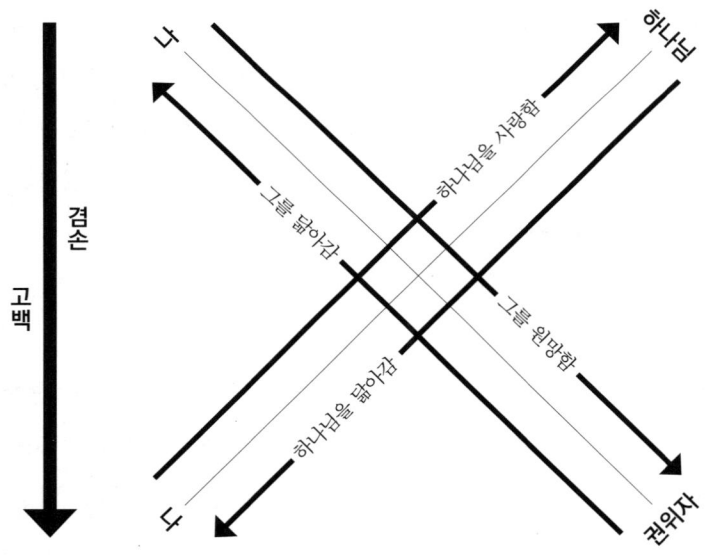

고 매우 노하여 그가 베풀었던 원래의 자비로운 결정을 철회하고 그가 만 달란트를 다 갚을 때까지 옥졸들에게 넘겨 버린다. 이제 그 사람은 원래의 빚 때문이 아니라 그의 무자비함과 용서치 않는 마음 때문에 옥에 갇히게 되었다. 예수님은 우리가 우리 형제를 마음으로부터 용서하지 않는다면, 하나님도 우리 각 사람에게 이와 동일하게 행하실 것이라고 말씀하시며 이 비유를 마치신다.

이 이야기에서 우리가 알 수 있는 것은 용서하지 않는 마음은 내적인 고통을 초래한다는 것이다. 우리는 분노, 원망, 미움을 가지고 살도록 창조된 존재가 아니다. 그 안에서 계속 살면 우리는 신체적인 질병뿐만 아니라 영적인 질병까지 걸리고 말 것이다. 더 자세한 설명을 위해 그림 32를 보자.

동일한 복제(becoming a replica)

우리는 이 그림에서, 용서하지 않는 태도는 흔히 그것이 상상이든 실제이든 상관없이, 어린 시절에 있었던 어떤 불의로 나타나는 결과임을 볼 수 있다. 우리는 성장하면서 그 권위자에게 부정적인 시각을 갖게 되어 부정적인 것에 초점을 맞출 수 있는데, 그렇게 되면 그것은 우리의 청년기에 드러난다.

이 땅의 권위자에게 맞추었던 초점을 하나님께 전환하는 것은 오직 겸손과 고백을 통해서 이루어진다. 원망은 고백해야 하며, 우리를 공격했던 사람들은 조건 없이 용서해야 한다. 이것이 해방과 새로운 초점의 시작이다.

하와이의 상담실에서 일하던 어느 날, 네빌이라는 한 젊은이가 찾아왔다. 최근에 결혼한 네빌은 자신이 벌써 결혼 생활의 어려움을 겪고 있다고 털어놓았다. 그는 울면서, 자신이 알코올의존증으로 가정을 파괴한 아버지를 경멸하고 원망했음을 고백했다. 하지만 이제 당황스럽고 두렵게도, 자신이 아버지와 동일한 술과의 전쟁 속에 있는 것을 발견하게 된 것이었다.

우리가 마음으로 다른 사람을 정죄하고 판단할 때 위험한 역학 관계가 발생하는데, 우리 자신이 우리가 판단한 동일한 죄에 빠지는 것이다. 다른 예를 들어 보면, 제인은 근친상간에 희생되어 마음속으로 성관계에 있어 모든 남성이 다 똑같다고 판단했다. 그리고 남성에게 여성은 이용 대상일 뿐이며, 단지 욕구를 충족하기 위해 필요한 존재일 뿐이라고 생각했다. 그렇게 판단한 후, 제인은 매춘을 통해 남성들을 이용하고 오용하며 자신이 미워했던 그들처럼 되었고, 그때 이 역학 관계가 시작되었다. 제인의 비판과 원망은 자신에게 되돌아오는 부메랑이 된 것이었다. 제인은 모든 남성이 다 똑같으며 동일한 결점을 가지고 있다고 확신했고, 정말로 유일한 사랑은 정욕뿐이라고 생각했다.

유일한 해답

우리가 지금까지 논의했듯이, 이러한 파괴적인 악순환을 벗어나는 유일한 방법은 겸손과 고백을 실행하는 것뿐이다. 먼저 우리는 마음을 열고 우리가 가진 분노를 정직하게 대해야 하며, 그런 다음 조건 없는 용서를 베풀어야 한다. 입을 열어 용서한다고 말하는 것은 어려운 단계지만, 그것은 마음으로부터 우러나오는 용서의 출발점이 될 수 있다.

우리는 살면서 종종 우리 자신을 용서하는 것을 대단히 큰 과제로

그림 33

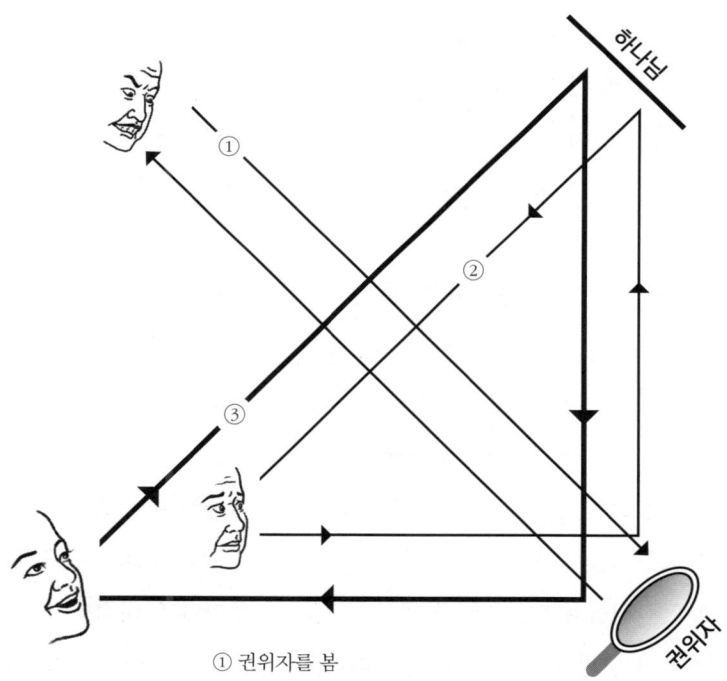

올바르게 하나님을 보기

① 권위자를 봄
② 권위자를 통해 하나님을 봄
③ 하나님을 봄

느낀다. 그러나 자신에 대한 용서로 우리 자신 안에 있는 쓰라린 눈물이 흘러나오며 마음의 상처가 치유된다. 상처는 완전히 사라질 수 없으며, 우리의 감정이라는 섬세하게 짜인 직물 위에 얼룩진 눈물 자국은 대부분 영원히 남는다. 그러나 너무나 완고해서 용서하지 못하는 사람들은 자신도 알지 못하는 사이에 괴로움을 선택하는 것이다.

그림 33에 나와 있는 것처럼, 우리는 용서의 단계를 거친 뒤에도, 두려움과 불신을 하나님에게 투사하는 것으로부터 자유하게 되는 싸움을 시작하게 될 수도 있다. 우리는 종종 이 땅에서 우리의 권위자를 통해 갖게 된 왜곡된 이미지로 하나님을 보려는 경향이 있다(경로 ②). 우리는 이해와 지혜를 얻기 위해 '권위자'라는 거울을 보는 대신, 우리의 진정한 모습을 알기 위해 하나님을 친히 대면할 필요가 있다(경로 ③).

우리가 하나님이 진정 어떤 분이신지를 보면 볼수록, 우리는 더욱 그분을 사랑하고 닮아 가게 된다(그림 32 참고). 이러한 해방은 우리가 조건 없이 용서를 베풀 때, 즉 예수님의 말씀처럼 우리가 70번씩 7번이라도 용서할 때, 그 용서로 우리에게 찾아온다.

앞에서 보았듯이, 우리를 괴롭히는 자들은 용서를 거절하도록 유인하여 우리를 고통스럽게 만들고, 최대한 우리를 파멸의 길로 이끌려고 안간힘을 쓴다. 다음 장에서 우리는 느헤미야를 대적하는, 우리를 괴롭히는 원수들을 보게 될 것이다. 그럼에도 느헤미야는 몇 번이고 그의 기술과 지혜로 그들의 무기를 빼앗는다.

적용

당신이 삶 속에서 붙잡고 있었던 열차 유형은 무엇인가?

회개에 대한 당신의 경험과 관련지어 생각해 보라.

용서하지 않은 것 때문에 당신이 경험한 괴로움을 설명해 보라. 어떠한 단계들이 당신을 거기서 끌어냈는가?

원수의

13장

패배

우리 삶에 구원의 벽을 다시 세우는 데 가장 커다란 적은 바로 루시퍼다. 어떤 사람들은 그를 상상 속에서 만든 가상의 존재라고 여기는 반면, 또 다른 사람들은 그가 이 세상의 주인이므로 언젠가 그 위치에서 경배를 받을 것이라고 생각한다. 그러나 그는 야비한 행적을 가진, 여전히 만만치 않은 우리의 적, 사탄이다! 성경은 사탄이 살아 있는 존재로 이 세상에서 활동한다고 말한다. 그의 주위에는 수많은 추종자가 있고, 그들은 마지막 때가 되면 그에게 더 많은 충성과 권위를 주게 될 것이라고 분명히 말한다. 많은 그리스도인의 사랑이 점차 식어 가는 시기도 바로 이때다(마 24:11-13).

느헤미야 역시 예루살렘의 성벽을 재건하라는 하나님의 부르심에 순종하는 과정에서 이 원수들의 계략에 부딪혔다. 우리는 그의 싸움을 살펴보면서 하나님이 느헤미야에게 주신 계획을 단념시키고 패배

그림 34

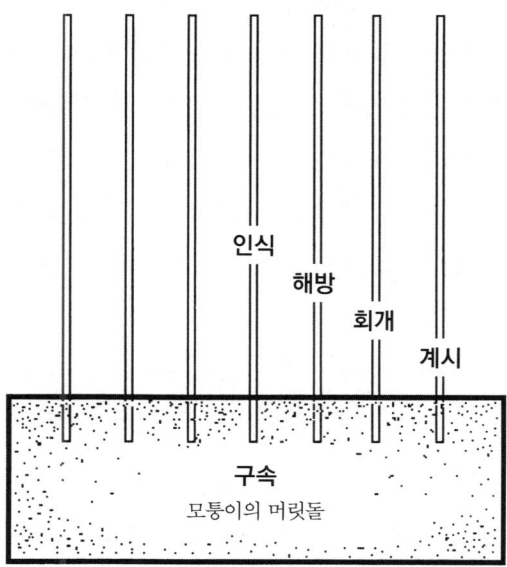

시키려는 사탄의 전략을 알게 될 것이다. 우리는 모퉁이의 머릿돌에 박혀야 할 그다음 철근으로 원수를 '인식'하는 것에 관해 살펴볼 것인데, 사탄을 효과적으로 다루고 그의 작전을 진멸시키려면, 무엇보다도 먼저 그의 전략이 어떻게 나타나는지 분별하는 법을 배워야 한다.

분노와 두려움

느헤미야 4장 1절부터 7절까지에서 보는 사탄의 주요 대리자들은 산발랏, 게셈, 도비야인데, 그들은 예루살렘 성벽을 재건하려는 느헤미야의 계획을 듣고 분노한다. 그 도시로 가고 있는 느헤미야를 만난 그들은 느헤미야를 위협하고, 비난하고, 공격한다. 느헤미야의 많은 조상과 후손들은 그들에게 가해지는 두려움과 협박에 굴복했지만, 느헤미야는 단념하려 하지 않았다. "사람을 두려워하면 올무에 걸리게 되거니와 여호와를 의지하는 자는 안전하리라"(잠 29:25). 느헤미야는 단지 믿기만 한 것이 아니라 주님을 신뢰하며 이 말씀의 진리 속에서 살았다.

느헤미야가 경험한 것과 마찬가지로, 사탄은 우리가 사랑하는 사람들, 장비 부족, 역경, 정치 체제, 질병, 정신적·신체적 파괴, 그 밖의 여러 가지 다른 방법으로 그의 분노를 우리에게 퍼부을 것이다. 그러나 요셉과 욥, 그리고 특히 예수님은 하나님이 어떻게 사탄의 진노를 유익으로 바꾸시는지를 보여 주는 뛰어난 본보기다. 스데반은 사탄이 분노를 끓어오르게 만든 무리에게 돌을 맞았다. 그러나 만약 사탄이 그가 어떤 능력을 풀어 놓고 있는지 알았더라면 그 하던 짓을 멈추었을 것이다. 그 자리에는 사울이 있었고, 그는 후에 사도 바울이 되었다. 스데반의 죽음은 용서라는 것이 무엇인지를 여실히 보여 주었고, 그것은 사울의 마음 깊은 곳을 흔들어 놓았던 것이다.

"하나님이 우리에게 주신 것은 두려워하는 (겁을 내고 두려워서 비위를 맞추는) 마음이 아니요 오직 능력과 사랑과 절제하는 마음이니"(딤후 1:7). 사탄은 두려움이라는 무기로 우리를 위협하지만 하나님을 신뢰하는 자들에게 원수가 포효하는 소리는 이빨 없는 사자의 과장된 울음소리에 불과하다.

조롱

원수의 또 다른 전략은 '조롱'인데, 이것 역시 사람의 억압된 적개심으로부터 나온다. 느헤미야의 적들은 그를 경멸하고 조롱하며 이미 아닥사스다 왕이 그 일을 축복했음에도 그가 아닥사스다 왕을 배반하고 있다고 거짓된 비난을 했다(느 2:19). 산발랏은 심지어 느헤미야가 하나님을 뇌물로 매수하려 한다고 비난했다(느 4:1-3). 여기서 교묘한 공격이 느헤미야 안에서 일어나는데, 이것은 광야에서 예수님을 시험하며 말씀을 그릇되게 인용했던 사탄의 전술과 비슷한 것이다(마 4:3,6). 느헤미야에게 교묘하게 행했던 것과 똑같이, 사탄은 진리의 말씀을 이런 식으로 바꿔서 때때로 교회를 분열시키고 하나 됨을 깨뜨려 그 기능을 약하게 만든다.

산발랏이 그 일이 쓸데없는 헛된 행동이라고 조롱하는 동안, 도비야는 그들의 기술과 능력을 훼손하려 했다. 그러나 그는 그들이 대부분 수년의 포로 생활 동안 강제노동을 하며 벽돌을 쌓고 벽을 세우는 일을 했었다는 사실을 잊고 있었다! '형제들을 비난하는 자'에게는 진실이 무엇인지 그다지 중요하지 않다. 그들이 조종하는 전적인 목적은 우리를 의심과 불신의 자리로 데려가 우리 삶을 향한 하나님의 목적과 계획을 무산시키려는 데 있다.

많은 세미나를 인도하고 학교에서 강의도 하면서 세계를 여행하는 동안, 나는 사탄이 활동하는 현장을 자주 목격했다. 그런데 그 중에 내가 결코 잊지 못하는 경험이 하나 있다. 마이다는 정욕의 덫에 걸려든 여성이었는데, 사랑을 갈구하며 많은 남자를 만나 깊은 관계를 가지게 되었고 그 때문에 상처를 받았다. 슬프게도, 나는 마이다와 비슷한 많은 사람이 한계를 넘어선 그들의 짐을 그대로 가진 채 결혼 생활로 들어가는 것을 보았다. 그들이 진정으로 깊은 충족감과 친밀함을 경험할 수 있으려면, 그 전에 그들의 과거에서 떠앉은 짐을 내려놓아야 한다. 그 초과된 짐은 종종 그리스도와의 새로운 관계 안으로 들어갈 때에도 그대로 따라오며, 하나님과의 친밀한 관계가 발전하는 것까지 방해하는 심각한 요소가 될 수 있다.

마이다의 경우도 예외가 아니었다. 우리는 이 같은 내용을 설명했다. 그러나 우리가 옛 생활 방식의 짐들로부터 마이다를 자유케 해 달라고 기도했을 때, 갑자기 마이다의 몸에서 경련이 일어났다. 그다음에 일어난 일은 마귀들이 마이다를 계속 지배하려고 그 몸 안에서 싸우고 있다는 것을 명확하게 보여 주었다.

마이다의 구부러진 입 가장자리는 조롱과 비웃음을 드러냈고, 이상한 목소리가 우리의 노력을 얕잡아 보며 지껄여댔다. 마이다의 입술에서 터져 나오는 비웃고 조롱하는 듯한 웃음소리는 우리의 등골을 오싹하게 만들었다. 그때 우리는 사탄이 마이다의 삶 속에 깊숙하게 관여하고 있다는 것과, 또 그들이 쉽게 마이다를 내어 주려 하지 않는다는 것을 알았다. 몇 주 동안, 2-3명의 간사와 함께 나는 계속해서 마이다를 상담하며 함께 기도했다. 그 원수가 우리를 조롱할 때마다 우리는 자신의 책임을 인정하고 그 삶에 자리 잡고 있는 원수의 악한 활동을 끊어 버리라고 마이다를 격려했다. 점차 마이다는 영적으로 힘을 얻기 시작했고, 마침내 어두움의 세력을 누를 수 있는 새로운 권위를 갖게 되었다.

혼돈과 속임

우리로 하여금 균형을 잃어 활동을 못하도록 하려고 거짓의 아비가 사용하기 좋아하는 또 다른 접근 방법은 '혼돈'(confusion)과 '속임'(deception)이다.

느헤미야 4장 8절에서 산발랏, 게셈, 도비야는 이웃과 동맹하여 유대인 복구자들을 해치고, 혼돈케 하고, 속이려는 음모를 꾸민다. 그러나 그들의 여러 가지 시도에도, 느헤미야는 흔들림 없이 그들의 속임에 굴복하지 않고 계속 하나님을 신뢰하면서 벽을 세우는 일을 완성해 나간다. 우리는 사탄이 혼돈의 창조자라는 것을 알 필요가 있다. 혼돈의 구름이 머리 위로 몰려들 때 우리는 하나님의 영이 그 구름을 몰아 낼 때까지 기다려야 한다. 태양이 밝게 비쳐 우리의 길에 대한 분명한 방향을 알려 주도록 해야 한다. 느헤미야는 노아댜라는 여선지자와 그 밖에 다른 몇 명의 선지자에 대해 말하는데(느 6:14), 그들은 거짓된 예언으로 느헤미야를 위협하며 예루살렘 성벽을 재건하라는 하나님의 부르심에서 돌아서게 만들려고 했다.

우리가 앞 장에서 살펴보았듯, 사탄은 그러한 거짓 선지자를 이용하여 우리를 동요시키고 하나님의 진리에서 멀어지게 만든다. 특히 그러한 공격이 배우자나 부모, 교회 성도들을 통해 올 때, 그것은 우리에게 아주 큰 영향을 끼쳐 우리를 황폐하게 만들 수 있다. 때때로 우리는 인생의 가장 취약한 위기의 때, 부인에게 "하나님을 욕하고 죽으라"(욥 2:9)는 말을 들은 욥처럼 느낄 수도 있다.

우리는 열왕기상 13장에 나오는 젊은 선지자같이 되는 것을 원치 않는다. 그는 하나님의 말씀을 듣지 않고 나이 많은 선지자의 충고를 따랐다가 그 결과로 사자의 입 속에 떨어지고 말았다. 우리는 분별해야 하며, 잘못된 길로 빠지지 않도록 항상 경계하고 기도해야 한다.

거짓된 친구

'거짓 우정'은 원수의 또 다른 덫으로 쉽게 만들 수 있으나 또 그만큼 쉽게 배반하기도 한다. 제사장 엘리아십은 느헤미야가 없는 동안 그를 배반하여 그의 적인 도비야에게 성전의 큰 방을 내주어 침실로 사용하게 했다(느 13:4-9). 이 이야기는 사탄의 대표적인 전략을 묘사해 준다. 사탄은 이러한 방식으로 우리가 세상과 가진 관계를 이용하여 우리의 마음속에 작전기지를 세운다. 우리는 세상과 하나님을 동시에 사랑할 수 없다. 왜냐하면 이 세상을 사랑하는 것은 하나님과 대립되기 때문이다(요일 2:15-16).

느헤미야 13장을 읽다 보면, 우리는 느헤미야가 즉시 도비야의 모든 세간을 길 밖으로 내어 던져 엘리아십의 타협에 대항하는 것을 볼 수 있다. 처럼 우리도 타협하거나 원수에게 자비를 베푸는 일이 없어야 한다. 원수는 분명 우리에게 그 어떤 자비도 베풀지 않을 것이기 때문이다. 우리를 삼키려 하는 원수인 사탄의 임무는 우리 마음에 덫을 놓는 것이다. 거짓된 충성으로 그는 많은 사람의 삶과 능력 있는 사역자들을 모함해 왔다.

그림 35

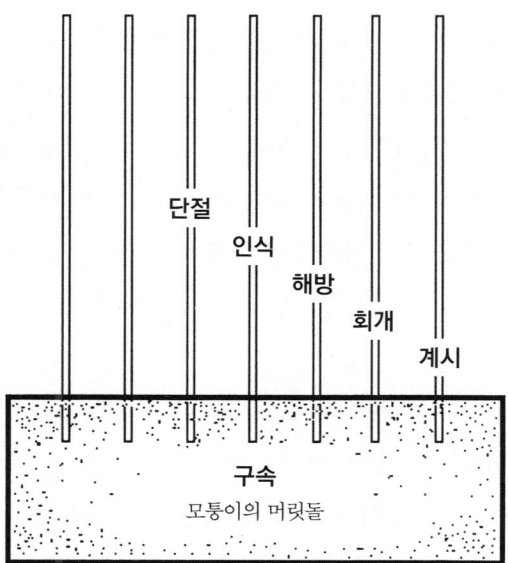

마귀의 영향력

사탄의 궁극적 목표는 우리를 유혹하여 굉장히 다양한 단체, 사람, 욕구들과 악한 동맹 관계를 맺게 해 우리를 '마귀화'(demonize) 하는 것이다. '마귀화'라는 단어는 신약 성경의 헬라어 'daimonizomai'를 글자 그대로 번역한 것인데, '마귀의 영향을 받다, 또는 그 지배하에 움직이다'라는 의미가 있다.[1] '마귀화' 되었다는 것은 단순히 말해, 사탄이 우리 마음속에 자신의 자리를 구축하고 궁극적으로 더 장악하려고 활용하는 모든 과정을 지칭한다. 우리가 그의 접근을 더 많이 허용할수록 그는 더욱 제멋대로 행동할 것이며, 결과적으로 우리 삶 속에서 더욱 큰 권위를 보유하게 된다. 우리의 마음속 어디든지 사탄의 영향력이나 존재를 느낄 때는 즉시 느헤미야가 취했던 행동을 따라 그가 설 자리를 내어 주지 말아야 한다. 한순간이라도 그를 즐겁게 할 생각을 하지 마라! 모든 열심을 다해서 우리 마음을 무장하고 지켜야 한다. 바로 우리 마음에서 생명의 근원이 비롯되기 때문이다 (잠 4:23).

단절

지금까지 우리는 원수의 사악한 방어 전략을 살펴보았다. 이제 우리는 그의 존재를 발견하고 난 다음, 어떻게 그것을 처리해야 하는지 살펴볼 필요가 있다. 우리가 보았듯이, 사탄의 활동을 무력하게 하는 첫 번째 단계는 그의 일을 인식하는 것이다. 사탄을 다루는 두 번째 단계는 사탄 자신과 우리 삶 속에서 행하는 사탄의 모든 활동을 끊어 버리는 것이다. 이것이 기초석에 박혀야 할 그다음 철근, '단절'이다.

느헤미야는 하나님 앞에서 계속해서 기다렸다

느헤미야는 예루살렘의 상태를 처음 들었을 때부터 금식하고 기도하며 주님을 찾았다. 나중에 적들이 그를 대적하는 음모를 꾸미고 있다는 소식을 들었을 때도 느헤미야는 곧장 하나님께 나아가 기도했으며, 파수꾼을 두어 지키게 했다(느 1:4, 4:9). 적들에게 고용된 스마야가 느헤미야에게 그 일을 계속하지 못하게 하려고 그가 성전 안에 숨어 있어야 한다고 속였을 때, 느헤미야는 그 간계를 간파하고 그의 원수들을 주님 손에 맡겼다.

위기의 시간에, 우리는 어느 단계에서 주님을 찾는가? 느헤미야처럼 우리는 즉시 그분께 달려가 어떠한 상황에서도 도움의 손길을 거두지 않으시는 우리의 뛰어난 공급자로부터 방책을 얻어야 한다. 때로는 원수들이 우리보다 한 수 위일지도 모르지만, 그는 우리 하나님께는 상대가 되지 않는다!

느헤미야는 주님을 경외하면서 계속 나아갔다

느헤미야의 대적은 그가 예루살렘 성벽을 건축하는 일을 계속하지 못하게 하려고 그에게 겁을 주고 위협했다(느 6:8-14). 그러나 느헤미야는 자신의 생명을 염려하지 않고 하나님께 모든 것을 맡겼다. 오히려 그의 가장 큰 두려움은 하나님을 기쁘시게 하지 못할까 하는 것이었다. 느헤미야는 하나님이 그에게 하라고 명하신 일을 알고 있었으며, 사람을 두려워하지 않고 하나님을 경외했다. "사람을 두려워하면 올무에 걸리게 되거니와 여호와를 의지하는 자는 안전하리라"(잠 29:25). 우리가 위엄 있고 전능하신 하나님보다 다른 어떤 것을 더 두려워하게 되면 사람을 두려워하는 올무에 빠지게 된다. 우리가 만약 사람의 의견, 평가, 조언 혹은 자신의 생각이나 상황을 하나님께로부터 나온 것보다 더 중히 여긴다면 우리는 이미 사람을 두려워하는 덫에 걸려 있는 것이다. 하나님만이 두려움에 대한 유일한 처방이 되신다. "여호와를 경외하는 것이 지식의 근본이거늘 미련한 자는 지혜와 훈계를 멸시하느니라"(잠 1:7). 성경은 느헤미야가 지혜의 사람이었음을 거듭 보여 준다.

우리는 사람에 대한 두려움에 굴복해 그 올무에 빠져 있는가? 우리가 두려움에 무릎을 꿇게 될 때, 그 두려워하는 것이 누구든, 무엇이든 상관없이, 우리는 그것이 하나님보다 더 크다고 믿는 것이다. 하지만 어떤 것도 그분보다 더 크고 강한 것은 없다.

느헤미야는 일을 계속했다

느헤미야 4장 1절과 7절을 읽어 보면, 누군가가 유대인의 복리에 신경 쓰고 있다는 것을 알았을 때 산발랏과 도비야가 얼마나 분노하였는지가 나온다. 그러나 그러한 반대에 부딪히면서도 느헤미야는 계속해서 한때 예루살렘의 자랑스럽고 튼튼한 벽을 이루고 있었던 벽돌 파편들을 조사했다. 그는 하나님이 그에게 맡기신 일에서 주의를 분산하지 않았다. 시끄러운 원수의 조롱도 그를 막을 수는 없었다. 그는 자신에게 닥친 상황을 주님께 맡기며 계속해서 벽을 세워 나갔으며, 그와 함께 일하는 사람들에게도 그렇게 하도록 격려했다.

전쟁의 위험도 계속되는 작업을 멈추게 하지는 못했다(느 4:21). 그 벽을 완공하려고 함께 일할 때 남자들의 절반은 싸움이 벌어질 경우에 대비하여 창을 들고 있었고, 나머지는 계속해서 일을 했다. 마찬가지로 우리도 일을 하면서 싸움에 대비할 필요가 있다. 왜냐하면 원수는 하나님이 그분의 교회를 세우는 것을 막기 위해서라면 무슨 일이든지 하려고 하기 때문이다. 그러나 지옥의 세력도 결국에는 살아 계신 하나님의 힘과 능력에 굴복하게 된다. 우리는 최악의 역경과 고맙지 않은 조언자들 앞에서도 굴하지 않고 목표를 향해 꿋꿋이 나아갔던 느헤미야를 본받을 필요가 있다. 우리 모두 "그러므로 내 사랑하는 형제들아 견실하며 흔들리지 말고 항상 주의 일에 더욱 힘쓰는"(고전 15:58) 자들이 되자.

| 느헤미야는 원수를 경계했다

"우리가 우리 하나님께 기도하며 그들로 말미암아 파수꾼을 두어 주야로 방비하는데…나나 내 형제들이나 종자들이나 나를 따라 파수하는 사람들이나 우리가 다 우리의 옷을 벗지 아니하였으며 물을 길으러 갈 때에도 각각 병기를 잡았느니라"(느 4:9, 23).

느헤미야는 하나님 앞에서 계속 기다리기만 한 것이 아니라 하나님의 뜻을 행하지 못하게 방해하는 자들을 경계하며 방어했다. 적들은 광명의 천사로 가장할 수도 있고, 혹은 몰래 접근하는 사자처럼 올 수도 있다. 그러나 적의 의도는 언제나 하나님이 우리 안에서, 우리를 통해 하시는 일을 중단시키고자 하는 것이다. 많은 사람이 자신들도 알지 못하는 사이에 마귀의 교활한 술책으로 넘어졌다. 그러나 우리가 느헤미야를 본받는다면 유혹에 빠지지 않도록 경계하며 기도할 수 있을 것이다.

| 느헤미야는 물러났다

느헤미야는 호론 사람, 암몬 사람, 아라비아 사람의 도전을 받았다

(느 2:19). 그들은 유대인을 조롱하고 멸시하며 그 일을 완성하지 못하게 하려고 그들이 왕을 반역한다며 비난했다.

느헤미야는 어떻게 반응했는가? 그는 물러나서, 그들은 그 도시에서 아무런 권리도 분깃도 없으니 이 계획에 상관할 수 없다고 말하면서 그 비난자들과 관계하는 것을 거절했다.

이후에 성전 안에 도비야가 있었던 사건은 느헤미야를 행동하게 만들었다(느 13:7-9). 그는 도비야의 소유를 성전 안에서 제거해서 다시 한 번 그의 적들로부터 자신을 분리시켰으며, 악한 자의 영향으로부터 자신을 지켰다.

마주 대항해야 할 때가 있는 것과 마찬가지로, 우리 삶에 미치는 악한 영향에서 물러나 떨어져 있어야 할 때가 있다. 동료 집단의 압력은 그 세력 아래 너무 오래 지체하고 있는 많은 그리스도인을 사로잡고 있다. 심지어 사울 왕도 동료들의 압력에 무릎을 꿇은 결과로 이스라엘에 대한 지도력을 잃고 말았다(삼상 14:13-15). 다른 왕들과 사사들 또한 그 원수와 함께한 관계의 고리를 끊지 않았기 때문에 그들의 부르심을 성취하지 못했다. 안을 때가 있고 안는 일을 멀리할 때가 있다(전 3:5). 우리가 계속 직면하게 되는 도전은 그때그때의 상황마다 올바르게 대처하는 반응이 무엇인지를 분별하는 것이다.

| 느헤미야는 전쟁을 계속했다

유대인이 성벽을 쌓는 동안, 그 대적들은 그들에게 와서 죽이겠다고 협박했다. 이미 살펴보았듯이, 그들의 협박은 느헤미야를 멈추게 하지 못했고 오히려 그가 전쟁에 대비하게 했다. 남자의 절반과 몇몇 가족은 완전무장을 하고 지켰고, 그동안 다른 사람들은 칼을 차고 건축 일을 했다.

우리는 여기서 느헤미야가 일을 계속하기로 결심한 것뿐 아니라, 전쟁을 계속할 필요를 인식하고 있었음을 볼 수 있다. 느헤미야는 우리 모두 반드시 알아야 할 어떤 것을 알고 있었는데, 그것은 바로 우리가 전쟁 중이라는 사실이다. 우리는 모두 우리를 삼키려고 기다리는 어떤 원수와 마주하고 있는데, 그는 자기가 바라는 대로 되어야만 화친을 맺는다. 승리하는 유일한 방법은 그리스도로 무장된 일급 군사가 되어, 이 세상 일에 얽매이지 않고 경계하고, 싸우며, 주님의 지도를 따라 벽을 세우는 일에 헌신하는 것이다(딤전 2:3-4).

우리의 전쟁은 물리적인 영역보다는 보이지 않는 영적인 영역에서 벌어지기 때문에, 우리의 무기 또한 이러한 싸움에 적합한 것이어야 한다. 바울은 이러한 무기는 육체에 속한 것이 아니고 원수의 견고한 진을 파하는 강력이라고 말한다(고후 10:3-5). 이제 그러한 무기들과 그것을 사용하는 방법을 살펴보자.

예수의 이름

우리가 진리와 정의, 의를 위해 싸우면서 예수의 이름을 사용하면 예수님의 능력을 힘입게 된다. 그리고 그 이름에는 원수의 모든 능력보다 뛰어난 능력이 있다(눅 10:19; 빌 2:9-10; 엡 1:21).

예수의 피

요한계시록 12장 11절에는 "어린 양의 피로 승리했다"라는 말씀이 나오는데, 그것은 십자가에서 죄와 사망, 마귀를 이기신 예수님의 위대한 승리에 대해 이야기하는 것이다. 예수님이 피를 흘리셨을 때, 그분은 우리를 대신해서 그렇게 하셨고 사탄의 지배에서 구원받을 수 있는 길을 우리에게 열어 주셨다. 그는 우리를 대신하여 피를 흘렸고, 원수는 그 앞에서 도망가고 말았던 것이다.

우리가 증거하는 말

요한계시록 12장 11절에 언급된 승리를 위한 또 다른 무기는 "우리가 증거하는 말"이다. 광야에서 사십 일 동안 금식하시던 예수님은 마귀의 유혹과 싸울 때 이러한 말씀의 능력을 보여 주셨다(마 4:1-11). 예수님은 말씀을 검을 휘두르듯 노련하게 사용하시면서 원수의 유혹에 넘어가지 않고 오히려 그 원수를 도망가게 만드셨다. 하나님의 말씀은 진리다. 우리가 그분의 말씀을 믿고 원수 앞에서 그것을 고백할 때, 그 진리는 우리를 자유케 한다(요 8:32).

하나님의 전신갑주

에베소서 6장은 우리가 어두움의 세력과 싸우는 날에 견고히 서려면, 하나님의 전신갑주를 입어야 한다고 말한다. 그 갑옷의 장비는 대단히 중요하다.

구원의 투구	의의 흉배	진리의 허리띠
복음의 신	믿음의 방패	성령의 검

우리가 매일 이 갑옷을 입고 그것을 사용하는 법을 익힌다면 우리는 몇 번이고 원수의 공격을 무력화시킬 수 있다.

몇 년 전에, 나는 몇 사람과 함께 자살 경향을 가지고 있는, 중년의

한 나이 많은 남자를 위해 기도하고 있었다. 기도를 시작한 지 얼마 되지 않아, 갑자기 사악한 주인의 자리에 앉아 있던 원수가 그 모습을 드러내는, 머리털이 위로 치솟을 만한 사건이 터졌다. 그 나이 많은 남자는 고함을 지르며 뛰어오르더니 목구멍 깊은 곳에서부터 으르렁거리는 소리를 냈다. 그의 얼굴은 분노로 일그러져 있었는데 의자를 하나 집어 들더니, 방안에 있던 우리에게 서서히 다가왔다. 한 사람은 두려움으로 꼿꼿이 얼어붙은 채 서 있었고, 다른 사람들은 우리의 영적 전쟁의 무기를 집어 들었다. 예수님의 이름을 부르고 보혈의 능력을 선포하던 우리는 갑자기 그가 보이지 않는 손에 붙들려 다행히 우리 바로 몇 미터 앞에서 멈추는 것을 보았다. 의자는 바닥에 떨어졌고 그 남자는 소리를 지르며 양탄자 위에 털썩 주저앉아 어린아이같이 울기 시작했다.

우리가 그의 곁에서 기도하는 동안 그는 자신의 삶에 있던 간음의 죄를 고백하며 주님 앞에 회개했다. 그러고 난 후에 우리는 한마음이 되어 그와 함께 기도했는데, 그는 자신의 삶 속에 있었던 원수의 일을 끊었고, 결국 그가 그렇게도 바라던 해방을 얻게 되었다. 우리는 나중에 그에게 자신이 삶 속에 있는 악한 원수의 지배에 맞서 싸워 계속 승리하면서 불면증, 우울, 자살에 대한 생각이 사라지게 되었다는 이야기를 듣게 되었다.

우리가 느헤미야를 대항한 원수들의 공격에서 보았듯이 마귀는 실로 만만치 않은 적이다. 다음 장에서 우리는 원수의 또 다른 접근 방법을 함께 생각해 볼 것이다. 불의는 그것이 실제이든 상상이든, 다루기 어려운 것이다. 특히 그것이 우리가 신뢰하는 사람들을 통해 우리 삶에 들어올 때는 더욱 그러하다. 사탄은 이 칼을 어떻게 사용하는지를 알고 있으며 많은 사람이 그 칼날에 쓰러진다. 우리는 이러한 원수의 공격을 어떻게 피할 수 있는가 하는 것뿐 아니라, 실제로 어떻게 이 무기를 그에게서 빼앗을 수 있는지 계속해서 알아볼 것이다.

적용

당신의 삶에 있었던 사탄의 공격들을 돌이켜 보라.

사탄을 패배시키는 데 당신은 어떻게 느헤미야의 전략들을 사용했는지 설명해 보라.

새로운

14장

출발

이스라엘 백성이 당한 공격과 끊임없는 불의는 그들 외부뿐 아니라 그들 내부의 상류층에서도 있었는데, 그것은 포로 생활 가운데서 근근이 살아가는 그들에게 커다란 상처와 아픔을 주었다(사 1:5-6). 그러나 장소의 변화가 반드시 마음의 변화를 의미하는 것은 아니다. 돌아온 포로들은 이내 그들의 모든 사회 활동 안에서 옛날의 그 불의한 일들이 다시금 훨훨 타오르는 것을 발견했다.

느헤미야 5장 1절부터 7절을 보면, 유대인의 부유한 상류 집단이 고리대금으로 과도하게 요구한 이자를 강요해 포로 생활에서 돌아온 동족의 곤경을 더욱 가중시키는 내용이 나온다. 높은 이자를 갚으라는 요구는 그 가난한 동족들이 생존에 필요한 곡식을 사기 위해 단지 그들의 집과 땅만 저당 잡히는 것이 아니라 그들의 자녀까지 노예로 팔아넘기게 만들었다. 그들의 딸들은 그들이 진 빚을 갚으려고 팔렸고, 고통에 찬 부르짖음이 백성들 사이에 터져 나오게 되었다.

그후 수세기 동안 그러한 부르짖음이 세계 도처의 많은 민족 안에서 메아리치고 있다. '불의'로 당하는 고통에 찬 부르짖음인 것이다. 이와 동일한 부르짖음이 질투 때문에 아벨의 순결한 피를 흘리게 했던 가인을 고발하며 땅 속에서부터 솟아 나왔다. 히틀러의 소름끼치는 대학살로 유태인들이 죽어갈 때에도 그와 동일한 부르짖음이 있었다. 또한 폴 포트(Pol Pot) 정권과 베트남 군인들이 일으킨 연쇄 대학살 물결에 뒤이은 집단학살을 보며 살아 온 캄보디아인들 가운데도 동일한 부르짖음이 터져 나왔다. 그 부르짖음은 오늘날에도 살인을 피해 도망쳐 나왔으나 이제 난민과 변절자 신세로 살아갈 수밖에 없는 수많은 아프가니스탄 사람 사이에 들린다.

우리 마음의 부르짖음

아마 동일한 부르짖음이 당신 자신의 마음속에서도 울리고 있을 것이다. 불의라는 주제를 생각할 때 우리는 다음의 세 가지 기본 원칙을 기억해야 한다.

1. 하나님의 모든 행사는 공의롭다.
2. 사탄의 모든 행사는 불의하다.
3. 인간의 많은 행사는 불의하다.

오늘날 우리가 사는 이 세상에는 인간에 대한 인간의 비인간성으로 많은 불의가 생겨난다. 지위와 소유에 만족할 줄 모르는 욕구에 사로잡혀 탐욕과 정욕으로 부패한 사람들이 엄청 많아졌기 때문에 인간은 이용할 수 있는 물건처럼 취급되고, 결국 사용 후에는 버려질 수도 있는 존재들로 취급된다. 그러한 강박적·강제적 장애 증상은 이제 만성이 될 정도로 그 비율이 높아졌고, 세계 곳곳에서 끊임없는 상처를 유발한다.

"사람의 심령은 그의 병을 능히 이기려니와 심령이 상하면 그것을 누가 일으키겠느냐"(잠 18:14). 심령이 상한다는 것은 무엇을 뜻하는가, 그것은 또 어떻게 우리에게 영향을 미치는가? 그러한 아픈 상처는 다른 사람의 사랑 없는 태도, 행동, 말에서 인간의 마음이나 영혼으로부터 퍼져 나온다. 그것은 인간의 어떤 기관보다도 더 깊은 부분에서 일어나는 만성이 되어버린 잔인한 고통이다. 그러한 깊은 상처를 한 번도 느껴 본 적이 없는 사람은 참으로 행운아다.

수동적인 사람의 경우, 그 지속적인 상처는 자기 연민, 자기비판, 병적으로 자신을 파고 들어가는 내성, 자기 증오, 우울, 심지어 자살 경향의 형태로 나타난다. 한편, 더 공격적인 사람은 다가오는 사람들에게 분노하고, 비판하고, 정죄하고, 미워하고, 심지어 폭력적이 되기도 한다. 흔히 이러한 증상은 한 인간이 계속해서 아픔으로 짜인 직물 속에서 살아가게 만드는 '상한 심령'을 드러내는 것이다. 상한 심령은 결국 우리 삶의 구조를 공격하여 다른 사람과 의미 있는 관계를 갖는 것을 방해하며, 우리 자신의 영혼이 가진 성장의 잠재력을 파괴시킨다.

우리가 마음속에 있는 상처를 견딜 수 없는 경우, 그것을 어떻게 처리하는가? 인생을 도적질하는 이것을 해결할 수 있는 다른 방법은 없는가? 일반적으로 과거의 상처를 단지 억누르는 데 우리의 정신적, 감정적 에너지의 50%가 사용된다고 추정한다. 어떻게 하면 우리가 자유롭게 우리가 누릴 수 있는 생명을 최대한 경험할 수 있는가? 우리의 기억은 지워지고, 새롭게 되거나, 다시 편성될 수 있는가?

마음의 기록

우리의 두뇌가 하는 기능을 더 잘 이해하기 위해 몬트리올 맥길 대학의 신경외과 교수인 와일더 펜필드(Wilder Penfield) 박사의 연구 내용 몇 가지를 살펴보자.[1] 펜필드는 간질로 고생하는 환자들을 치료하다가, 그들의 뇌 수술 과정 중에 기억과 정서에 관한 몇 가지 흥미로운 관찰을 하게 되었다. 각 환자들의 의식이 완전히 정상 상태에서 국부마취만 되어 있는 동안, 그는 뇌의 외피층 즉 측두엽의 피질에 약한 전류로 자극을 주었다.

그런데 주목할 만한 반응이 나타났다! 환자들의 잠재의식으로부터 과거의 사건과 그에 연결된 감정들이 떠올라 그 구체적인 내용들이 의식 수준에서 재연된 것이다. 펜필드는 사건들과 그에 따른 감정들은 풀려질 수 없도록 함께 잠겨서 환자의 측두피질(temporal cortex) 속 '테이프'에 저장된다고 결론을 내렸다. 전기 자극은 전체 기억만을 불러온 것이 아니라 마음속에 있는 그 사건이 되살아나게 만들었던 것이다.

그 이후의 관찰은 매일 일상에서 받는 외부자극도 그와 동일한 효과를 가져와, 각각의 사건들과 거기에 관계된 감정들, 심지어 모태에 있었던 시기까지 표면으로 드러나게 만들 수 있다는 것을 보여 주었다. 이러한 사건들이 거기에 따른 감정과 함께 표면으로 드러나게 되면, 그것을 어떻게 처리해야 하는가? 고통을 줄이며 과거 상처들을 치료하는 것이 가능한 일인가? 이러한 질문에 좀 더 통찰력을 얻으려면 창조주 하나님이 말씀하신 인생에 관한 설명으로 돌아가야 한다.

바울을 통해 창조주 하나님이 우리에게 말씀하신 교훈은 "오직 마음을 새롭게 함으로 변화를 받아"(롬 12:2), "오직 너희의 심령이 새롭게"(엡 4:23) 되라는 것이다. 그러면 '심령', 즉 우리의 마음의 영은 무엇이며, 우리는 어떻게 이 말씀을 적용할 수 있는가?

빈센트(Marvin Vincent)는 심령에 대해 "인간의 가장 고차원적인 삶의 근원으로, 인간의 이성 즉 정신적으로 생각하고 인식하는 기관이 그것으로부터 정보를 받는다"라고 정의한다.[2] 여기서 변한다는 것은 단지 어떤 견해나 신조가 변한다는 말이 아니다. 그는 이렇게 말한다. "새롭게 된 심령은 마음의 성향과 그 마음이 사고하는 내용, 두 가지에 모두 변화를 가져온다."

마음을 새롭게 함

앞에서 생각해 본 내용들과 성경말씀을 고려해 볼 때, 우리는 '새롭게 됨'(Renewing)이 기초석 안으로 들어가야 할 그다음 철근임을 알 수 있다. 인간의 영 안에 있는 상처를 치료하려면 새롭게 되는 과정이 절대적으로 필요하다.

"여호와께서 이와 같이 말씀하시니라 네 상처는 고칠 수 없고 네 부상은 중하도다"(렘 30:12). 주님은 여기서 인간이 자신의 힘으로 그 문제를 다룰 수 없다고 말씀하신다. 그러고 나서 이렇게 말씀하신다. "내가 너의 상처로부터 새 살이 돋아나게 하여 너를 고쳐 주리라"(렘 30:17). 그렇다면 하나님은 어떻게 우리의 상처를 치료하시며 우리 심령 안에서 새롭게 하시는가? 그 과정에서 우리의 책임은 무엇인가?

새롭게 한다는 단어를 더 자세히 살펴보자. '새롭게 하다'로 번역

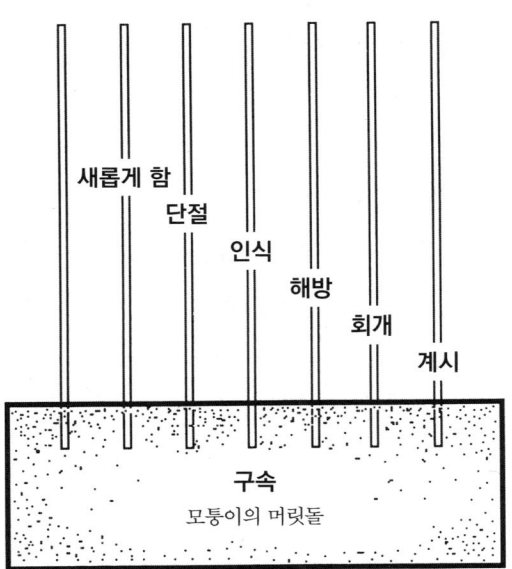

된 헬라어 동사들 중 하나는 '아나카이누'(anakainoo)이다.

신약성경에 대한 바인(vine)의 단어 해설을 보면, 그 단어는 '아나'(ana)와 '카이노스'(Kainos)의 두 부분으로 나뉜다. '아나'는 뒤로, 다시를 의미하며, '카이노스'는 새로운, 그러나 최근이 아니라 다른(different)을 의미한다.[3]

그러므로 새롭게 한다는 것은 다시 새롭게 만들다, 새로운 '배경' 또는 과거를 가진다는 의미다. 우리가 과거에 일어난 사건들을 변화시킬 수는 없다. 그러나 그러한 사건들로부터 발생하여 아직도 우리의 심령에 영향을 미치는 반응과 태도는 바꿀 수 있다. 또한 이 단어는 과거 상처를 치료하여 새로운 삶을 사는 것, 즉 로마서 12장 2절의 말씀처럼 우리 마음을 새롭게 하여 우리를 괴롭히는 과거와 현재의 영향력으로부터 새롭게 되고 변화받는 것을 말한다.

마음을 치료함

오늘날 어떤 사람들은 마음을 치료하는 것이 성경적인 개념인가 하는 의문을 갖는다. 다윗은 포로 생활에서 돌아와 예루살렘을 복구하는 일을 생각하며 아무런 의심을 품지 않았다.

"상심한 자들을 고치시며 그들의 상처를 싸매시는도다"(시 147:3, 참고, 시 34:18; 사 51:15, 61:1; 눅 4:18). 우리는 요한계시록에서 "길 가운데로 흐르더라 강 좌우에 생명나무가 있어 열두 가지 열매를 맺되 달마다 그 열매를 맺고 그 나무 잎사귀들은 만국을 치료하기 위하여 있더라"(계 22:2)는 말씀을 볼 수 있다.

마음이 깨지고 상처받은 자들을 치료하는 것을 하나님이 원하신다는 사실은 의심할 여지가 없다. 어떤 사람들은 그리스도인이 상처받은 자들에게 화살을 쏘는 유일한 사람들이라고 말하는데, 슬프게도 너무나 자주 그것은 사실로 밝혀진다. 하나님이 그리스도가 달리셨던 바로 그 나무 안에서 우리 죄를 처리해 주셨듯이 상처를 위한 준비도 마련해 놓으셨다. 요한계시록에 나오는 생명나무의 잎사귀들이 회복을 상징하듯이, 그리스도가 몸소 달리셨던 그 나무, 우리의 아픔을 치유하려고 그분이 아픔을 당하셨던 그 십자가로 우리는 회복되는 것이다. 그 십자가는 우리를 위해 준비하신 것이며, 거기서 이루신 그리스도의 사역은 어떤 그리스도인이라도 가장 깊은 괴로움을 치유받을 수 있는 열쇠가 된다.

이 신비를 이해하기 위해 이사야 53장 5절과 베드로전서 2장 24절에 서술된 예수님의 구속에 대해 생각해 보자.

그가 찔림은 우리의 허물 때문이요 그가 상함은 우리의 죄악 때문이라 그가 징계를 받으므로 우리는 평화를 누리고 그가 채찍에 맞으므로 우리는 나음을 받았도다.

친히 나무에 달려 그 몸으로 우리 죄를 담당하셨으니 이는 우리로 죄에 대하여 죽고 의에 대하여 살게 하심이라 그가 채찍에 맞음으로 너희는 나음을 얻었나니.

이 말씀들은 우리가 앞에서 연구한 정욕, 고통과 쾌락의 진폭과 관련하여 십자가 사건이 가진 두 가지 중요한 측면을 보여 준다. 그림 37에서 우리는 죄와 관계된 정욕적인 쾌락으로부터 우리의 상처에 따른 내적인 고통으로 이동하는 고통과 쾌락의 진폭을 볼 수 있다.

그림 37

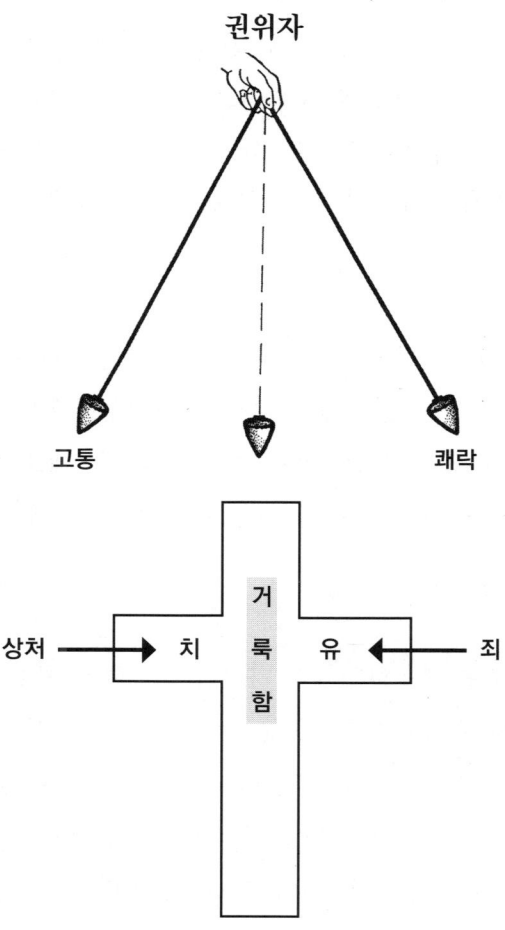

고통과 쾌락 사이를 왔다 갔다 하는 그 움직임은 오직 십자가에서만 멈춰지고, 거기서 우리는 죄로부터 깨끗케 되고 우리 상처가 치료되는 것을 경험하게 된다. 이러한 짐은 우리에게 너무 무거운 것으로, 우리는 그것을 지고 있을 필요가 없다. 우리가 만약 그것을 지고 가려 한다면 우리가 받은 상처로 인한 죄의식과 원망뿐 아니라 우리 죄로 인한 수치와 고통으로 압도되고 말 것이다. 예수님은 십자가의 죽음을 통해 우리로 생명을 얻게 하려고 이 땅에 오셨다. 그분은 자신이 우리의 불의를 대신 담당하여, 심령이 상한 자에게 치유를 가져다 주시려고 십자가 위에서 불의와 고통과 아픔을 겪으셨다.

새롭게 되는 과정

우리는 지금까지 새롭게 되는 과정의 몇 가지 원리를 살펴보았는데, 이제 우리가 그것을 실제로 적용할 때 어떤 일이 일어나는지 알아보자. 우리 마음의 상처를 치유하려면 어떠한 단계를 밟아야 하는가? 온전함과 거룩함을 향해 나아가려면 어떻게 시작해야 하는가?

| 인정

내적인 상처를 부인하는 것은 자기 조종의 한 형태다. 마찬가지로 상처를 억압할 때에도 우리는 우울이나 또는 다른 정신, 신체 장애를 불러올 수 있는 건강치 못한 감정적인 에너지를 속으로 쌓아 두게 된다. 우리가 진정으로 상처를 받고 있다면, 그것을 받아들이고 그 진실을 자신에게 말로 표현하는 것이 중요하다. 어떤 사람들은 그리스도인은 아픔을 느끼면 안 된다고 믿는다. 그러나 그것은 억압이 극단적인 영적 형태로 나타난 것에 불과하며 부인하는 것과 동일한 결과를 초래한다. 예수님도 상처를 느끼셨고, 나사로의 무덤 앞에서는 울기까지 하셨다(요 11:35). 겟세마네 동산에서도 예수님의 내적인 고통은 단지 눈물뿐 아니라 당신의 몸에서 땀이 핏방울같이 떨어지게 만들었다(눅 22:39-45). 그렇다면 상처를 받는 것은 죄가 아님이 분명하다. 그러나 우리가 그것을 어떻게 처리하는지에 따라 그것은 죄가 될 수도 있다.

| 믿음

그리스도는 십자가에서 우리의 아픔과 슬픔을 담당하셨다. 우리는 그분이 오늘날도 우리의 아픔과 슬픔을 기꺼이 가져가시기 원하며 그렇게 하실 수 있다는 사실을 믿어야 한다. "너희는 그 은혜에 의하여 믿음으로 말미암아 구원을 받았으니 이것은 너희에게서 난 것이 아니요 하나님의 선물이라"(엡 2:8). 하나님이 우리를 죄에서 구원하셨음을 믿었던 것처럼, 우리는 믿음의 발을 내딛어 그분이 치유하실 것도 믿어야 한다. 우리가 불신과 싸울 때, 우리는 자신의 감각이 말하는 소리에 그분의 진리로 대항해서 승리할 수 있다.

어쩌면 지금도 당신은 자신에게 묻고 있을지 모른다. '하나님은 내 삶의 이 영역에서 정말 나를 새롭게 하시고 변화시킬 수 있으실까? 나는 수년 동안이나 이렇게 살아왔는데!' 그렇다. 그분은 할 수 있으시다. 그리고 믿음이 우리에게 승리를 안겨 줄 것이다.

| 고백

로마서 10장 9절과 10절을 보면 우리가 입으로 고백하는 것이 구원, 즉 치유에 이르게 한다고 나온다. 그러나 우리는 삶에 대한 책임

을 받아들이고 우리의 죄와 상처를 모두 고백할 필요가 있다. 우리는 부모, 선생님, 이웃 사람들을 비난하며 우리의 상처에 대한 책임을 쉽게 다른 사람에게 전가시킨다. 물론 부모는 완전하지 않다. 그들도 그들의 행동에 책임이 있다. 그러나 우리 부모가 미친 영향 때문에 우리 삶에 상처의 흔적이 남았다 해도, 우리 역시 죄에 대한 책임을 져야 한다.

고백의 기도를 하기 전에, 우리는 과거를 돌아보고 우리에게 상처를 준 일들을 검토할 필요가 있다. 치유는 성령님의 역할이며 그분이 하시는 작업이다. 그러므로 단지 어떤 사람의 기술이 아니라 그분의 인도를 받는 것이 중요하다. 당신 삶의 각기 다른 단계와 시기에 초점을 맞춰 그때로 돌아가 충분히 머무르며 기도하고, 성령께서 초자연적으로 중요한 사건을 떠올려 주시도록 허락하라.

어쩌면 태아기, 유아기, 유년기, 청년기, 우정 관계나 결혼 생활에서 일어난 사건들을 지적해 주실지도 모른다. 감정의 표현은 종종 치유를 위한 기도로 들어가는 효과적인 출발점이 되는데, 눈물에 찬 고백은 단지 하나의 감정적인 카타르시스 이상의 결과를 가져온다. 믿음의 눈물로 우리의 상처를 하나님께 표현하는 것은 그 상처의 기억을 예수님의 사랑과 이해로 만든 치료의 향유로 바꿀 수 있다. 우리가 우리 마음 깊은 곳을 그분께 열어 보이기로 선택한다면 예수님은 우리의 상처를 담당하실 수 있고, 또 그렇게 하실 것이다.

| 갈망

나는 우리의 심령이 치유받기 전에 우리가 먼저 진정으로 치유받기를 원해야 한다는 것을 여러 번 봤다. 어떤 사람들은 그들의 상처

에 양분을 주어 그것을 더 키우기를 좋아하는데, 그들의 마음속 깊은 곳에서 그것과 떨어지고 싶어 하지 않는다. 그들은 기도하는 모습을 보일 수도 있지만, 속으로는 혼자 버려지거나 소홀히 여겨지는 것에 대한 두려움으로 인해 다른 사람들의 주의를 끌 수 있는 그들의 도구 즉 돌봄을 필요로 하는 '애완동물' 같은 연약함을 잃는 것을 견디지 못한다. 그들은 종종 이 상담자에서 저 상담자로 옮겨 다니며 똑같은 시도를 되풀이한다. 그리고 나중에는 결국 아무것도 그들에게 도움이 되지 않는다는 결론을 내린다. 그들은 사실 자신의 상처를 누군가에게 보이는 것을 허락할 수 없으며, 그들의 문제를 해결할 수 있는 이러한 열쇠가 준비되어 있지 않은 것이다. "의에 주리고 목마른 자는 복이 있나니"(마 5:6). 너무 자주, 위기나 고난에 빠진 다음에야 진정으로 목마름을 느낄 수 있게 된다!

연습

디모데전서 4장 7절은 육체의 연습도 약간의 유익이 있지만 우리가 경건의 연습을 해야 한다고 말한다. 그것은 훨씬 더 큰 가치를 지닌 것이다. 새롭게 되고 치유된다는 맥락에서 볼 때, 그러한 연습은 옛날 반응들을 벗어 던지고 그 자리에 새로운 반응으로 대치하는 것을 포함한다.

> 너희는 유혹의 욕심을 따라 썩어져 가는 구습을 따르는 옛 사람을 벗어 버리고 오직 너희의 심령이 새롭게 되어 하나님을 따라 의와 진리의 거룩함으로 지으심을 받은 새 사람을 입으라(엡 4:22-24).

우리는 실제로 어떻게 옛 사람을 벗어 버리고 새 사람을 입을 수 있는가? 게리 스위튼(Gary Sweeten) 박사는 그의 책《이성적 그리스도인의 사고》(*Rational Christian Thinking*)에서, 어떻게 우리가 자신의 고유한 신념 체계를 가지게 되는지, 그리고 그것을 어떻게 바꿀 수 있는지에 대해 논의하고 있다.[4]

게리 스위튼은 먼저 어떤 사건이 일어나면(Activating event-A), 그 결과 우리에게 어떤 느낌이 남고(Consequential feeling-C), 그것은 우리 행동을 결정하게 되는데(Decisive action-D), 이러한 연쇄 작용을 바탕으로 우리는 그 사건을 중심으로 한 신념 체계(Belief system-B)를 만들어 낸다고 말한다. 우리가 어떻게 행동 양식을 발전시키는지에 따라 ABCD를 형성하게 된다. 한 예를 통해 이를 설명해 보자.

A. 유발된 사건

어둠 속에서 갑자기 검은 개 한 마리가 튀어나와 한 아이의 바지 엉덩이 부분을 물어뜯어 구멍을 냈다고 가정해 보자.

C. 그 사건에 뒤따르는 느낌

두려움, 불안, 긴장이 일어난다.

D. 행동의 결정

그 아이는 최대한 빨리 그 개로부터 도망친다. 어린 시절의 그러한 경험은 매우 상처가 되며, 세월이 흘러 성인이 된 뒤에도 여전히 다음 신념 체계를 가질 수 있다.

B. 신념 체계

이러한 경험 때문에 그 사람은 이제 모든 검은 개는 다 공격적이고 위험하다고 믿는다. 검은 개가 눈앞에 나타나면, 거기에 연관된 모든 감정과 도피 유형이 되살아난다.

이 사람이 검은 개와 관련된 자신의 감정과 행동을 변화시키려면 먼저 거기에 대한 자신의 신념을 바꿔야 한다. 대개의 검은 개들이 친절하고 얌전하다는 사실을 그가 받아들여야만 최초 경험에서 치유될 수 있다. 그렇게 되면 검은 개에 대해 다르게 느끼고 행동하기 시작할 것이다.

이처럼 우리도 하나님 진리의 말씀에 초점을 맞추고 그것을 마음으로 믿고 입으로 고백해야, 우리의 옛 모습 즉 습득된 행동 반응을 버리고 새 모습을 입을 수 있다(이 장의 마지막 부분에 나온 적용을 보라).

디모데전서 4장 7절을 다시 보면서 우리가 바로 경건에 이르기를 연습해야 하는 사람들이라는 것에 주목하라. 우리는 이제 옛 사람을 벗어 버리고 새 사람을 입는 것이다.

- 진리는 말해야 한다.
- 분노는 통제해야 한다.
- 도둑은 더는 도둑질하지 말아야 한다.
- 혀는 길들여야 한다.
- 친절은 확대해야 한다.

이것을 실천하려면 새롭게 되는 과정에서 회개, 지속적인 고백, 정직이 계속 동반해야 한다. 이스라엘 백성은 하나님이 그들의 상처를 치유해 주시기를 갈망했지만, 하나님은 그들에게 어떻게 해야 할지 모르겠다는 반응을 보이셨다(호 6:1-4). 오히려 하나님은 그들의 회개는 나타난 것보다도 더 빨리 사라지는 구름이나 아침이슬 같다고 비유하셨다. 그러한 빈약한 기반 위에서 하나님이 어떻게 그들을 치료할 수가 있으시겠는가? 하나님이 느끼시는 가장 큰 어려움 중 하나는 그분의 은혜의 선물을 바라는 우리의 욕구 때문이 아니라, 우리가 그분을 닮아 가는 것을 거절하는 것이다. 옛 것을 버리고 새로운 반응을 덧입는 것을 치유와 동반하지 않는다면 그러한 치유는 단지 일시적인 것일 수밖에 없다. 경건에 이르기를 연습하는 것만이 우리를 성장하게 하고 참된 치유로 나아가게 한다.

용서

우리는 하나님이 그리스도 안에서 우리를 용서하신 것처럼 흔쾌히, 자유롭게, 풍성하게 서로 용서해야 한다(엡 4:32). 그러나 너무 자주, 우리는 서로 원망하고 쓴 뿌리의 덫에 빠져 버리게 된다. 이에 관한 가장 대표적인 예가 마태복음 18장 23절-35절까지에 나오는 용서하지 않은 종의 이야기다. 그는 주인에게 빚을 탕감받은 후에, 돌아오는 길에 훨씬 적은 액수를 빚진 사람을 용서하지 않고 감옥에 집어넣었다.

이 이야기에서 우리가 보지 못하는 것은, 그 종은 결코 진정 그 주인의 조건 없는 용서를 받아들이지 않았다는 점이다. 그가 받은 것은 그가 요청한 것, '만 달란트'를 갚을 기한을 연장해 달라는 것이 전부였다. 그가 마음으로 용서를 받아들이지 않았기 때문에 그 역시 그것을 줄 수 없었다. 용서받지 못한 자는 용서하지 않는 자가 되고, 용납받지 못한 자는 용납하지 않는 자가 된다. 그러므로 그는 단지 '100데나리온'을 빚진 사람도 용서할 수 없어서 그 사람을 감옥에 집어넣었던 것이다.

 많은 사람이 자신은 용서받았다고 고백하지만 그들의 마음으로는 삶에 자유함을 가져다주는 진정한 용서를 받아들이지 않았다. 대신 그들은 불평거리만 주워 모으는 사람이 되어, 그것이 사소한 것이든 심각한 것이든, 자신이 손해를 보게 된 모든 일들, 그들의 짜증나게 한 모든 일을 마음에 품는다. 그들은 각각의 잘못된 일들을 기록하여 안전하게 서류철에 보관해 두는데, 그들이 당한 모든 부당한 일을 적고 그 뒷면에는 그 빚을 진 사람의 이름을 쓴다. 상처의 올가미에 갇혀 있는 그들은 다른 사람에게 상처를 준다. 자신들이 용서받지 못한다고 느끼며 그들은 다른 사람을 용서하는 것을 어려워한다. 자신들을 실패자로 여기며 그들은 다른 사람들도 좌절시킨다. 자신들이 거절받았다고 생각하며 다른 사람들을 거절한다. 이와 같은 일을 반복하는 것이다. '우리 자신을 용서하는' 행위는 우리가 하나님의 용서를 얻은 후에야 비로소 의미가 있다. 우리가 만약 마음으로 하나님의 용서를 받아들이지 않는다면 우리는 마음으로부터 다른 사람이나 우리 자신을 용서할 수가 없다. 우리는 자신의 죄책감과 수치심을 하나님께로 가져가 그분의 용서를 받아야 한다. 그렇게 하지 않으면 우리는 종신형에서 풀려났지만 그것을 믿지 않아 열려 있는 감옥 문을 통과하여 자유의 세계로 걸어 나가지 못했던 어떤 비극적인 젊은 청년과 같다. 치유를 받으려면 마음으로부터 자신을 자유롭게 용서하는 법을 배워야 한다.

| 성장

바울이 우리에게 주는 도전은 젖을 먹는 상태를 졸업하고 진정한 영의 양식인 육식을 소화할 수 있는 자들이 되라는 것이다(히 5:11-14). "자라나라!" 그는 이렇게 말하며, 사랑 안에서 서로 진리를 말함으로 그리스도 안에서 성장하라고 우리에게 도전한다. 어떤 사람은 주저없이 입 밖으로 폭탄 같은 진리를 사람들에게 말한다. 한편 또 다른 사람들은 평화를 유지하며 조용하게 사랑을 행하려 한다. 우리의 경건 생활에서 성장이 일어나려면 우리 안에서 그 두 가지를 균형을 맞춰야 한다. 여전히 아픔을 주는 옛 상처들은 우리의 성격에 흉한 상처를 남기며 우리가 영적으로 자라고 성품이 성숙해지는 것을 방해할 수 있다.

| 도움

우리가 받은 것처럼, 우리도 그렇게 줄 수 있어야 한다. 하나님은 우리가 포로 된 자를 자유케 하고, 배고픈 자를 먹이고, 집 없이 유리하는 빈민을 집에 들이고, 벗은 자를 입히고, 우리 자신을 사랑의 희생물로 드릴 때, 치료가 신속하게 일어날 것이라고 약속하신다(사 58:8). 한 번은 아프리카에서 한 외과의사가 매우 난처한 상황에 처하게 되었다. 어떤 환자의 친척 전부가 매일같이 줄줄이 와서는 그가 수술한 상처 부위를 점검하기 원했던 것이다. 결국 그 의사는 감염도 막고 수술 부위도 잘 치료될 수 있도록 유리를 끼운 깁스를 만들었다. 우리 중에도 그 친척들처럼 끊임없이 자신의 속을 들여다보며 계속해서 우리 마음의 상처를 점검하는 사람들이 있다. 일단 우리의 위대한 의사이신 주님이 우리를 이끌어 영적인 수술을 통과하게 하셨

다면, 우리의 회복을 그분께 맡겨 드리자. 우리가 가난하고 학대받는 사람들의 필요를 돌아볼 때 주님은 우리를 고치겠다고 약속하신다.

> 주린 자에게 네 심정이 동하며 괴로워하는 자의 심정을 만족하게 하면 네 빛이 흑암 중에서 떠올라 네 어둠이 낮과 같이 될 것이며 여호와가 너를 항상 인도하여 메마른 곳에서도 네 영혼을 만족하게 하며 네 뼈를 견고하게 하리니 너는 물 댄 동산 같겠고 물이 끊어지지 아니하는 샘 같을 것이라(사 58:10-11).

우리가 지금까지 살펴본 단계들 모두 새롭게 되는 과정에 매우 중요한 요소들이다. 우리가 그것들을 부지런히 삶 속에 적용할 때, 비로소 우리의 치료가 신속하게 일어날 것이다. 우리는 기초석에 여섯 번째 철근을 박았는데, 그것이 우리가 구원의 벽을 견고하게 세울 수 있도록 해준다. 마지막 장에서 우리는 그 돌 속에 마지막 철근을 내려서, 구원의 벽과 찬양의 문들이 완성된 성격의 벽을 계속해서 살펴볼 것이다.

적용

당신의 삶 속에서 중요한 상처를 주었던 사건들(activating events)을 떠올려 보라.

그 사건으로 당신에게 남은 바람직하지 않은 감정과 행동 유형은 무엇인가?

그 사건으로 당신은 어떤 잘못된 신념 체계를 받아들였는가?

당신이 변화될 필요를 인식하며 그것을 소망한다면, 주님이 그 사건의 기억 속에 치유를 주시도록 허락하라. 당신이 그 옛 신념들을 거절한다는 것을 하나님께 말씀드린 다음, 새롭고 참된 신념들을 받아들이고, 하루에 5번 이상 당신 자신과 하나님께 그것을 소리 내어 고백하라(롬 10:9-10).

새로운 성격의

15장

출현

기초석에 박힐 마지막 철근은 구원의 벽을 세울 때 나머지 벽돌들을 단단히 굳게 해줄 것이다. 이 '재건'의 철근은, 구원이 진리의 빛이 되신 예수님 안에서 그 벽이 계속 세워질 것임을 나타낸다. 우리의 목표는 사신 바울이 갈라디아 교회에 보낸 편지에 잘 나타나 있다. "내가 그리스도와 함께 십자가에 못 박혔나니 그런즉 이제는 내가 사는 것이 아니요 오직 내 안에 그리스도께서 사시는 것이라"(갈 2:20).

느헤미야 2장 18절은 다음과 같이 기록한다. "또 그들에게 하나님의 선한 손이 나를 도우신 일과 왕이 내게 이른 말씀을 전하였더니 그들의 말이 일어나 건축하자 하고 모두 힘을 내어 이 선한 일을 하려 하매." 그리하여 느헤미야와 그의 동역자들은 재건을 시작했고, 그들이 그 일을 거의 다 마쳤을 때 거기에는 어떠한 틈도 남아 있지 않았다(느 6:1). 남은 일은 출입구에 문을 다는 일뿐이었다.

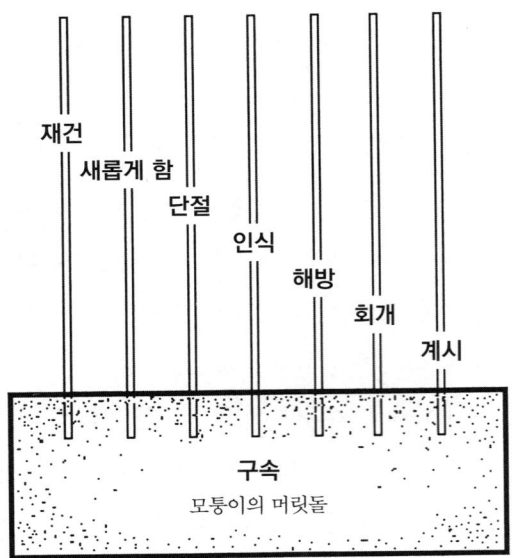

완성된 예루살렘 성벽을 두르고 있는 상징적인 의미들을 더 자세히 탐구하기 전에, 먼저 우리는 그 문들을 구원의 벽의 제자리에 갖다 놓는 작업을 하자. 그리고 그 문들이 무엇을 나타내며 오늘날 우리에게 어떤 의미가 있는지 살펴보자. 예루살렘의 문들은 그 도시로 들어가고 나오는 지점으로, 거기에 거주하는 사람들의 안전과 건강에 필수적인 모든 것들을 들여오고 내보내는 곳이었다. 파수꾼들은 종종 그곳을 통행하는 사람들을 주의 깊게 살펴보며 그 성문으로 들어오고 나가는 것들이 그 도시의 치안 관리들이 허락하는 것인지 확인했다. 성문들의 특징을 살펴보는 동안, 그 문들이 우리 삶의 출입구라고 가정해 보자.

문을 지키기

문들이 무너지고, 지키는 사람 없이 무방비 상태로 있을 때, 적들은 쉽게 침입하여 도시를 뒤지고 약탈하고 파괴할 수 있다. 많은 사람이 그들의 눈, 귀라는 문을 무방비 상태로 놓아 둔 결과, 그들의 삶이 약탈당하고 파괴되기까지 하였다. 마찬가지로 문들이 녹이 슬어 굳게 닫혀 있거나 자물쇠로 잠겨 있을 때에도 도시의 쓰레기를 처리할 수가 없어서 질병이 생길 뿐 아니라, 심지어 죽음이 만연하는 단계에까지 이를 수 있다. 만약 충분한 식량과 물이 그 문을 통해 공급되지 않는다면, 그 위기는 더 심각해진다. 우리는 삶 속에 있는 문들을 주의해서 지켜야 한다. 그곳을 통해 들어오는 것은 쉽게 우리 마음을 장악하고 부패하게 만들 수 있기 때문이다. 말씀은 우리에게 이렇게 이야기한다. "모든 지킬 만한 것 중에 더욱 네 마음을 지키라 생명의 근원이 이에서 남이니라"(잠 4:23). 문들은 우리 마음으로 들어가

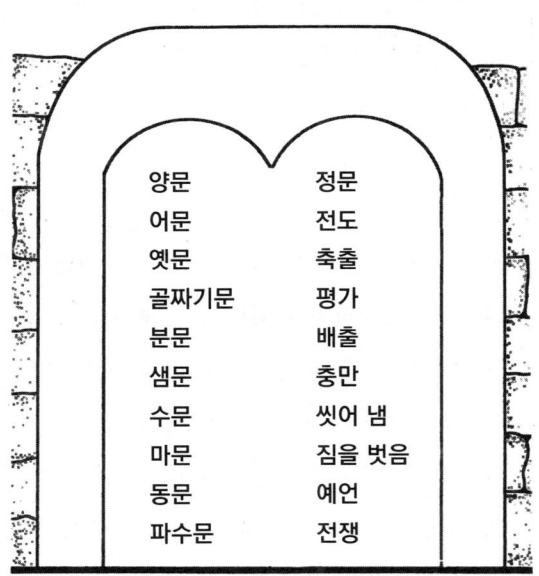

예루살렘의 성문

양문	정문
어문	전도
옛문	축출
골짜기문	평가
분문	배출
샘문	충만
수문	씻어 냄
마문	짐을 벗음
동문	예언
파수문	전쟁

는 입구이기 때문에 마음을 지키려면 반드시 그 문들을 지켜야 한다.

그림 39에는 느헤미야 3장에 나오는 예루살렘 성벽을 따라 나 있는 문들이 나온다. 이 목록은 단지 문들뿐 아니라, 자원해서 그 일에 참여했던 자들과 그 일이 자신들의 위신을 떨어뜨린다고 느꼈던 귀족들과도 관계가 있다. 각각의 문들을 살펴보면서 그 이름이 의미하는 중요성과 그것이 오늘날 우리의 삶에 어떻게 적용되는지에 관해 알아보자.

양문(sheep gate): 정문

"그러므로 예수께서 다시 이르시되 내가 진실로 진실로 너희에게 말하노니 나는 양의 문이라 나보다 먼저 온 자는 다 절도요 강도니 양들이 듣지 아니하였느니라 내가 문이니 누구든지 나로 말미암아 들어가면 구원을 받고 또는 들어가며 나오며 꼴을 얻으리라"(요 10:7-9).

요한복음 10장을 읽어 보면, 예수님이 선한 목자이신 그분의 역할과 양을 해치려 하는 도적과 강도의 역할을 어떻게 대조하고 계신지 볼 수 있다. 예수님은 도적들은 당신의 구원의 문으로 들어가지 않고 몰래 담을 넘어 들어가 방심한 채로 무방비 상태에 있는 사람들의 생명과 기업을 약탈하려 한다고 말씀하신다.

마찬가지로 우리도 양의 문을 통해 생명으로 들어가야 한다. 그렇지 않으면 우리 기업에 참여하는 일을 시작할 수가 없다. 십자가에서 예수님이 구속의 사역을 완성하셨기 때문에 우리는 그 문으로 들어가고 나오며 아버지와 교제할 수 있었다. 예수님은 우리 마음 안에 이와 같은 주님의 자리를 갖고 주님으로, 구주로 통치하셔야 한다.

'양문'은 우리 삶의 기업으로 들어가기 위한 정문에 해당한다.

어문(fish gate): 전도

예수님이 안드레, 베드로, 야고보, 요한을 처음 만나셨을 때 그들은 갈릴리 바다에 그물을 던지고 있었다. 예수님은 그들에게 따라오라고 하시며, 그들을 사람 낚는 어부가 되게 하겠다고 말씀하셨다(마 4:18-22). 그들은 즉시 그물을 버리고 예수님을 따랐다.

오늘도 예수님은 그때와 다름없이 우리들을 부르시며 사람 낚는 어부가 되게 하겠다고 동일하게 약속하신다. '어문'은 전 세계로 나가 모든 족속과 민족들에게 복음을 전하라는 마태복음 28장 18절-20절의 대위임 명령에 대한 것이다. 우리는 모든 기회를 동원하여, 나가서 예수 그리스도에 대한 기쁜 소식을 전해야 한다. 하나님은 "의인의 열매는 생명 나무라 지혜로운 자는 사람을 얻느니라"(잠 11:30)고 말씀하신다. 잃어버린 영혼 하나가 지닌 측량할 수 없는 가치를 결코 잊어버리지 말자. 이제 막 그리스도인이 된 사람도 그가 새로 발견한 친구요 구주인 예수님을 다른 사람에게 소개할 수 있다.

내가 상담 보건 대학 학장으로 일하는 열방대학의 주요 사명은 예수 그리스도의 복음을 가지고 이 세대 모든 사람에게 나가는 것이다. 이곳의 훈련 프로그램과 학위 과정은 모두 이 중심 주제에 맞추어 짜여 있다. 보건학에서 신학에 이르기까지, 그 목표는 오직 영혼에게 복음을 전하는 것이다.

우리는 이 복음 전파를 위한 교육에서 인간의 마음에 있는 가장 깊고 본질적인 필요에 점차 다가가면서, 그들이 느끼는 필요를 어떻게 채울 수 있는지를 배운다.

| **옛문(old gate): 축출**

옛 문은 분노, 저주, 비방, 거짓말, 악한 습관을 가진 우리의 '옛 사람'을 이야기한다. 그 거듭나지 않은 옛 사람은 반드시 '축출'해야 하며, 벗겨야 하고, 제거해야 한다(골 3:8-9). 대신에 우리는 새 사람으로 우리 자신을 옷 입혀서 우리를 창조하신 분을 닮아 새롭게 되어 야 한다. "새 사람을 입었으니 이는 자기를 창조하신 이의 형상을 따라 지식에까지 새롭게 하심을 입은 자니라"(골 3:10).

그러나 옛 사람을 벗는 이 과정은 종종 새롭게 되는 것이 방해받는 지점이기도 하다. 우리가 이러한 과정을 온 마음을 다해 전심으로 받아들이지 않는다면, 진정한 성장을 이룰 수가 없다. 아래의 등식은 이 진리를 설명한다.

- 벗음 – 입음 = 변화 없음
- 입음 – 벗음 = 거짓된 변화
- 벗음 + 입음 = 진정한 변화

우리 중 너무나 많은 사람이 자신을 속이며 오랜 세월 동안 불필요한 투쟁을 한다. 진정한 변화는 일어날 수 있다. 그러나 옛 사람이 그리스도와 함께 십자가에 못 박혀, 우리를 죄의 종이 되게 했던 죄악된 자아의 힘을 멸하지 않고서는 그 변화가 오래 가지 못한다(롬 6:6). 심지어 예수님도 그러셨듯이, 우리는 대부분 십자가를 생각하면 움츠러들게 된다. 그러나 주님은 우리가 육신을 매일 십자가에 못박지 않고서는 그분의 제자가 될 수 없다는 점을 분명히 하셨다. 만약 우리가 거듭나지 않은 옛 자아를 축출하는 십자가를 수용하지 않고 그리스도인이 되려 한다면, 우리는 도리어 걸려 넘어지게 될 것이다.

골짜기문(velley gate): 평가

"내가 사망의 음침한 골짜기로 다닐지라도 해를 두려워하지 않을 것은 주께서 나와 함께 하심이라 주의 지팡이와 막대기가 나를 안위하시나이다"(시 23:4). 우리는 모두 인생이라는 여정에서 골짜기를 통과한다. 그것은 시험과 연단의 장소다. 이곳에서 우리는 우리 자신의 마음을 알게 된다.

1980년, 베트남과 캄보디아인들의 탈출이 절정을 이루던 그 당시에, 나는 캄보디아 국경에 접해 있는 태국의 한 난민 병원에서 일하고 있었다. 어느 날 아침, 병동을 회진하던 나는 미국인 의사 2명이 피곤에 지쳐 들어오는 것을 보게 되었다. 그들은 내게 말하기를, 자신들은 캄보디아에 있는 한 숲속의 작은 병원에 억류된 동료 의사를 구하려고 보내졌으나, 포격이 심한 곳에 발이 묶여 끊임없이 계속되는 포격 소리에 며칠 동안 잠도 자지 못하다가, 결국 도망쳐 나와 캄보디아에서 하루 이틀 정도만 보낸 뒤, 포기하고 국경을 넘어 태국으로 돌아왔다는 것이었다.

동정 어린 마음으로 그들의 이야기에 귀를 기울이던 나는, 내가 그들의 뒤를 이어 가겠다고 말하라고 부추기는 조용하고 작은 목소리를 듣게 되었다. 나는 그것이 하나님의 음성이라는 것을 알았기 때문에 순종하여 내가 가겠노라고 그들에게 말했다. 거의 바로, 나는 사망의 음침한 골짜기를 통과하게 되었다. 베트공에게 죽임을 당하거나, 아니면 전쟁 포로가 될 수 있는 가능성에 직면한 나는, 다시는 아내와 아이들을 보지 못할 수도 있다는 사실을 직감했다.

이러한 현실에 부딪히자 내 속에서는 격렬한 전쟁이 일어났고, 나는 울기 시작했다. 나는 누구를 가장 사랑하는가? 하나님인가, 내 가족인가? 나는 진정으로 내 마음을 다하여 하나님을 사랑하는가? 나는 그분을 신뢰하는가? 그분은 나와 함께하시는가? 그 시험은 나의 순종에 관한 것이었고, 나는 그것을 알고 있었다.

내가 침실로 사용하고 있던 비좁고 복잡한 방으로 돌아와, 나는 가족에게 글을 쓰기 시작했다. "나의 가장 사랑하는, 가장 소중한…" 갑자기 통제할 수 없이 울음이 터져 나왔다. 그들을 다시는 보지 못할지도 모른다는 생각이 엄습하자 눈물이 끊임없이 종이 위에 떨어졌다. 내 머릿속에서는 하나님께 순종하여 가야 한다는 것을 알았지만 내 마음과 감정은 고뇌 속에 저항하고 있었다.

'어쩌면 결국 가지 않게 될지도 모른다. 내가 있는 곳에 그대로 머물러 있어야 하는 것은 아닐까?' 나는 눈물로 얼룩진 그 글을 마치고는, 한 친구에게 그 편지를 전해 달라고 부탁하면서 또다시 울음이 터져 나왔다. 그러나 이 순종이 가져올 유익에 새롭게 마음을 집중하면서, 치러야 할 대가를 생각한 나는 순종하여 그 캄보디아 병원에 있는 의사를 구하러 가기로 결정했다. 그 결과, 하나님은 나와 함께 가 주셨으며 내가 빠져 나온 뒤 그 숲속의 병원은 폭파되었지만 하나님은 나를 안전하게 하와이에 있는 가족 곁으로 데려다 놓으셨다.

무엇보다도 나는 이러한 시험의 시간이 우리의 결단을 더 강하게 하고 우리 마음과 동기를 정결케 한다는 것을 배우게 되었다. 그렇게 하여 그 눈물의 골짜기는 시온으로 가는 순례 여행이 된 것이다. "그들이 눈물 골짜기로 지나갈 때에 그 곳에 많은 샘이 있을 것이며 이른 비가 복을 채워 주나이다 그들은 힘을 얻고 더 얻어 나아가 시온에서 하나님 앞에 각기 나타나리이다"(시 84:6-7).

| **분문(rubbish gate): 배출**

"그러나 무엇이든지 내게 유익하던 것을 내가 그리스도를 위하여 다 해로 여길뿐더러 또한 모든 것을 해로 여김은 내 주 그리스도 예수를 아는 지식이 가장 고상하기 때문이라 내가 그를 위하여 모든 것을 잃어버리고 배설물로 여김은 그리스도를 얻고"(빌 3:7-8).

바울은 쓰레기를 수거하는 환경 미화원이 아니었다! 그는 예수 그리스도를 알아 가는 데 필요없는 방편은 그 어떤 것이든 인생에서 내던져 폐기했다. 우리 중 어떤 사람들은 인생을 살아가면서 너무 많은 쓰레기를 주워 모으고 결국 그것 때문에 꼼짝달싹 못하게 되고 만다. 그러한 사람들은 자신의 소유물에 발이 묶여, 자신이 그보다 먼저 그리스도에게 속해 있다는 사실을 잊어버린다. 바울은 모든 무거운 짐을 옆으로 제쳐 두었는데 거기에는 죄도 포함되어 있었다. 어떤 것도 그가 인생의 상급을 얻는 것을 방해할 수는 없었다. 우리가 모아 놓은 쓰레기에 걸려 넘어질 때마다 그것을 가지고 분문으로 가서 거기에 영원히 버려두자.

필리핀에 있는 YWAM 건강 보건 팀은 대도시 마닐라의 거대한 쓰레기 더미로 형성된 지역에서 사역한다. 그곳에는 매일 무허가 거주지에 사는 수천 명의 빈민이 와서 그 쓰레기 언덕에서 뭔가 쓸 만한 것이 있는지 찾으려고 작은 집게로 그 쓰레기들을 가려내고 분류한다. 우리 중 많은 사람이 그와 같은 모습으로 살아간다. 우리 인생의 쓰레기들을 뒤지고 그것을 다시 사용하려 하는 모습인 것이다. 하지만 우리는 그것을 우리 삶에서 한 번에, 영원히 배출해야 한다.

| 샘문(fountain gate): 충만

"명절 끝날 곧 큰 날에 예수께서 서서 외쳐 이르시되 누구든지 목마르거든 내게로 와서 마시라 나를 믿는 자는 성경에 이름과 같이 그 배에서 생수의 강이 흘러나오리라 하시니"(요 7:37-38).

예수님은 성령을 말씀하시는데, 우리가 샘문에서 그분이 들어오실 수 있도록 허락할 때 성령님은 우리 안에서 생수의 강처럼 흘러나오실 것이다. 예수님은 제자들이 성령충만 없이는 주님을 증거하고 주님의 일을 할 수 있는 능력을 갖지 못한다는 것을 아셨다. 그래서 그들에게 약속된 성령충만을 받게 하시려고 예루살렘에서 기다리라고 말씀하셨다(행 1:4). 성령은 그분이 사용하시도록 자신을 내어드린 사람들을 통해 일하시고 역사하신다. 사도행전 전체에 그 이야기가 나온다. 나아가 우리는 술 취하지 말라는 권유와 함께 계속해서 성령충만함을 받으라는 명령을 받았다(엡 5:18). 만약 샘문을 그냥 지나친다면 우리는 단지 우리 힘과 능력으로만 주님을 섬길 수밖에 없고, 그것은 그분을 섬기는 인생에서 다가오는 많은 도전을 이기기에는 불충분할 것이다. "그가 내게 대답하여 이르되 여호와께서 스룹바벨에게 하신 말씀이 이러하니라 만군의 여호와께서 말씀하시되 이는 힘으로 되지 아니하며 능력으로 되지 아니하고 오직 나의 영으로 되느니라"(슥 4:6).

| 수문(water gate): 씻어 냄

"남편들아 아내 사랑하기를 그리스도께서 교회를 사랑하시고 그 교회를 위하여 자신을 주심 같이 하라 이는 곧 물로 씻어 말씀으로 깨끗하게 하사 거룩하게 하시고 자기 앞에 영광스러운 교회로 세우

사 티나 주름 잡힌 것이나 이런 것들이 없이 거룩하고 흠이 없게 하려 하심이라"(엡 5:25-27).

하나님의 말씀은 우리를 깨끗하게 씻어 내는 물과 같다. 우리는 매일 말씀을 외우고 묵상하여 하나님의 진리 안에서 목욕할 필요가 있다. 그렇게 할 때, 우리 마음은 매일 저지르는 죄의 얼룩으로부터 깨끗함을 지킬 수 있게 된다.

한 번은 의과대학 시절 방학 기간에 이른바 '밑바닥 생활에 정통한' 무리와 함께 배수관을 설치하는 일을 한 적이 있다. 그런데 그들의 입술이 우리가 설치하는 하수도의 오물처럼 더럽다는 것을 내가 깨닫기까지는 그리 오랜 시간이 걸리지 않았다. 며칠 뒤, 나는 그들의 언어로 생각하기 시작하는 나 자신을 발견하게 되었다. 나는 걱정하며 하나님께 부르짖었다. 곧 하나님은 나를 이끌어 집중적으로 말씀을 외우게 하셨는데, 더러운 말들이 머릿속에 떠오를 때마다 나는 그 자리에 성경말씀을 대치했다. 나는 말씀이 매우 강력하다는 사실을 알게 되었는데, 그것은 일하는 기간 내내 내 생각과 마음을 정결하게 지켜 줄 뿐 아니라 날카로운 칼처럼 원수의 공격을 물리쳐 주었다.

| 마문(horse gate): 짐을 벗음

"수고하고 무거운 짐 진 자들아 다 내게로 오라 내가 너희를 쉬게 하리라"(마 11:28).

말은 대단한 짐꾼으로 수세기를 내려오며 온갖 종류의 상황에서 인간의 일을 도왔다. 그러므로 '마문'이란 우리가 걱정, 죄악, 죄책감, 분노, 상처, 그 밖에 많은 다른 짐을 예수님의 손에 내려놓는 곳임을 알 수 있다. 마태복음 11장을 읽어 보면 그분은 우리의 무거운 멍에를 그분의 가벼운 멍에로 바꾸어 주시겠다고 약속하셨다. 그러나 아직도 우리 중 많은 사람이 무거운 짐을 계속 지고 다닌다. 주님은 그것을 우리에게서 가져가고 우리의 모든 문제에 대해 그분을 신뢰하고 순종하는 가벼운 멍에만을 주시기를 간절히 원하신다. 또한 아무것도 걱정하지 말고 다만 모든 일에 기도로 우리 자신을 그분의 손에 맡기라고 말씀하신다(빌 4:6). 우리는 자주 이것을 잊고 걱정하며 위급할 때만 기도한다. "공중의 새를 보라 심지도 않고 거두지도 않고 창고에 모아들이지도 아니하되 너희 하늘 아버지께서 기르시나니 너희는 이것들보다 귀하지 아니하냐 너희 중에 누가 염려함으로 그 키를 한 자라도 더할 수 있겠느냐"(마 6:26-27).

우리가 더 많은 짐을 지기로 선택하면 할수록 생기 없는 삶을 살게 된다. 그러나 아직 우리를 위한 안식이 남아 있다. "그러므로 우리는 두려워할지니 그의 안식에 들어갈 약속이 남아 있을지라도 너희 중에는 혹 이르지 못할 자가 있을까 함이라 그들과 같이 우리도 복음 전함을 받은 자이나 들은 바 그 말씀이 그들에게 유익하지 못한 것은 듣는 자가 믿음과 결부시키지 아니함이라 이미 믿는 우리들은 저 안식에 들어가는도다 그가 말씀하신 바와 같으니 내가 노하여 맹세한 바와 같이 그들이 내 안식에 들어오지 못하리라 하셨다 하였으나 세상을 창조할 때부터 그 일이 이루어졌느니라"(히 4:1-3).

동문(east gate): 예언

성경에 나오는 많은 예언이 중동을 이야기한다. 우리는 이스라엘을 위한 박식한 중보기도자가 될 필요가 있다. 성경에 나오는 예언의 신뢰도는 유대인뿐 아니라 예수님을 둘러싸고 일어난 이전의 역사적 사건이 확인해 준다. 우리는 미래에 관한 예언을 충분히 이해할 필요가 있으며, 이 세대를 마감하고 다음 세대로 인도하는 하나님의 계획을 기도로 깨달을 필요가 있다. "나라가 임하시오며 뜻이 하늘에서 이루어진 것 같이 땅에서도 이루어지이다"(마 6:10).

| 파수문(watch gate): 전쟁

"예루살렘이여 내가 너의 성벽 위에 파수꾼을 세우고 그들로 하여금 주야로 계속 잠잠하지 않게 하였느니라 너희 여호와로 기억하시게 하는 자들아 너희는 쉬지 말며 또 여호와께서 예루살렘을 세워 세상에서 찬송을 받게 하시기까지 그로 쉬지 못하시게 하라"(사 62:6-7).

이 말씀에는 오늘날 교회를 향한 가장 큰 도전이 들어 있다. 우리가 기도를 통해 하늘나라의 전쟁에 참여하지 않는다면 사탄이 교회에 대항해서 세운 그의 군사들을 이길 승산이 없다. 하나님은 육적인 무기가 아닌, 원수의 진을 파할 수 있는 강력함으로 우리를 무장시키셨다(고후 10:3-5). 그러나 그것을 사용하지 않는다면 우리는 그 전쟁에서 지게 될 것이다.

오늘날 교회의 가장 절박한 필요 중 하나는 하나님이 응답하실 때까지 그분을 쉬지 못하시게 할 중보기도자다. YWAM 안에서도 우리가 중보기도를 삶의 방식으로 취할 때, 비로소 하나의 사명으로 하나님의 부르심을 성취할 수 있음을 본다. 마찬가지로 교회도 파수꾼의 역할을 하는 남자나 여자들이 금식과 믿음, 기도로 기꺼이 하늘나라에 속한 전쟁을 치르려고 할 때, 비로소 새롭게 되는 것을 경험할 수 있을 것이다. 또한 우리 각 개인도 저마다 규칙적인 기도와 영적 전쟁에 자신을 드릴 때 각자의 삶 속에서 하나님의 약속이 성취되는 것을 보게 될 것이다. 경계하라, 기도하라, 그리고 굳게 서라!

앞에서 이야기한 양문으로 다시 돌아가 보면, 다른 문들이 구원의 벽 안에서 제자리에서 제 기능을 다할 때 우리가 양문을 통해 예수님과의 풍성하고 축복된 관계로 들어갈 수 있음을 알 수 있다. "자기 양을 다 내놓은 후에 앞서 가면 양들이 그의 음성을 아는 고로 따라오되"(요 10:4).

우리가 예수님이 우리를 앞서 가신다는 것을 알고 많은 소리 가운데서 그분의 음성을 분별할 때, 우리는 인생에서 가장 흥분되고 만족스러운 곳에 있게 된다. 기꺼이 순종하려 한다면 우리 모두 이러한 기쁨과 특권을 누릴 수 있을 것이다.

시편 24편에서 우리는 문을 언급한 또 다른 내용을 읽을 수 있다. 거기서 다윗은 깨끗한 손과 청결한 마음을 가진 자만이 그분의 성전에 들어갈 것이라고 말한다. 다윗은 우리가 그분 앞에 온전히 설 수 있도록 그분의 얼굴을 구하고 계속해서 주님을 찾으라고 이야기하면서 갑자기 중심 후렴구를 외친다. "문들아 너희 머리를 들지어다 영원한 문들아 들릴지어다 영광의 왕이 들어가시리로다 영광의 왕이 누구시냐 강하고 능한 여호와시요 전쟁에 능한 여호와시로다"(시 24:7-8).

우리는 그 문들이 성벽의 제 위치에 잘 자리 잡아서 다음과 같은 다윗의 질문이 울려 퍼질 때 영광의 왕이 들어가시도록 길을 안내해야 한다.

"영광의 왕이 뉘시뇨?"

그 대답은 우리가 구원의 벽을 완성하기 위한 벽돌들을 차곡차곡 쌓아갈 때 발견한다.

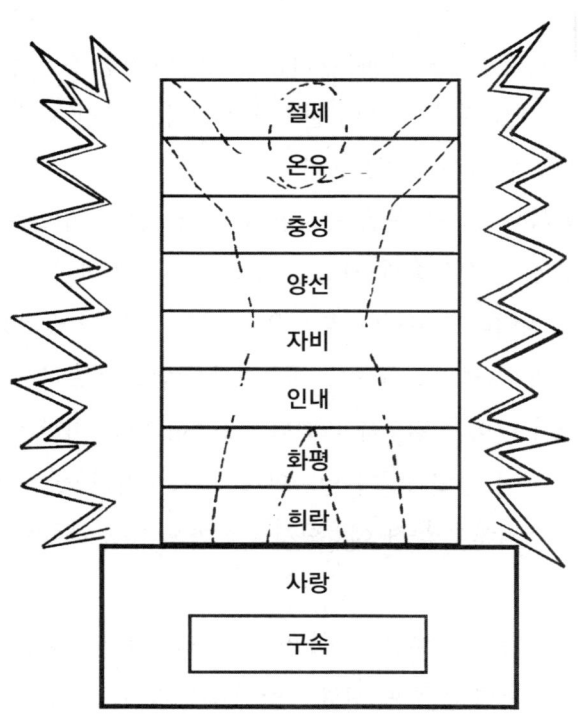

하나님이 세상을 이처럼 사랑하사 독생자를 주셨으니 이는 그를 믿는 자마다 멸망하지 않고 영생을 얻게 하려 하심이라(요 3:16).

이 말씀은 누가 우리의 영광의 왕인가에 대한 진실을 드러낸다. 하나님의 위대한 구원 계획에서 사랑이 모든 벽을 세우는 모퉁잇돌이라는 것은 분명한 사실이다. 왜냐하면 하나님은 사랑이시기 때문이다. 그리스도는 우리를 멸망치 않게 하시려고 최고의 희생을 치르셨다. 우리는 그 사랑을 경험하기 전까지, 구원의 벽을 완성할 수 없다.

이스라엘아 여호와를 바랄지어다 여호와께서는 인자하심과 풍성한 속량이 있음이라(시 130:7).

'영광의 왕'은 다음과 같은 성품을 갖고 계신다.

사랑	희락	화평
인내	자비	양선
충성	온유	절제

이러한 서술에 맞는 유일한 분이 영광의 왕이시다! 영광이 왕이 우리 삶 속에서 거하실 뿐 아니라 통치하실 때 우리 안에서 그분의 형상이 나타나기 시작한다. 그것이 바로 온전케 된 우리의 인격 안에서 구원의 벽이 형태를 갖추는 때다.

우리가 다 하나님의 아들을 믿는 것과 아는 일에 하나가 되어 온전한 사람을 이루어 그리스도의 장성한 분량이 충만한 데까지 이르리니(엡 4:13).

결론

우리는 지금까지 하나님의 다림줄을 따라 우리 마음의 벽을 다시 세우는 과정을 공부했다. 나는 하나님이 당신의 삶을 새로운 방식으로 열어 주시리라고 믿는다. 우리는 우리 삶에서 원수가 어떻게 우리를 속여 거짓된 인간적인 다림줄을 따라 거절과 반항이라는 불안정한 벽을 세우게 하는지 알아보았다. 이러한 벽들이 무너져 내리고 우리 마음에 하나님의 다림줄에 따른 새롭고 튼튼한 벽이 세워지기 전에, 우리는 교만과 불신을 회개하고 처리해야만 한다. 이러한 구원의 벽은 하나님의 진정한 형상과 본질을 나타낸다. 우리가 계속 그분의 다림줄을 수용하고 그에 따라 살아갈 때 우리는 진정한 하나님의 아들, 딸이 된다.

우리 마음의 벽이 계속 하나님의 다림줄에 맞춰 세워질 때 우리 마음의 우물이 가득 차서 구원이 흘러넘치는 것을 발견하게 될 것이다. 전에는 결코 알지 못했던 온전함과 거룩함을 개인적으로 경험하면서 곧 다른 사람들도 우리 우물에 와서 그 생명수를 마시게 될 것이다.

우리는 여호와의 눈이 이 땅 여기저기를 살피시며 그 마음이 온전히 그분께 향하는 자, 마음이 하나님의 다림줄을 따르는 자를 찾고 계신 것을 알 수 있다(대하 16:9). 우리 모두 하나님이 자신의 삶을 다시 세우시도록 허락하는 자들이 되기로 결정하자. 그때 우리는 우리의 기업을 완전히 받으면서 힘과 축복을 얻을 뿐만 아니라, 하나님이 그분의 형상 안에 있는 영광을 보이시고 이 땅 위에서 그분의 목적을 성취하시는 도구로 사용될 것이다. 그때 우리는 우리의 삶이 예언자

이사야가 말한 그 도시처럼 견고할 뿐 아니라 그분의 영광으로 빛을 발하는 것을 보게 될 것이다.

> 너 곤고하며 광풍에 요동하여 안위를 받지 못한 자여 보라 내가 화려한 채색으로 네 돌 사이에 더하며 청옥으로 네 기초를 쌓으며 홍보석으로 네 성벽을 지으며 석류석으로 네 성문을 만들고 네 지경을 다 보석으로 꾸밀 것이며(사 54:11-12).

주

2장 탈선

1. *New Scofield Reference Bible*, p.932.
2. J. D. Douglas, Editor, *New Bible Dictionary* (Grand Rapids: Eerdmans, 1962). p.1375.

3장 폭풍우의 공세

1. *National Academy of Science* (December 10, 1986).
2. Center For Disease Control, Atlanta, Georgia estimates on the herpers and chalamydia infections. *AIDS Weekly Surveilance Report* (CDC, for AIDS figures, October 15,1988).

4장 신포도

1. Armand M. Nicholi Ⅱ M.D., "Fractured Family", *Cristianity Today* (May 25, 1979), p.10

5장 방어의 벽, 거절

1. *The Concise Oxford Dictionary of Current English* (Oxford: University Press, 1954).
2. *The Concise Oxford Dictionary*, op. cit.
3. C. S. Lewis, *The Screwtape Letters* (NY: HarperOne), 《스크루테이프의 편지》(홍성사 역간).

6장 방어의 벽, 반항

1. *The Concise Oxford Dictionary*, op. cit.

2. 같은 책.

3. Everett L. shostrom, *Man the Manipulator* (Nashville: Abingdon Press). p.45-46, 50-51.

8장 우리의 벽 뒤편에서

1. Richard L. Solomon, "The Opponent Process Theory of Acquired Motivation", *American Psychologist* (Aug 1980), p.691-712.

11장 하나님의 기준

1. W.E. Vine, *The Expanded Vine's Expository Dictionary of New Testament Words* (Mineapolis: Bethany House Publisher, 1984). p.251-252.

2. *Vine's Expository Dictionary*, op. cit., p.568-569.

13장 원수의 패배

1. *Vine's Expository Dictionary*, op. cit., p.238.

14장 새로운 출발

1. Memory Mechanism, *A.M.A. Achives of neurology and Psychiatry*, 67(1952). p.178-198.

2. Marvine Vincent, *Word Studies in the New Testament* Vol.3 (Grand Rapids, MI: Eerdmans). p.395.

3. *Vine's Expository Dictionary*, op. cit., p.950.

4. Gary Sweeten, *Alice Petersen and Dorothy Geverdt, Rational Christian Thinking*, (Cincinnati: Christian Information Committee, 1986). p.67.

내 마음의 벽

지은이 브루스 & 바버라 톰슨
옮긴이 정소영

1993년 5월 10일 1판 1쇄 펴냄
2010년 9월 15일 1판 48쇄 펴냄
2011년 3월 8일 개정판 1쇄 펴냄
2025년 5월 8일 개정판 11쇄 펴냄

펴낸곳 도서출판 예수전도단
출판 등록 1989년 2월 24일(제2-761호)
주소 서울특별시 관악구 신림로7나길 14
전화 02-6933-9981 · **팩스** 02-6933-9989
이메일 ywam_publishing@ywam.co.kr
홈페이지 www.ywampubl.com

ISBN 978-89-5536-374-6

책값은 뒤표지에 있습니다.
잘못된 책은 바꾸어 드립니다.